教育部人文社会科学研究规划基金项目——新时代南岭走廊乡村体育教师专业精准发展研究（18YJA890007）

新时代南岭走廊乡村体育教师专业精准发展研究

胡永红　著

吉林大学出版社

·长春·

图书在版编目（CIP）数据

新时代南岭走廊乡村体育教师专业精准发展研究 /
胡永红著 .—长春 ： 吉林大学出版社， 2022.8
ISBN 978-7-5768-0112-5

Ⅰ．①新… Ⅱ．①胡… Ⅲ．①农村学校－体育教师－
师资培养－研究－中国 Ⅳ．① G807

中国版本图书馆 CIP 数据核字（2022）第 137752 号

书　　名：新时代南岭走廊乡村体育教师专业精准发展研究
XINSHIDAI NANLING ZOULANG XIANGCUN TIYU JIAOSHI ZHUANYE
JINGZHUN FAZHAN YANJIU

作　　者：胡永红　著
策划编辑：邵宇彤
责任编辑：高珊珊
责任校对：甄志忠
装帧设计：优盛文化
出版发行：吉林大学出版社
社　　址：长春市人民大街4059号
邮政编码：130021
发行电话：0431-89580028/29/21
网　　址：http://www.jlup.com.cn
电子邮箱：jldxcbs@sina.com
印　　刷：三河市华晨印务有限公司
成品尺寸：170mm×240mm　　16开
印　　张：14.25
字　　数：256千字
版　　次：2022年8月第1版
印　　次：2022年8月第1次
书　　号：ISBN 978-7-5768-0112-5
定　　价：88.00元

教师专业发展的研究，一直是教育学界的重点主题。而乡村教师的专业发展问题，则更为我国教育事业发展的难点问题之一。其成效如何，将直接决定着党的十九大报告提出的"建设教育强国"这一动员令的整体落实效果，也直接影响着我国教育事业发展的整体水平。

本研究积极响应这一现实需要，遵循理性主义和实证主义相结合的原则，着眼于"南岭走廊"这一体育学研究中鲜为涉足的区域，坚持教师发展中的主体间性关系，在阅读大量相关文献并汲取其精粹的理性认识基础上，采用田野调查、人种志、深度访谈、案例研究等质性研究方法，围绕"新时代""南岭走廊""乡村教师""专业发展"等四个独立鲜明、相互影响、层层递进、环环相扣的研究主题及借此形成的"新时代南岭走廊乡村体育教师专业精准发展"总主题，抽象出新时代南岭走廊乡村体育教师专业精准发展的理论基础和影响因素，并演绎出针对性强、实效性高的新时代南岭走廊乡村体育教师专业精准发展的路径和策略，创新了层次丰富、形式多样的乡村体育教师专业精准发展的方法和手段。

全书具有四个特点：（1）原创性好。在体育学界首次提出"乡村体育教师专业精准发展"的命题，且将研究区域着眼于集相对贫困地区、民族地区、革命老区于一体的"南岭走廊"区域，具有一定的创新性和前瞻性。（2）逻辑性强。遵循"理论探究——现状透视——原因分析——提出策略"的逻辑思路，前后相贯，逻辑性好。（3）重点突出。以"乡村体育教师"的专业"精准"发展为主线，研究内容中的现状分析、影响因素探究、发展策略等方面，都围绕"精准"展开，研究主题和重点突出，观点鲜明。（4）方法多元。贯彻理论研究和实证研究有机结合原则，运用实地调研、深度访谈、参与式观察、实物分析、叙事研究等质性方法，获取南岭走廊乡村体育教师专业发展现状、存在问题等一手信息。在此基础上，运用相关理论，演绎乡村体育教师专业精准发展的策略。本书对于提高国家基础教育水平，改善农村教育现状，尤其是提高革命老区、相对贫困地区、民族地区的乡村体育水平、提高乡村体育教师专业发展能力、促进乡村振兴国家战略进程等方面均具有较强的参考价值。

本书系教育部人文社会科学研究项目《新时代南岭走廊乡村体育教师专业精准发展研究》的研究成果，在撰写中参阅和引用了国内外诸多同行的观点和成果。对教育部研究项目的支持和各位文献作者提供的"巨人之肩"，一并表示感谢。另囿于水平和时间，书中难免有疏漏和不当之处，敬请各路方家批评指正。

作者

2022 年 1 月

Contents
目录

第一章　问题的提出及研究意义

第一节　问题的提出

打开中国地形图可知，在我国广东、广西、湖南、江西、贵州、云南等省区交界处，高耸着一系列由北向东平行的崇山峻岭，其中以大庾岭、骑田岭、都庞岭、萌渚岭、越城岭这五岭最为有名，历史上谓为"南岭"①。

南岭走廊，亦谓"南岭民族走廊"，乃著名社会学家、民族学家费孝通先生 20 世纪 80 年代初基于民族学角度提出的走廊与板块学说中的内容之一。南岭走廊具有多民族聚居的特征，走廊贯穿六省区际边界，自然环境相似，区域文化相通。长期以来，南岭走廊慢慢发展成为中原进入南岭以南地区的重要通道，诸多民族在这里迁徙流动、交汇融合，创造了独具特色的人文环境和丰富多彩的民族文化。

南岭走廊包括狭义和广义两种界说。

首先，广义的南岭系指从长江与珠江流域的分界线，一直向西至红水河与乌江的分界线苗岭，即两广丘陵与云贵高原的分界，包括黔西南、黔南、黔东南、桂北、桂西北、滇东等地。这一带雪峰山、大南山—天平山、九万大山、凤凰岭、东凤岭—都阳山、青龙山等南北分列，融江、龙江、刁江、红水河等南北贯穿。该区域是长江、珠江两大水系的分界线，亦为中国大陆南部最具地理意义的山地。走廊南北宽约 330 多公里，东西长约 1000 多公里，总面积达33 万平方公里。其间生活着汉、瑶、苗、畲、侗、佬、壮、彝、毛南、布依、土家、水族等十几个民族。②

其次，狭义的"南岭走廊"在地理位置上系指广东、广西、湖南、江西等省区交界处的一系列由北向东平行的山岭和山地。其中以大庾岭、骑田岭、都庞岭、萌渚岭、越城岭五岭最为有名。中间还有九连山、青云山、滑石山、瑶

---

① 列来拉杜，余大锐，梁亚洲.探访"南岭走廊"：一条多民族和谐共处的走廊[EB/OL].[2022-01-12].https://www.360kuai.com/pc/9f85a622de4cf9a32?cota=3&kuai_so=1&sign=360_57c3bbd1&refer_scene=so_1.

② 列来拉杜，余大锐，梁亚洲.探访"南岭走廊"：一条多民族和谐共处的走廊[EB/OL].[2022-01-12].https://www.360kuai.com/pc/9f85a622de4cf9a32?cota=3&kuai_so=1&sign=360_57c3bbd1&refer_scene=so_1.

山、海洋山、大桂山、大瑶山、驾桥岭等组成山脉。群山之间遍布低谷盆地，一直是南北交通要冲。长江流域的潇水、湘江、资水上游的夫夷水，湘江支流的春陵水、耒水，赣江上游的章水，珠江流域的桂（漓）江、贺江、连江、武水、浈水等，都分别发源于南岭的北坡和南坡。就行政区划而言，狭义的南岭地区包括广东韶关、清远、河源，广西桂林、贺州、梧州，湖南郴州、永州、怀化、邵阳，江西赣州等地市。

根据研究需要，基于研究人力、时间、经费等考虑，本研究取狭义的南岭走廊作为操作性定义和逻辑起点。同时，通过借鉴相关研究成果，结合南岭地区跨行政区域互动情况，选取南岭走廊核心区域的湖南、广西、广东、江西四省区交界毗邻的湖南郴州市、广东韶关市、广西贺州市、江西赣州市 4 市为重点研究区域，[①]以重点区域中乡村体育教师的专业发展为研究对象，开展后续研究。

第二节　研究意义

一、理论意义

（一）有利于丰富马克思主义"人的全面发展"的理论学说

人的全面发展，是一个既古老又现代的人类学问题。同样，马克思主义关于人的全面发展的学说，也经历了较长时间的演变和历练。1848 年，《共产党宣言》问世。马克思和恩格斯在该书中提出"只有在共产主义社会里，人的全面发展才会在真正意义上实现……在那里，每个人的发展是一切人的自由发展的条件。"[②]1859 年，马克思发表《政治经济学批判》，指出人的全面发展应与理想社会相联接。共产主义社会的本质特征是"建立在个人全面发展基础上的自由个性"[③]。1867 年，《资本论》出版，该书中，马克思科学地确立了人的全

---

① 龙晔生.南岭走廊应走民族区域平等发展之路 [J].中国民族报，2016（6）：4-7，19.

② 马克思，恩格斯.马克思恩格斯全集：第 23 卷 [M].北京：人民出版社，1972：534.

③ 马克思，恩格斯.马克思恩格斯全集：第 42 卷 [M].北京：人民出版社，1972：120.

面发展理论,[①]认为人的发展是自由而全面的发展，是建立在个体高度自由自觉基础上的全面发展。人的自由而全面的发展是具体的、现实的个人，而且把社会的每一个人都发展成了全面的人。[②]

马克思主义关于人的全面发展学说认为，人的全面发展首先系指人的劳动能力的全面发展，即人的智力和体力的充分、统一的发展。其次，还包括人的才能、志趣和道德品质的多方面发展。而科学素质是人的全面发展的内在要求。人的发展同其所处的社会生活条件是相联系的，旧式分工造成人的片面发展，机器大工业生产提供人的全面发展的基础和可能，社会主义制度是实现人的全面发展的社会条件。生产劳动同智育和体育相结合，它不仅是提高社会生产的一种方法，而且是造就全面发展的人的唯一方法。

中国共产党成立以来，始终将实现人的自由而全面的发展作为首要奋斗目标。值此中国特色社会主义新时代，社会主要矛盾已经转化为人民日益增长的美好生活需要和不平衡不充分的发展之间的矛盾。所以，在继续推动物质生产进步时，必须更加注重精神文化的生产，提高人民的生活层次，提升人民群众的获得感、满足感和幸福感。[③]

作为人民群众重要组成的南岭走廊乡村体育教师，随着时代的进步，一方面，其发展要求日益多元化，从传统的以解决温饱为目标发展成以实现自我为目标。从传统的"教书匠"角色，发展为有理想信念、有道德情操、有扎实学识、有仁爱之心的"四有"好老师。在具体的教书育人工作实践中、在丰富的为人师表情感历练中、在高尚的"为谁培养人"价值升华中，不断追求自我实现和自我完善。另一方面，在其专业发展过程中，还存在专业素养、专业情操、专业品质等诸多和自身高质量发展不相适应之处。本研究通过对南岭走廊乡村体育教师专业发展进行探索，能以学术行为提高其自我实现的意识、能力和水平，改善其专业发展的内在动力、习惯和行为。

（二）有利于丰富教师专业发展的理论研究成果

教师发展的研究，一直是学术界的重点主题，也是中国特色社会主义新时代教师研究的重点方向之一。当前的诸多研究成果，多数是从理论研究视角展

①朱飞.浅析马克思主义关于人的全面发展学说[J].长江从刊，2018（11）：182.
②朱飞.浅析马克思主义关于人的全面发展学说[J].长江从刊，2018（11）：182.
③欧阳康，熊治东.马克思人的全面发展学说的情感意蕴及其当代意义[J].世界哲学，2018（4）：5-13.

开的，相对缺乏实证性、还原主义指导下的研究成果。本研究摒弃教师发展中的技术理性主义，打破教师发展中培训者和被培训者之间二元对立的主客体关系，突破既有教师发展研究中宏大叙事偏多，实证性、实效性、针对性研究偏少等问题，着眼于"南岭走廊"这一体育学研究中鲜有涉足的区域，遵循价值理性主义，坚持教师发展中的主体间性关系，采用能最大可能获取研究真实信息的质性研究方法，运用"新时代人的全面发展"的新资料，提出"乡村体育教师专业精准发展"的新观点，探讨乡村体育教师专业精准发展的概念内涵、外延、构成要素、发展原则和要求，分析南岭走廊乡村体育教师专业精准发展的现实困境和短板、影响因素，构建针对性强、实效性高的乡村体育教师专业精准发展的路径和策略体系，创新层次丰富、形式多样的乡村体育教师专业精准发展的方法和手段，可丰富教师教育、乡村教师专业发展等领域的理论积累，为同类地区乡村体育教师的转型发展提供理论参考。

（三）有利于探索新时代背景下集民族地区、革命老区、相对贫困地区于一体特有区域中乡村体育教师专业精准发展的相关理论问题

本研究包括"新时代""南岭走廊""乡村教师""专业发展"四个独立鲜明、层层递进、相互影响、环环相扣的研究主题及借此形成的"新时代南岭走廊乡村体育教师专业精准发展"这一总的主题，具有一定的理论创新意义，具体如下：

第一，新时代。中国特色社会主义新时代是中国发展新的历史方位。这个时代是从党和国家事业发展的全局视野、从改革开放40年历程和党的十八大以来取得的历史性成就和历史性变革的方位上所做出的科学判断。新时代是承前启后、继往开来、在新的历史条件下继续夺取中国特色社会主义伟大胜利的时代，[1]意味着中国面临的国际经济政治形势、社会发展主要矛盾、动力和目标、实现方式等都产生了深刻变化，也意味着中国的道路、理论、制度、文化获得不断的发展。[2]当今中国社会的各种矛盾中，最主要的是"人民日益增长的美好生活需要和不平衡不充分的发展之间的矛盾"。基于此，研究新时代乡村教师专业发展问题，必须着眼于新的时代背景，以有别于以往时代背景的关注点，以学术行为对突破"不平衡不充分的发展"这一现状做出应有贡献。同

---

① 360百科.中国特色社会主义新时代[EB/OL].（2021-11-01）[2022-01-12].https://baike.so.com/doc/26978154-28350340.html.

② 叶小文.深刻理解中国特色社会主义进入新时代[J].前线，2018（3）：22-25.

时，也实现了对新时代社会矛盾协调发展的新路径的探索。

第二，南岭走廊。南岭走廊是费孝通先生20世纪80年代提出的概念，与西北走廊、藏彝走廊一起并称为"三大走廊"。南岭是湘、赣两省南部，广西东北部和广东东北部山区的总称，是中国最大的瑶族聚居区（瑶族人口231.6万，占全国瑶族人口的82.8%），也是南方地区特有的集民族地区、革命老区、相对贫困地区于一体的一个物理空间。2011年，《中国农村扶贫开发纲要（2011—2020年）》首次将全国14个连片特困地区确定为扶贫攻坚主战场，但湘粤桂赣四省交界的南岭走廊瑶族聚居区却未能享受到这一政策红利。这种情况一方面延缓了走廊发展速度，另一方面，也加剧了走廊内的相对贫困程度。①

目前，南岭走廊民族地区发展突出表现为区域整体性相对贫困与农村群体性相对贫困同时并存，相对贫困集中连片分布，经济社会发展滞后。尤其是不同民族之间发展不平等、同一区域中亚区域（民族自治县与非自治县）之间发展不平等、省际边界地区发展不平等。②本研究尝试在南岭走廊大区域中开展亚区域、省际边界地区乡村体育教师的专业发展的研究，实现大区域内和不同亚区域之间乡村体育教师专业精准发展的协调发展，对实现民族地区区域协调、共享发展而言，是一种新的探索。

第三，乡村教师。乡村教师是我国一个历史悠久、社会影响深远的特殊存在和群体，为我国农村教育的发展和延续提供了重要的人力保障。当前，乡村教师仍然是一个巨大的群体。根据教育部于2019年2月26日召开的新闻发布会上发布的消息，截至2018年底，全国中小学及幼儿乡村教师共290多万，约占同一学段教师总数的1/4。③其中，中小学乡村教师近250万人，幼儿园42万多人，40岁以下的青年教师占58.3%。④

众所周知，乡村教育在我国一直具有非常重要的作用。改革开放以来，国家高度重视农村教育发展，农村教育整体上实现了由城乡教育非衡发展向一体化发展、由结构单一向结构多元发展、由农村学生"有学上"向"上好学"发

---

① 龙晔生.南岭走廊应走民族区域平等发展之路 [J].中国民族报，2016（6）：4-7，19.
② 龙晔生.南岭走廊应走民族区域平等发展之路 [J].中国民族报，2016（6）：4-7，19.
③ 闪电新闻.教育部：全国中小学及幼儿乡村教师290万 只占总数1/4[EB/OL].（2019-02-26）[2022-01-12].https://baijiahao.baidu.com/s?id=1626506039966865839&wfr=spider&for=pc.
④ 余俊杰，翟翔.全国共有乡村教师290余万人 [EB/OL].（2019-02-27）[2022-01-12].https://baijiahao.baidu.com/s?id=1626583220725690959&wfr=spider&for=pc.

展等重大转变。[1]

实现这一切以及今后进一步促进完善这些效应的重要前提，是高质量发展的教师队伍。但是，客观地看，目前，我国乡村教师的专业发展尚存在诸多不足，如不同区域的乡村教师，专业发展水平不同；同一区域的乡村教师，其水平也有差异；同一区划的乡村教师，不同年龄、不同职称教师的发展也存在差距。总而言之，乡村教师这个群体，需要被关注，需要得到支持。而在中国特色社会主义新时代，发展乡村教育更成为促进城乡教育均衡发展、教育公平、社会公平的重要基础，作为乡村教育发展的最重要践行者，乡村教师及其专业发展也必须提升到重要高度。

第四，新时代南岭走廊乡村体育教师专业的精准发展。立足于中国特色社会主义新时代，着眼于广东、湖南、江西、广西四省区交界的集革命老区、民族地区、经济欠发达地区于一体的南岭走廊，以其乡村体育教师的专业精准发展为研究主题，可以勾勒出新时代南岭走廊乡村体育教师专业发展的现实表征、获得成就、发展困境及其影响因素，并演绎出促进其专业精准发展的有效路径，能为加强新时代南岭走廊乡村体育教师专业精准发展提供现实路径与选择。

二、应用价值

（一）有助于促进国家关于促进乡村教育发展和乡村教师专业发展等政策的根本落实

近年来，国家为了减少城乡差距，促进城乡社会一体化发展与和谐社会建设，在促进农村教育发展和农村教师专业发展等方面做了大量的工作，出台了一系列促进性的文件和政策，代表性的文件如下。

1.《国家中长期教育改革和发展规划纲要（2010—2020 年）》为加强农村地区、民族地区教师专业的发展描绘了蓝图

国家自 2008 年 8 月启动纲要的研制工作，于 2010 年 7 月 29 日正式发布，历时两年，可见党和政府对教育事业发展的重视程度。纲要从"民族教育""体制改革""保障措施"等 4 部分、"义务教育""民族教育""管理体制改革""扩

---

[1] 李澈.《中国农村教育发展报告 2019》显示：乡村教师队伍建设成效明显 [N]. 中国教育报，2019-01-14（1）.

大教育开放"等 22 章以及"建设高素质教师队伍""加强师德建设""提高教师业务水平""加强教师队伍建设""重视和支持民族教育事业""全面提高少数民族和民族地区教育发展水平"①等 70 节,规定了 10 年间教育事业的发展蓝图。其中,和本研究相关的主要内容有"以农村教师为重点,提高中小学教师队伍整体素质""加快缩小城乡差距。建立城乡一体化义务教育发展机制……努力缩小区域差距。加大对革命老区、民族地区、边疆地区、贫困地区义务教育的转移支付力度。鼓励发达地区支援欠发达地区""全面提高少数民族和民族地区教育发展水平……促进民族地区各级各类教育协调发展……全面提高教育教学质量"②等。可见,加强农村地区、民族地区教师专业的发展,成为国家重点考虑的教育发展蓝图之一。

2.《乡村教师支持计划(2015—2020 年)》明确了发展乡村教育和乡村教师专业的意义和具体行动

2015 年 6 月 1 日,国务院办公厅印发了《乡村教师支持计划(2015—2020 年)》(以下简称《计划》)。计划制定的背景为"深入推进全面建成小康社会、全面深化改革、全面依法治国、全面从严治党'四个全面'战略布局,认真贯彻党中央、国务院关于加强教师队伍建设的部署和要求,采取切实措施加强老少边穷岛等边远贫困地区乡村教师队伍建设,明显缩小城乡师资水平差距"③。

在内容方面,《计划》认为,"发展乡村教育,教师是关键,必须把乡村教师队伍建设摆在优先发展的战略地位"。

在意义方面,《计划》认为,"实施乡村教师支持计划,对于解决当前乡村教师队伍建设领域存在的突出问题……带动和促进教师队伍整体水平提高……推进社会主义新农村建设、实现中华民族伟大复兴的中国梦具有十分重要的意义"。

在具体行动方面,《计划》提出了"全面提升乡村教师能力素质……建立

---

① 国家中长期教育改革和发展规划纲要工作小组办公室.国家中长期教育改革和发展规划纲要(2010—2020 年)[EB/OL].(2010-07-29)[2022-01-12].http://www.moe.gov.cn/srcsite/A01/s7048/201007/t20100729_171904.html.

② 国家中长期教育改革和发展规划纲要工作小组办公室.国家中长期教育改革和发展规划纲要(2010—2020 年)[EB/OL].(2010-07-29)

③ 国务院办公厅.国务院办公厅关于印发乡村教师支持计划(2015—2020 年)的通知[EB/OL].(2015-06-08)[2022-01-12].http://www.gov.cn/zhengce/content/2015-06-08/content_9833.htm.

乡村教师校长专业发展支持服务体系……全面提升乡村教师信息技术应用能力……加强乡村学校音体美等师资紧缺学科教师和民族地区……教师培训……采取顶岗置换、网络研修、送教下乡、专家指导、校本研修等多种形式，增强培训的针对性和实效性……鼓励乡村教师在职学习深造，提高学历层次"①等举措。

3.《全面深化新时代教师队伍建设改革的意见》与时俱进地做出了提高乡村教师专业发展的具体操作行为

2018 年 1 月 20 日，中共中央国务院颁布了《关于全面深化新时代教师队伍建设改革的意见》，提出"全面提高中小学教师质量，建设一支高素质专业化的教师队伍……增加教育硕士招生计划，向……农村地区倾斜""逐步扩大农村教师特岗计划实施规模……为乡村学校及教学点培养'一专多能'教师，优先满足老少边穷地区教师补充需要""深入实施乡村教师支持计划……巩固乡村青年教师队伍。在培训、职称评聘、表彰奖励等方面向乡村青年教师倾斜，优化乡村青年教师发展环境，加快乡村青年教师成长步伐。"②

以上政策的出台，既为提高包括南岭走廊在内的乡村体育教师的专业发展提供了支持性指导和发展性指南，也为大力发展南岭走廊乡村体育教育教学质量和人才培养整体效果提供了可操作性强、指导意义大的路径选择依据。但是政策的具体落地，还需要错综复杂的众多环节具体实施，在实施中会遇到这样那样的问题、困难和阻碍，如何克服这些问题和阻碍，打通乡村体育教师专业发展的"最后几公里"，就成为新时代南岭走廊乡村体育教师专业精准发展的关键问题，必须加以全面考虑和深入研究。本研究即以学术行为，为贯彻落实国家关于乡村教师专业发展的大政方针提供参考。

（二）有利于精准地提高南岭走廊乡村体育教师专业质量，改善专业能力结构

目前，在上述国家利好政策文件的指引下，南岭走廊教师在数量、结构等方面都有所改善。以韶关市为例，至 2020 年底，全市"有基础教育学校 968

---

① 国务院办公厅.国务院办公厅关于印发乡村教师支持计划（2015—2020 年）的通知[EB/OL].（2015-06-08）[2022-01-12].http://www.gov.cn/zhengce/content/2015/06/08/content_9833.htm.

② 新华社.中共中央 国务院关于全面深化新时代教师队伍建设改革的意见[EB/OL].（2018-01-31）[2022-01-12].http://www.gov.cn/xinwen/2018-01/31/content_5262659.htm.

所，在校学生 54.87 万人，教职工 4.42 万人"。"全市共培养省、市级名教师、名校长、名班主任 191 人。在岗特级教师 48 名、正高教师 19 人，省级骨干教师 112 人，享受市政府特殊津贴 14 人，市级首席教师 25 人，市级学科带头人 327 人，市级教学能手 110 人，市级拔尖人才 24 人，市名教研员 20 人，省、市级名教师校长班主任工作室 29 个。""有中小学教师 36590 人，其中小学教师 14887 人（含研究生学历 50 人，本科学历 9963 人），初中教师 8260人（含研究生学历 118 人，本科学历 7182 人），高中教师 4308 人（含研究生学历 376 人，本科学历 3888 人），中等专业学校教师 1683 人（含研究生学历132 人，本科学历 1408 人）。全市小学、初中专任教师本科及以上学历比例分别达 62.22% 和 85.22%，高中阶段学校专任教师硕士研究生及以上学历比例达6.86%。"① 另外，韶关市中小学紧缺学科之一的体育教师缺配率也在逐年降低，2015 为 26.26%，2018 年底降至 20.17%。②

　　再如，同在南岭走廊地区的郴州市，2020 年共有农村学校 516 所，占全市学校总量的 26.4%。其中，高中学校 3 所，占全市高中数量的 6.8%；义务教育学校 232 所，占全市义务教育学校总量的 35.6%；另有乡村地区特有的教学点 1202 个。在教师数量方面，2020 年全市共有乡村教师 9746 人，占全市教师数量的 15.5%；其中，含小学教师 4798 人，占全市小学教师数量的22.8%；初中教师 1507 人，占全市初中教师数量的 15.5%；九年一贯制学校教师 1710 人，占全市九年一贯制学校教师数量的 17.4%；完全中学教师 230人，占全市完全中学教师数量的 7.7%；高中教师 274 人，占全市高中教师总量的 5.5%；十二年一贯制学校教师 211 人，占全市十二年一贯制学校教师总量的 13%。③

　　以上数据昭示了南岭走廊乡村体育教师的专业结构和水平得到了一定提高，但是细究下来，也存在教师专业发展维度不精准（如育人理念相对落后、体育教学理论储备不足、教学内容的选择和优化滞后、教学设计、教学组织、教学实施、教学评价等专业能力仍然不足，专业学习和专业培训粗放、教学方

① 郴州市教育局 . 全市各级各类学校教职工数（2020）[EB/OL]. (2021-05-14) [2022-01-12].
http://jyj.czs.gov.cn/zwgk/tjsj/content_3280413.html.
② 韶关市教育局 .2019 年韶关市教育事业发展情况 [EB/OL]. (2020-09-17) [2022-01-12].
http://jy.sg.gov.cn/sgjy/jygk/content/post_1863912.html.
③ 郴州市教育局 . 全市各级各类学校数（2020）[EB/OL]. (2021-05-14) [2022-01-12].http://
jyj.czs.gov.cn/zwgk/tjsj/content_3280429.html.

法相对陈旧、教研能力普遍低下，教学保守比较明显等，详见后文叙述）、专业发展能力结构不均衡（如老中青乡村体育教师专业发展能力差异明显、城郊学校与偏远学校乡村体育教师专业能力发展有差异，详见后文叙述）等不足。这种情况与上述政策出台的初衷以及具体的落实不相符合。而民族地区乡村体育教师兼具教书育人、文化传承、乡村振兴、乡村治理、共同富裕、政治安全等职责的特性，更要求从民族团结、社会进步、乡村发展、国家发展的高度科学发展。本研究着眼于乡村体育教师专业思想、专业道德、运动技能、教学能力、训练和竞赛组织能力、科研能力等在内的专业水平的提高，有助于落实上述国家政策，有利于精准提高南岭走廊乡村体育教师的专业发展水平。

（三）有助于加速新时代革命老区、少数民族地区、相对贫困地区体育教育事业的改革升级

百年大计，教育为本。党的十九大报告以"优先发展教育事业"为中心作出全面部署，强调"必须把教育事业放在优先位置……加快教育现代化，办好人民满意的教育。"为中国特色社会主义新时代深化教育改革、优化国民素质指明了方向。[①] 集革命老区、少数民族地区、贫苦地区于一体的南岭走廊，教育扶贫是解决相对贫困问题的根本之策，亦为阻断代际相对贫困传递的重要方式。[②] 而《国务院关于新时代支持革命老区振兴发展的意见》（2021）也强调"坚持扶志扶智相结合"[③]。国家对乡村教师队伍建设日益重视，专门制定了针对乡村教师队伍发展的政策方针，还建立乡村教师荣誉制度，旨在不断提高乡村教师专业发展水平，提高人才培养质量。[④]

但是，客观地看，南岭走廊内的教育水平虽然得到了较好发展，但是教育扶贫困难也较多，突出表现在：第一，城乡、学校之间发展失衡。城市与农村、乡镇与偏远地区、同一区域学校间教育教学质量也差距明显；第二，农村教师队伍建设不足。由于师资不足，走廊内乡村教育质量依然深受影响，边远地区、山区学校教师缺员，尤其是体音美、信息技术等学科的专业教师缺员更

---

① 陈宝生.优先发展教育事业[N].人民日报，2018-01-08（7）.
② 民盟安徽省委会.发展教育事业拔除"穷根"[N].江淮时报，2019-12-27（3）.
③ 中国政府网.国务院关于新时代支持革命老区振兴发展的意见[EB/OL].（2021-02-22）
[2022-01-12].https://www.csdp.edu.cn/article/6989.html.
④ 陈宝生.优先发展教育事业[N].人民日报，2018-01-08（7）.

为严重。①第二，根据笔者长期的中小学体育教师指导经验和诸多研究结果可知，目前，南岭走廊乡村体育教育发展滞后，业务能力较低，教学质量不高，影响了学生的全面发展与成才。对其专业发展进行研究，能为体育教育事业改革升级做好保障，也为教育事业的全面发展奠定基础。

---

① 民盟安徽省委会.发展教育事业拔除"穷根"[N].江淮时报，2019-12-27（3）.

第二章　文献综述

第一节 国内研究现状

一、关于乡村教师专业发展的研究

（一）影响乡村教师职业稳定性的研究

有研究对乡村教师职业稳定性的影响因素进行实证分析，结论认为，"工资、津补贴等是预测乡村教师职业稳定性的重要变量。在考虑薪酬待遇和职业发展后，工作强度不再能预测职业稳定性；五到十年能否获得职称晋升是乡村教师离职倾向是否产生的关键；提升培训次数和质量有利提高乡村教师职业稳定性"。研究还提出了"切实提高乡村教师总体薪酬待遇，吸引更多教师在乡村安心从教；关注教师职业发展需求，营造积极友好的发展环境；职称评聘向乡村学校充分倾斜；拓展乡村教师职称晋升通道；充实乡村教师的培训经费和师训力量，提高教师培训的质量"等多种建议。[1]

（二）提升新生代乡村教师职业吸引力（满意度）的研究

新生代乡村教师职业吸引力是职业供给力、保障力和发展力三种因素共同作用的结果。新生代乡村教师职业吸引力存在职业供给力不足和"下得去"的区域差异较大、职业保障力薄弱和"留得住"的结构性障碍突出、职业发展力欠缺和"教得好"的协同机制不健全等现实困境。需构建"回归乡土"的精准化引培机制，提升乡村教师职业供给力；构建"集体共创"的联动化留人机制，增强乡村教师职业保障力；构建"主体能动性"的长效化育人机制，提高乡村教师职业发展力。[2]

随着城市化进程的发展，乡村经济和文化逐渐被边缘化，乡村教育面临挑

① 金志峰，阳科峰，杨小敏. 乡村教师如何才能下得去、留得住？——基于离职倾向影响因素的实证分析 [J]. 教育科学研究，2021（8）：41-48.

② 闵永祥，张鹏. 新生代乡村教师职业吸引力提升的困境与突围——基于社会互构论视角的阐释 [J]. 现代中小学教育，2021（1）：61-67.

战，乡村教师的处境艰难。主要表现为"工作和生活满意度低、纠结的职业成就感、教育教学中的倦怠感"等三个方面。乡村教师职业发展中，存在"社会地位下滑、教学效能感下降以及身份认同上的矛盾心态与孤独感"等困境。要重构乡村教师主体性，应当"重看与走进乡村教师生活世界"，提升"乡村教师的自我展示与自我意识"并获取"外在的支持和内在的动力"。①

（三）乡村教师职业发展困境与对策的研究

有研究发现"乡村教师工作环境艰苦、工作量大，社会资本存量低弱、社会交往处于弱势地位、职业发展空间受限、自我价值难以实现"。认为"教师交流轮岗制度是缓解当前城乡教师资源配置不均衡、推进义务教育均衡发展的重要举措"。研究还认为，加强"乡村教师队伍建设，并非硬性地将教师留在乡村学校，而是进一步规范教师交流轮岗制度，保障每位教师享受同等的优质教育资源，促进自身的专业成长，对自身的职业发展前景有信心"。②

另有研究认为，"乡村教师队伍整体不同程度地存在着缺乏职业认同、缺乏学习的积极性等问题，制约了乡村教育的可持续发展"。"加强乡村教师的教育教学研究，提高乡村教师专业素质水平，加强乡村教师队伍的建设，是提高乡村教育质量的重要举措"。③

（四）乡村教师留教意愿的研究

有研究探讨了乡村教师留教的意愿并分析了影响因素，认为"总体上，我国乡村教师留教意愿略为强烈"，"不同特征作用下其留教意愿差异显著，且乡村教师的留教意愿影响因素多而集中"。要有效提升乡村教师的留教意愿，必须"有针对性地满足乡村教师的发展需求，提高各项政策的实施效果"。④

---

① 张莉莉，林玲.城市化进程中乡村教师的境遇：倦怠与坚守——对97位村小、教学点骨干教师的调查[J].河北师范大学学报（教育科学版），2014（1）：16-20.
② 樊改霞.乡村教师职业发展及其前景分析——兼议乡村教师队伍建设的路径[J].中小学教师培训，2019（8）：15-20.
③ 王会娟.新时代背景下乡村教师队伍建设的困境与解决路径探究[J].考试与评价，2019（4）：123-124.
④ 王路芳.乡村教师留教意愿研究——基于全国22个省市乡村教师的调查[D].武汉：华中师范大学，2016：1.

（五）影响乡村小学新教师职业发展因素的研究

有研究认为，"教学环境较差""工资待遇较低""工作占据业余时间多""人际关系困扰""教学经验不足"以及"教师自身原因"等是影响乡村小学新教师职业发展的因素，并提出了"加大政策支持力度，改善乡村教学环境""提高乡村教师待遇，提高教师生活水平"以及"实现乡村教师自我发展"等发展对策，以期帮助乡村小学新教师尽快走出职业困境，步入发展正轨。[①]

（六）非体育学科乡村教师职业发展的研究

1. 乡村高中语文教师职业发展研究

有研究认为，随着我国智能化教育的推进，西部农村学校教师需要更好的教科研能力。目前，西部农村高中语文教师教研水平较为低下，难以解决教研实践中遇到的困难。要有效提升西部农村高中语文教师教研水平，可综合采用"基于信息化教研培训构建信息化语文教师教研能力培养的校本课程""基于信息化教研探索构建智能化语文教师教研能力培养的全员活动"以及"基于信息化教研规划构建实践活动课程"等途径。[②]另有研究认为，提升乡村语文教师教育信息化素养是实现全面素质教育、实现教育现代化以及提升教师职业水平的关键举措。目前，教育信息化下乡村语文教师教学中存在"角色失调""新技术化探索与传统思想的两难""信息资源的取舍与组合困难"等困境，可以综合采用"积极转变教育观念，强化教育信息化知识整合能力""大力开展教育信息化培训，搭建教育信息化技术网络平台"以及"互惠制度规范奖励，切实保障和改善教师待遇"等举措，[③]实现乡村语文教师职业能力提升。此外，还有研究认为，乡村小学语文教师要有效提高课堂教学质量，必须"树立良好的师德""更新课堂教学理念""完善课堂教学设计"，并"促进教学手段融合"。[④]

---

① 赵慧.影响乡村小学新教师职业发展因素的调查研究——以殷家堡小学为例[J].教育观察（下半月），2016（5）：42-44.

② 赵钟玲.借助信息发展教研——谈西部农村高中语文教师教研水平提升的新路径[J].新课程，2021（36）：13.

③ 杨春娇.教育信息化环境下乡村语文教师面临的新挑战[J].教育观察，2021（15）：27-29.

④ 吴富娇.乡村小学语文教师课堂教学质量提高对策的研究[J].现代农业研究，2021（4）：41-42.

2. 乡村数学教师职业发展研究

乡村初中数学教师信息技术使用方面，存在"信息技术类型单一、信息技术操作能力有待提高、整合数学教学与信息技术的能力不足"等问题。而影响教师信息技术使用的因素主要包括"教师自身信息素养水平不高、没有正确掌握信息技术与数学课程整合的意义、学校对教师使用信息技术支持不到位、学生自觉性及信息素养差、政策约束减小教师使用信息技术的频率、信息技术相关培训未能提升教师信息化教学能力、教科书中信息技术与数学内容并未真正融合、讲授为主的传统教学模式限制现代数学工具作用的发挥"。此外，研究还认为，要有效提升乡村初中数学教师信息技术使用效果，"教师要加强学习，提升自身信息素养；积极落实信息技术课程，培养学生信息素养；学校加强管理，促进教师积极使用信息技术；组织专业培训，助力教师技术与教学整合能力的提升；转变课堂教学结构，促进教学有效开展"。[1]

乡村数学教师职业认同感的水平一般，其自主专业发展意识较强。在乡村数学教师的意识中，"学生、家长及学校对数学教师的专业发展有积极影响"。另外，"不同工资水平、不同课时量、不同年龄以及承担不同门数课程的教师，对于自身职业认同感、学生和家长、学校等因素对自身专业发展影响的认识，有显著性差异"。[2]

3. 乡村英语教师职业发展研究

乡村小学英语教师要提高教学成效，必须要在教学过程中激发学生的学习兴趣及努力提高自身核心素养。小学英语核心素养由语言素养、文化意识、应用能力和教学技能等方面组成。目前，乡村小学英语教师普遍存在"缺乏专业知识""语言素养较弱"以及"专业能力不足"等问题，要有效提升乡村小学教师核心素养和英语教师职业能力，可综合采用"结合英美影视，培养语言素养""了解中西方文化异同，培养文化意识""融入主题探究，培养教学技能"以及"利用多媒体，培养应用能力"等多种途径。[3]

---

① 许振娟.乡村初中数学教师信息技术使用研究——以水城县Y中学为例[D].贵阳：贵州师范大学，2021：1.

② 陈丽敏，景敏，王瑾.辽宁省乡村数学教师专业发展影响因素的调查研究[J].辽宁教育行政学院学报，2021（1）：94-100.

③ 王昭宁.乡村教育振兴背景下乡村小学英语教师核心素养的研究[J].校园英语，2021（27）：194-195.

4. 乡村音乐教师职业发展研究

当前，乡村音乐教师专业发展过程中存在"专业能力和知识结构欠缺、发展制度不完善且缺乏资金支持、培训机制不完善、资源整合及资源平台建设存在缺口"等问题。要提高乡村音乐教师职业发展水平，可从"实现音乐教师专业发展支持模式顶层设计、全面强化制度保障及服务支持体系构建、构建系统化的乡村音乐教师培训体系、为音乐教师打造专业发展平台"①等方面加以改进。

新时代背景下，乡村音乐教师应具备"以梦感人的理想担当""以文化人的乡土文化""一专多能的教学能力"以及"以行觉人的课程实践能力"等核心素养。要达此状态，作为人才培养机构的师范院校应"优化人才培养模式，加强师德建设，增强未来乡村音乐教师身份认同，促进学生不断完善自我，提高未来乡村音乐教师的内生动力，从而有效提升未来乡村音乐教师的核心素养"。②

5. 乡村美术教师职业发展研究

影响农村美术特岗教师专业发展的影响因素包括"社会因素、学校因素、个人因素"等三方面。要有效改善美术特岗教师专业发展现状，应从"持续加大经费投入""提升教育培训针对性""建立乡镇美术教研组制度""利用好互联网＋教育""依靠专业发展内驱力"等方面加以改进，以期帮助农村美术特岗教师科学解决专业发展中的问题和不足。③

当前，农村小学美术教师的专业发展现状不乐观，主要有"专业知识水平偏低""外出培训机会较少""学历水平偏低""学科地位不高""评价方式不科学"等问题。农村小学美术教师的专业发展受到一系列外部因素的制约。④

农村小学美术教师专业化状况不容乐观，很多美术教师不能适应素质教育中美术教育方面的要求，直接影响了美术教育的功能在学生身上的发挥。在

---

① 钦媛.《乡村教师支持计划》背景下乡村音乐教师专业发展路径 [J].成都师范学院学报，2021（3）：65-69.

② 陶玉宇.乡村音乐教师的角色定位及其核心素养的提升[J].阜阳职业技术学院学报,2021(3)：48-50.

③ 徐伟龙.农村美术特岗教师专业发展质性研究——以湖南省四地区七名农村美术特岗教师为例 [D].长沙：湖南师范大学，2020：1.

④ 杨静凝.农村小学美术教师专业发展研究——基于江西省 X 市的实证调查 [D].武汉：华中师范大学，2018：1.

和城市小学使用相同美术教学大纲和教材、使用同样评价标准和方法的情况下，农村小学美术教师需要解决的难题更多、任务更重，而在专业化发展不足方面的难题、问题和困难更多。要有效促进农村小学美术教师专业化发展，应当采用多种途径，包括"提升农村小学美术教师专业素养""重视培养美术教师校本课程开发的能力""开发构建针对农村小学美术教师在职培训的课程体系""对农村小学美术教师队伍进行建设""加强美术教师交流""更新美术教师传统的美术教育教学经验、创新教学""加大对农村小学美术教育的资金投入、增加美术教师收入"以及"提高农村小学美术教师社会地位"，[①] 等等。

（七）乡村体育教师职业发展的研究

1. 乡村体育教师职业倦怠的研究

乡村体育教师的职业认同度、工作满意度、社会支持度和职业倦怠感呈负相关。可通过提高教师的工作满意度和社会支持，以降低教师的职业倦怠感。职业倦怠感和教师的教龄、职称和婚姻状况相关。教龄在 5 年及以下的体育教师相较其他教龄段的教师职业倦怠感高；三级职称的体育教师相较其他职称的教师职业倦怠感高；未婚体育教师相较已婚体育教师职业倦怠感高。[②]

2. 乡村体育教师职业困境与应对措施的研究

长期以来，由于体育设施不足、体育学科及教师身份被忽视以及乡土社会的文化偏见等因素，农村体育教师的职业发展阻碍众多。虽然体育教师能运用智慧开展创造性的教育行动研究，但研究意识不强、理论缺少指导以及外部支持较少等多种因素，使乡村体育教师职业发展不充分。要有效改善乡村体育教师的职业发展状况，必须充分发挥体育教师的主观能动性，开展行动研究。利用地方性优势充分开发乡土资源，与劳动教育相结合，促进学生全面发展，进而提高乡村体育教师专业发展水平。[③]

3. 乡村体育教师职业发展不利因素及改进措施的研究

目前，我国乡村体育教师专业发展过程中，在教师自身、师资培养与教师培训以及学校、政府与社会等方面都存在不利影响。针对存在的问题，研究提

---

① 王莘.农村小学美术教师专业化发展的现状研究与对策 [D].长春：东北师范大学，2011：1.
② 刘雨.滨州市农村小学体育教师职业倦怠及影响因素研究 [D].大连：辽宁师范大学，2021：1.
③ 李金刚，刘倩楠.困境下的突围：农村体育教师的境遇与应对 [J].贵州师范大学学报（社会科学版），2021（3）：73-81.

出了"给予体育学科科学认识，改变教育观念，防止体育学科边缘化""师资培养目标明确，课程设置与时俱进，培训内容与形式与乡村体育教学实践相结合""采取多重手段，提升乡村教师职业吸引力。完善评价机制，加强政府监督力度""教师提升自主发展意识和职业认同感，利用互联网进行自我能力提升"[①] 等发展性建议。

4. 乡村体育教师职业生态的研究

当前，乡村体育教师职业发展中存在"收入待遇偏低、培训次数较少及乡村学校体育设施不能满足体育教学需求"的现象。要提高乡村体育教师职业发展水平，应"合理提高乡村体育教师的收入待遇，增加乡村体育教师培训机会，注重乡村学校体育设施建设，减少城乡差距"。[②]

5. 不同地区乡村体育教师职业发展的研究

（1）贵州省农村体育教师专业发展的研究。农村体育教师的职业发展不仅关系到教师自身的专业发展、社会地位，还关系到国家的教育质量、学校的教学要求。农村体育教师职业发展兼顾着农村文化和体育教师理想信念两方面，相互促进体育教师的职业发展。贵州省农村体育教师的职业发展主要存在以下几个困境：社会层面的困境，即严重的专业偏见；学校层面的困境，即管理系统紊乱、资金严重缺乏；教师层面的困境，即体育教师自身缺乏专业的学习。针对三种困境，可综合采取以下措施：减少偏见，努力争取社会各界力量的支持；体制培训供给侧改革，增设体育教师培训的机会；体育教师加强学习，提高自我教育，以期助力贵州省农村体育教师的职业发展。[③]

（2）武陵片区乡村体育教师职业发展的研究。武陵片区农村体育教师专业发展过程中存在"发展意识淡，职业思想怠倦、工作环境差，场地器材受到约束、农村学校管理体制不合理，教学考核制度存在缺陷、经费不足，缺少专业培训机会"等不足，影响农村体育教师专业发展的原因包括社会层面、学校层面和个人层面的因素。《乡村教师支持计划》下农村体育教师专业发展策略

---

① 张家振，廖金林，黄永飞.乡村振兴战略背景下体育教师专业发展的路径探究 [J].当代体育科技，2021（13）：243-246.

② 刘荟娇，姚相清.乡村体育教师职业生态研究 [J].当代体育科技，2020（33）：230-233，236.

③ 张福蝶，丁蕊，张英.贵州省农村体育教师的职业发展困境与策略 [J].文体用品与科技，2021（13）：95-96.

包括"细化国家政策条例,加强政策实施力度""稳定和拓宽农村体育教师队伍""提高待遇水平,增强职业认同感""解决编制与职称问题,完善教师考核制度"以及"加强体育教师在职培训"[①]等方面。

(3)南昌市乡村体育教师职业生存状态的研究。南昌市乡村小学体育教师面临"工作条件、经济收入压力、保障机制"等方面的生存困境。针对困境,提出了"思想上帮扶,提升社会体育意识""精准制定与落实体育相关政策、条例""形成自主成长意识,提升继续教育的内涵式发展"以及"加大投入,改善乡村体育教育环境"[②]等改进性建议。

(八)非中国知网来源文献与教师职业发展的相关理论研究

第一,过程说。"教师专业发展是指在教学职业生涯中的每一阶段教师掌握良好专业实践所必备的知识和技能的过程。"[③]"教师专业发展乃是教师为提升专业水准与专业表现而经过自我抉择所进行的各项活动与学习的历程,以促进其专业成长、改进教学效果,提高学习效能。"[④]"教师专业成长是指教师从准备进入教育领域,由没有教学经验的新手型教师到成为一名经验丰富的专家型教师,直到退出这一领域的整个成长过程。"[⑤]

第二,成长说。"教师发展系指教师由于经验增加和对其教学系统审视而获得的专业成长,教师专业发展意味着教师个人在专业生活中的成长,包括信心增强、技能提高,学科知识的拓展和深化及自己对课堂表现的原因意识的强化。"[⑥]

---

① 伍雄林,李可兴,于易,等.乡村教师支持计划下农村体育教师专业发展研究 [J].四川体育科学,2021(1):118-122.

② 郭晓琴.南昌市乡村体育教师职业生存状态研究 [J].体育世界(学术版),2019(7):13-14.

③ 王守恒,姚运标.课程改革与教师专业发展 [M].合肥:安徽教育出版社,2007:3.

④ 王守恒,姚运标.课程改革与教师专业发展 [M].合肥:安徽教育出版社,2007:4.

⑤ 周景坤.高校教师专业成长阶段研究 [J].国内高等教育教学研究动态,2015(21):10.

⑥ 王守恒,姚运标.课程改革与教师专业发展 [M].合肥:安徽教育出版社,2007:3.

第二节　国外研究现状

一、关于"teacher development"（教师发展）的研究

国外关于教师发展的研究，成果较为丰富。以"teacher development"为主题词，在中国知网检索，最早成果可见于 1965 年，至 2021 年 10 月，共产生相关成果 4200 余条。近五年出现的主要观点如下：

（1）对体育教师实施持续专业发展计划的研究。持续专业发展（Continuing Professional Development，CPO）是体育教师更新技能和知识、为学生提供最优体育教育的关键策略，但对于 CPD 在体育背景下的有效性和可行性，人们也产生担忧。基于教师主导、协作探究的专业学习形式——课例研究可能是该方面很有前途的 CPD 方法之一。参与式体育教师认可作为 CPD 的课例研究，特别重视协作和面向实践的方法。由于课例研究允许进行专业实验，使教师能够将新知识和观念迁移到自己特定的教育情境中。不过，目前的形式，尤其是在现有的学校结构内，课例研究在时间和资源方面可能要求过高。只有学校愿意进行必要的投资，才能期望课程学习发挥其全部潜力，才可进一步提高体育教师专业发展水平。[①]

（2）利用新方法对数字化环境中教师职业发展进行分析的研究。有研究展示了如何使用各种方法和工具对数字环境中语言教师专业发展的多维、动态和复杂性质进行分析，虽然这些特征还没有得到充分的检验，但预示了运用新的方法对教师职业发展进行分析的趋势。[②]

（3）反思实践提高教师专业发展能力的研究。反思在帮助教师理解以及充分利用其专业经验方面具有重要意义，反思性实践为教师的专业发展提供了一

---

①SLINGERLAND M, BORGHOUTS L, LAURIJSSENS S, et al. Teachers' perceptions of a lesson study intervention as professional development in physical education Journal[J]. European Physical Education Review Volume, 2021, 27（4）: 817-836.

②KAYI-AYDAR H, REINHARDT J. Language Teacher Development in Digital Contexts[M]. Amsterdam: John Benjamins Publishing Company, 2022.

个易于理解和操作的途径。通过使用场景、问题和故事的介绍以及探索关键主题（如反思模式和思想、语言和行动之间的联系）的分析，教师可以将反思性实践的内容应用到自己的环境背景中。①

二、关于"rural teacher development"（乡村教师发展）的研究

在中国知网以"rural teacher development"为检索词进行检索，发现本领域的研究成果相对偏少，最早的研究始于 1975 年，至 2021 年 10 月，共 90 余项研究成果。近五年出现的主要成果或观点如下：

（1）运用现代教学手段提高农村教师教学能力的研究。有研究以教师对学生思维的关注为基础，以一个为期一年的视频俱乐部的形式，为一所农村中学的三名数学教师（六至十二年级）提供专业支持。该研究重点在于了解农村中学教师如何通过参与视频俱乐部获得注意的发展以及农村中学教师注意的内容如何影响其教学设计能力。研究发现教师通过参与视频俱乐部，提升了自己的课程愿景、教学设计能力和协作观，也提高了教师利用学生思维状态进行教学决策的能力。② 另有研究分析了一个通过视频会议为乡村数学和科学教师提供专业发展机会的实践项目，以帮助他们使用教学大纲文件来发展他们的教学计划。研究结果认为，通过视频会议进行教师专业发展既有优势也有不足，但可以帮助教师通过合作来丰富他们在编写教学方案方面的专业知识。③

（2）实施技术强化学习提高发展中国家乡村教师专业发展水平的研究。孟加拉国虽然获得数字移动技术技术能力的不断增长，但由于乡村教育变革和技术创新的物理空间狭隘、思想观念滞后，教育部门利用数字移动设施提高乡村教师的专业发展水平却面临巨大挑战。④ 另有研究认为，农村学生面临词汇量

---

① THOMPSON C. Reflective Practice for Professional Development:A Guide for Teachers[M]. Oxford: Taylor& Francis Group, 2021.

② WALLIN A J, AMADOR J M.Supporting secondary rural teachers' development of noticing and pedagogical design capacity through video clubs[J]. Journal of Mathematics Teacher Education, 2019, 22（5）: 515–540.

③ MAHER D, PRESCOTT A. Professional development for rural and remote teachers using video conferencing[J]. Asia–Pacific Journal of Teacher Education, 2017, 45（5）: 520–538.

④ JAMIL M G. Technology–enhanced teacher development in rural Bangladesh: A critical realist evaluation of the context[J].Evaluation and Program Planning, 2018, 69: 1–9.

不足的问题，且获得教育资源的机会更少。该研究探讨了基于网络的教师咨询对农村教师词汇教学、提高学生词汇推理能力的效果和有待改进的问题。①

（3）教师技术强化专业发展（teacher technology-enhanced professional development，TPO）对教师信念与实践的影响。位于美国东南部农村高度贫困地区的相邻两所中学的教师参加了以 TPD 为主题的课程项目，并在三个夏季和整个学年中学习了如何将技术融入教学。结果表明，教师基于 TPD 的教学信念和使用新技术的适应性显著提高，大多数教师通过采用技术提高了教学效率和效果。②

三、关于"policy or society support system for rural teachers' professional development"（乡村教师专业发展的政策或社会支持体系）的研究

成果较少，主要观点如：北威斯康星州乡村教师发展政策支持较好，但社会支持较为落后（JR Gallo，2013）；由于缺乏专业发展，纳米比亚多数乡村学校的信息科技教师数量少，课程开设率低。少量州由于实行了积极的支持政策，教师数量充足（EN Ngololo，2011）。

小结

综上，在"教师发展"这一重大问题引领下，学者们从不同层面、区域、学科、发展背景和模式下的乡村教师、乡村体育教师、民族地区乡村体育教师发展等入手，产生了许多成果，为本研究带来有益启示。同时，也预示着研究的三个趋势。

第一，研究主题方面，教师专业发展、乡村教师专业发展、乡村体育教师专业发展等研究，正成为国内研究热点。而随着新时代国家对乡村教师发展的日益重视，对其学术研究也将继续勃兴；国外虽暂无乡村体育教师发展的研究，但随着新时代我国对外文化交流的日益频繁和深远，也可能迎来研究的兴起；

①COLLINS G G, GOFORTH A N, AMBROSE M L.The Effects of Teacher Professional Development on Rural Students' Lexical Inferencing Skills[J].Rural Special Education Quarterly, 2016, 35（3）：20-29.

②BLANCHARD M R, LEPREVOST C E, TOLIN A D. Investigating Technology-Enhanced Teacher Professional Development in Rural, High-Poverty Middle Schools[J]. Educational Researcher, 2016, 45（3）：207-220.

第二，研究方向方面，教师专业"精准发展"的研究，将成为主要方向，注重发展的"精准"将更受重视。在此趋势下，乡村体育教师专业精准发展的研究正好适合这一方向；

第三，研究区域方面，虽然广泛，遍及全球，但集民族地区、革命老区和落后地区于一体的"南岭走廊"区域中乡村体育教师专业发展的研究，则暂未出现。种种研究现状和成果既为本课题的开展提供了丰富的参照材料，也预留了充足的空间。

针对以上研究现状和发展趋势，本研究将以新时代南岭走廊乡村体育教师专业的精准发展为主题，展开相关研究。

第三章　研究对象和方法

第一节　研究对象

本研究选取广东省、湖南省、广西壮族自治区、江西省四省交界处的处于南岭走廊核心区域的韶关市、郴州市、贺州市、赣州市四市为样本市，在四个城市中选取 29 所乡村中小学作为样本学校，并对各样本学校中共 74 名体育教师进行面对面访谈交流。具体学校和部分教师名单如下表。

表 3-1　研究样本城市、乡村学校和部分教师名单

序　号	省	市	区（县市）	学校（合计29所）	访谈体育教师（合计74人）
1	广东	韶关	乐昌市	梅花镇中心小学	严燕、陈如英、连培石、丘志峰、巫宏军、张广开
2				云岩中心小学	黄红娜
3			乳源瑶族自治县	一六中学	秦远辉　王长秀
4				大桥镇大桥欧晖中学	谢观才　吴彩芳
5			仁化县	长江镇中心小学	邓桂梅
6			始兴县	司前镇庚靖学校	曾威
7				顿岗镇中心小学	刘亮
8				马市镇中心小学	邓晓兰
9				顿岗中学	邱彩英
10			曲江区	白土中学	杨彦锋黄友俊
11				枫湾中学	肖学浩
12	江西	赣州	信丰县	西牛中学	邹懋芳等4人
13				黄泥中学	蒋声清王华机
14			定南县	老城镇中心小学	薛勇
15				定南二中	吕海泉
16				柱石学区小学	叶剑飞
17				鹅公中学	刘强
18			龙南市	渡江镇初级中学	廖君等2人
19				杨村镇中心小学	任艳阳 赖婷曹富君陈奕昕
20				杨村镇初级中学	陈坚晖 王良才赖月波

续 表

序 号	省	市	区（县市）	学校（合计29所）	访谈体育教师（合计74人）
21	湖南	郴州	宜章县	宜章二中	黄宇明 黄学
22				麻田中学	盘芳香等3人
23				麻田小学	黄攀等3人
24				梅田镇中学	周老师 杨老师
25				梅田小学	7人
26	广西	贺州	平桂区	民族学校	张老师、吴老师、江老师、钟老师等4人
27			钟山县	回龙镇中学	4人
28			富川瑶族自治县	富阳镇初级中学	赖庆林等6人
29			八步区	贺街镇双莲初级中学	曾照峰等5人

第二节　研究方法

一、文献资料法

文献资料法（documentals and materials）是通过特定的方式方法，查询、阅读文献资料，以了解、证明所要研究问题的一种研究方法。通过查询，既可以将文献以电子稿的形式完整地加以保存，也可以通过做卡片、写读书摘记、笔记等方式，在纸面上有重点地收集文献中与自己研究课题相关的内容。

本研究根据实际研究需要，通过以下三种途径查阅文献。第一，图书馆纸质文献。在韶关学院图书馆、韶关市图书馆、广东省图书馆等机构查阅相关文献。第二，电子文献。在中国知网以"乡村教师""南岭走廊""专业发展"等为关键词、主题词和篇名进行检索。在读秀网也进行类似的电子图书检索。第三，相关政府官方网站。在中国政府网、教育部官网和湖南、广东、江西、广西四省区教育主管部门官网、样本地级市教育局官网查询乡村教师专业发展的相关政策、文件等。通过以上途径，共查阅文献近1000条，经过认真研读甄别，选取和本研究高度相关的文献300余条。

二、访谈法

访谈法（interview）是指通过研究人员（访谈人员）和受访对象面对面地交谈，了解受访对象的内心想法的一种研究方法。根据不同的研究性质、研究目的或研究对象，访谈法可以分为多种类型。如根据访谈过程的标准化程度，可将访谈细分为结构式访谈和非结构式访谈。其中，结构式访谈的过程相对标准化，对所有被访问者提出的问题、提问的次序和方式以及对被访者回答的记录方式等完全统一。通常采用事先统一设计、有一定结构的问卷进行访问。非结构式访谈系指选取访谈对象、询问问题等均为粗略要求，访谈者在访谈过程中可依据实际情况对访谈内容和进程进行适当调整。

根据研究需要，针对乡村体育教师专业发展的现实情况，以教师专业发展理论分析结果，设计了包括学校概况、教育情怀、教学、教研、阳光体育、课余体育6大领域，学校校名校史、教师对工作的喜爱程度、各级领导对体育教研的重视程度、对近几年体育教学的国家政策及行业动态等了解情况、阳光体育活动的内容和组织形式以及学校课余体育训练和竞赛的历史等57个问题（其中，有1个问题包含11个子问题）的结构式访谈提纲（详见附录）。对南岭走廊所涵盖的湖南、广东、江西、广西四省区的4个地级市、13个区县市、29所学校、74名乡村体育教师，在自然条件下进行直面深度访谈。认真记录谈话内容，仔细分析抽象谈话中的主要含义，以了解实际情况，获取第一手资料，为得到最真实的研究结论奠定基础。

三、观察法

观察法（observation）是指研究人员根据一定的研究目的、研究提纲或观察表，用自己的感官和辅助工具去直接观察被研究对象，从而获得资料的一种方法。本研究运用观察法，对29所样本学校的校园文化建设、体育场地设施等进行观察，了解乡村学校的治学理念、校园文化和办学思路，了解乡村体育教师专业发展的软硬环境；通过对体育教师体育教学、课外体育训练、课外延时服务等场景进行现场观察，了解其工作业务的具体过程，了解其专业发展的过程效果。

四、实物分析法

实物分析法是研究者根据研究目的，有目的地选取研究对象在工作、生活中运用、呈现出的某些实物并对其进行特定的描述和解释，得出某种判断，从而演绎出某种研究结论的方法。本研究通过对南岭走廊乡村体育教师的教学设计、教研论文、教研课题、教学研讨、组织指导学生竞赛与获奖、组织大课间、自身业务竞赛获奖等各种专业发展的过程性表现的实物材料进行仔细研读，分析其科学性、合理性和实效性，判断其不足之处，借此了解南岭走廊乡村体育教师专业发展的过程，试图发现有意义的研究信息。

五、教育人种志法

人种志研究（ethnography）是质性研究的基本方法之一，它遵循事实逻辑而非理性逻辑，研究具有强烈的情境性。这种情境性对于当事人而言是合情合理的，也是当事人个性特质的反映。所以，人种志研究一般是个案性的，不可复制的。研究者选择的样本不同，其结果可能会有所差异，甚至截然不同。通过研究，能够凸显研究对象的个性特征而非普遍特征。要求研究者对研究对象进行直观反映，运用直接方式反映研究主体的内在世界，而不能用推论方式进行，更要避免将研究者自己的意志渗透到研究对象中。同时，也要避免套用现成的概念或理论进行解释，否则，可能遮蔽甚至抹杀研究对象本身的特性。

教育人种志（educational ethnography）是人种志研究方法在教育领域中的借用和迁移。研究者在长期的田野观察中获得对研究对象的整体意义的建构。研究者是一个整体，各组成部分之间有机统一，且这种统一是内在性的自然逻辑下而不是外加性的机械逻辑下进行。

根据研究需要和实际条件，本研究选取韶关市长江中心小学为人种志实践样本学校，以其体育教师邓桂梅老师为样本教师，与其进行1年的研究合作（笔者为邓桂梅攻读华南理工大学硕士研究生的校外导师，自2021年3月开始指导其毕业论文研究及其他专业发展，与其交往甚多），观察其日常工作和生活，在自然情境下，通过交互，通过大量收集素材、观察、描述、定性判断和解释等行为，解读其各种专业行为。同时，兼以叙事、事件分析等方式，描述研究资料，解释各种现象的深层意义，实现现象学研究方法大师胡塞尔所言的"回到事物本身"的目的，得出最真实的研究结论，并由点到面，借此了解乡村体育教师的专业发展的思想、情感和行为等各种信息。

六、个案研究法

个案研究法系指以某一个体、群体或组织的行为发展变化为具体样例进行研究的方法，包括对一个或几个个案材料的收集、记录，并写出个案报告，通常采用观察、面谈、收集文件证据等方法。本方法可为研究的问题提供详尽、全面的深层资料，能详细解释个体或组织某些心理和行为产生、发展、变化的原因，从而有助于研究者获得某种假说。根据研究需要，本研究选取南岭走廊内外促进乡村体育教师专业发展的优秀个人或组织的行为案例，以案说理，论证相关村体育教师专业精准发展的某一个理论或实践问题。

七、逻辑分析法

逻辑分析法（logical analysis）是通过分析、综合、判断、推理、演绎、归纳等逻辑方法，对获取的研究素材进行深入分析，科学判断其背后的深层意义，得出研究结论。本研究综合运用以上各种方法，对研究信息进行梳理整合，抽取对本研究具有实际意义的信息，充实到研究中来，丰富整个研究体系。

第四章　新时代南岭走廊乡村体育教师专业精准发展的理论基础

第一节　人的全面发展理论

一、人的全面发展理论概说

人的发展问题，是马克思关注的重点问题之一。同样，"人的全面发展"思想的形成和发展也始终贯穿于马克思思想发展过程中。[①] 人的全面发展思想是马克思针对资本主义生产关系中落后的劳动分工引致的劳动者发展片面而提出来的社会思想，同时，也是马克思主义教育思想体系中的重要学说，对指导新时代南岭走廊乡村体育教师专业发展具有重要意义。

马克思曾经深刻指出了人的全面发展的内涵，即"任何人的职责、使命与任务就是全面地发展自己的一切能力"[②]，"人以一种全面的方式……作为一个完整的人，占有自己全面的本质"[③]，所以，人是集自然性、超自然性、社会性、个体性、实践性和历史性等具体规定性于一体的鲜活个体。[④] 人的全面发展是和谐、自由、充分的发展，人的发展理论是"如何发展"的问题，是怎样实现"全面发展""自由发展"和"全面而自由发展"的问题。[⑤]

中国共产党人一贯重视人的全面发展问题。开国领袖毛泽东主席肯定了人的全面发展并认为发展水平可通过主观能动性的程度来体现；[⑥] 邓小平指出社会主义的本质是解放和发展生产力，最终达到共同富裕。要发展生产力，归根到底要依靠"人"，所以，邓小平关于社会主义本质的论断，是基于"人的发展"而提出的。[⑦] 江泽民在庆祝中国共产党成立八十周年大会上首次提出了"人的全面发展"，且认为要将其作为党的一切工作的出发点和归宿。[⑧] 胡锦涛提出

---

① 杨梅梅. 马克思"人的全面发展"思想的再阐述 [D]. 长春：东北师范大学，2020：10.

② 马克思，恩格斯. 马克思恩格斯选集（第 1 卷）[M]. 北京：人民出版社，1972：217.

③ 马克思.1844 年经济学哲学手稿 [M]. 北京：人民出版社，2000：80.

④ 杨梅梅. 马克思"人的全面发展"思想的再阐述 [D]. 长春：东北师范大学，2020：37.

⑤ 李明. 新时代"人的全面发展"的哲学逻辑 [N]. 光明日报，2019-02-11.

⑥ 乔日娇. 习近平人的全面发展相关论述研究 [D]. 青岛：青岛理工大学，2020：10.

⑦ 乔日娇. 习近平人的全面发展相关论述研究 [D]. 青岛：青岛理工大学，2020：11.

⑧ 乔日娇. 习近平人的全面发展相关论述研究 [D]. 青岛：青岛理工大学，2020：12.

深入贯彻科学发展观，全面落实"以人为本"的发展目标，促进人的全面发展的继续提升。① 习近平新时代中国特色社会主义思想坚持"以人民为中心"发展思想，"不断促进人的全面发展"。这是对马克思主义"人的全面发展"理论以及历代领导人"人的全面发展"论断的继承和发展。②

人的发展至少包括基本发展、个性发展和全面发展等三个方面，其内涵囊括了物质发展、精神发展和社会发展等不同维度。因此，"人的全面发展"必然也包含着这些方面的发展，核心即为能力的全面发展，具体包括了个体素质、劳动能力、特长潜能、社会关系和个性、社会认知、精神满足等的整体和谐发展。当然，达到这种和谐状态，便到达了人的发展的高级阶段。③ 而藉由主体自身实践来不断提升自身能力，乃是达成人的全面发展的不二选择。④

同时，发展条件与发展内容密不可分。"人的全面的发展"，究其实质，乃人的本质力量的展示和发展。从普遍意义上来说，理想状态的"人的全面发展"内涵广泛，包括人的个性、能力和知识的和谐发展，也包括人的自然、社会和精神等素质的齐头并进，还包括政治、经济及社会权利的全面凸显；而从特殊角度来说，人的本质在其现实性上，是其所处的一切社会关系的总和。而社会关系的全面性影响着人的本质的全面性。一旦个人所处的社会关系得到全面发展，则个人就实现了全面发展。⑤

马克思强调人的发展是"一切人的自由发展"形成的"自由人联合体"，也是人的自由、社会的自由的有机结合，是人的个性、人格、创造性和独立性得到凸显的结果。作为"社会的人"，不同的个体在联合体中处于自由状态，发挥其独特的个性和潜能，并获得个人的全面发展。作为"个体的人"，只有人的生理、心理、思想道德和科学文化素质等方面都得到发展和完善，不同个体均能根据自身禀赋、兴趣、爱好、特长等情况自由选择活动范围、生活空间和发展路径，按照自己的需求和意愿从事体力劳动或脑力劳动，参加物质生产劳动或精神文化活动，使不同个体的主体活动都成为自己的主人，才可能真正

---

① 乔日娇.习近平人的全面发展相关论述研究[D].青岛：青岛理工大学，2020：13.

② 李明.新时代"人的全面发展"的哲学逻辑[N].光明日报，2019-02-11.

③ 马克思，恩格斯.马克思恩格斯全集（第30卷）[M].北京：人民出版社，1979：487.

④ 黎琼锋，潘婧璇.高职院校"双师型"教师专业发展路径探析——基于人的全面发展理论视域[J].职教论坛，2018（3）：89-93.

⑤ 李明.新时代"人的全面发展"的哲学逻辑[N].光明日报，2019-02-11.

达到自由发展的境界。①人的全面自由发展是人的发展的最高境界，也是人的本质的真正体现。"人的本质"理论中的人，是现实、具体、实践的人。人的发展不仅是社会发展的内在要求，也是社会发展的最终体现。

身处新的历史时期，习近平新时代中国特色社会主义思想为推动人的全面发展提供了科学理论指导，明确了新时代我国社会主要矛盾是人民日益增长的美好生活需要和不平衡不充分的发展之间的矛盾，强调"坚持人民主体地位""人民对美好生活的向往，就是我们的奋斗目标""让发展成果更多更公平惠及全体人民，不断促进人的全面发展……"。习近平新时代中国特色社会主义思想的人民主体的价值追求与马克思关于人的全面发展学说本质相通，是我党"全心全意为人民服务"根本宗旨的生动体现。当前，中国特色社会主义进入新时代，新时代呼唤创造性作为。只有尊重劳动、知识、人才和创造，充分释放人的创新激情、活力、能力，才能人人各尽所能、各展其才、各得其所，从而彻底解决发展的持久活力与内在动力问题，真正实现人的全面自由发展。②

二、"人的全面发展"与南岭走廊乡村体育教师专业发展的相关性

南岭走廊乡村体育教师专业发展是农村教育事业发展的重要组成，乡村体育教师个体是群体的重要组成，必须重视"人"的全面发展。在此意义上，遵循人的全面发展理论思想，秉承科学、可持续的乡村教师发展观，研究南岭走廊乡村体育教师的专业发展方式，体现了对马克思"人的全面发展"理论以及中国共产党提倡的"科学发展观""以人民为中心"思想等理念的贯彻落实。当然，亦为积极适应革命老区、相对贫困地区、民族地区乡村教育发展、提升乡村体育教师队伍素质，从而提高整个农村教育教学质量的核心问题的积极响应。

乡村体育教师所能带来的教育效应和体育教学效果，都和自身素质的全面提升密不可分，和"全面的人"的整体发展紧密相连。在南岭走廊乡村学校里，体育教师职责的内涵丰富，内容多元。既要负责体育教学工作，也要承担课余体育训练、课外体育竞赛，建设校园体育文化，照顾留守儿童等任务。而随着新时代"新农村建设""乡风文明""教育扶贫""扶智扶志""乡村振兴""生态农业""绿水青山""共同富裕"等政策的颁布和实施，南岭走廊乡村体育教

---

① 李明.新时代"人的全面发展"的哲学逻辑[N].光明日报，2019-02-11.
② 李明.新时代"人的全面发展"的哲学逻辑[N].光明日报，2019-02-11.

师的职责将更加丰富。所以，乡村体育教师要胜任好教师教职，需要在进一步培养教育情怀、提高敬业精神和责任意识的基础上，全面提高自己的素质、内涵和品味。提高自己胜任体育教育教学工作的体育教学内容选择、学生情况把控、教学教案设计、课堂师生互动、教学具体实施、即时性、延时性教学评价等基本业务能力。提高个人品味，厚植人文底蕴、文化涵养、审美情趣与个人修养，丰富自身的社会学、哲学、文学、人学等人文学知识以及心理学、教育学、教育技术学、信息技术等教育教学知识，掌握和形成良好的体育教学技能和教学创新意识，使自身教学逐渐形成风格，臻于艺术。

基于人的全面发展理论，教育主管部门、乡村学校领导和同事以及乡村体育教师自身等不同的主体都要对乡村体育教师的专业问题秉持普遍联系、动态调适的辩证认识和逻辑思路，在乡村体育教师个体生命全面发展的角度考虑教师的专业发展问题，科学制定发展政策、实施业务培训和辅以激励措施。当然，所有的"促发"因素中，乡村体育教师自身是最关键的方面。假以时日，乡村体育教师思想认识、道德规范、专业知识、教学技能、专业技能、社会适应等方方面面都得到有效的自我发展和提升之日，即为其专业全面、精准发展之时。

第二节　精准施策方法理论

一、精准施策概说

中国共产党的十八大以来，习近平总书记将精准开展各项工作作为推进国家治理体系和治理能力现代化的重要方法论，反复强调党员干部要精准思维、精准工作。自从 2013 年 11 月习近平总书记在湘西考察时首次提出"精准扶贫"理念之后，在国家治理和社会发展等多领域的多项工作中，"精准"工作成了必然要求。得益于精准思想的指导和对方法论的遵循，我国各条战线都取得了辉煌成就，"精准"日益被实践证明为做好新时代我国各项事业的重要方法论，精准思维也上升为实施工作的指导思想，精准方法论日益成为做好各项工作的重要方法指导。①

二、精准施策方法对南岭走廊乡村体育教师专业发展的指导意义

就教育研究领域而言，已经产生了针对教学全过程且基于将精准教学与大数据技术相结合，产生"智慧课堂"等新型教学模式——"精准教学"的研究成果。②

立德树人是我国教育的根本任务，体育教育教学是全面落实立德树人根本任务的重要课程，且其重要性日益凸显。而要做好南岭走廊乡村体育教学工作，优质的体育教师师资是重要保障。所以，南岭走廊乡村体育教师专业的精准发展显得尤为重要。由于南岭走廊乡村体育教师是一个集"杂""累""弱"等特征于一体的特殊存在，教懂、教会学生的理念还比较滞后，学识与技能不能兼顾，专业素养有待提升。③

要促进南岭走廊乡村体育教师专业精准发展，必须以"精准思维"为准则，坚持问题导向和目标导向有机结合，全面细致分析乡村体育教师专业发展问题，做到精准发现、精准施策，有效推动乡村体育教师专业发展问题的解决。④

通过精准选择，确定乡村体育教师专业发展的培训目标、培训主题、培训内容、培训方式等，开展精准教学，以满足乡村体育教师培训的主要需求。⑤要精确把握体育教师的专业发展需求，精挑"促发教材"（"促发"系"促进乡村体育教师专业精准发展"的简称，后文同），精选"促发方案"，根据教师不同的职业生涯阶段，动态调试乡村体育教师专业发展的要素组合，不断优化乡村体育教师专业发展的能力结构，改善乡村体育教师专业发展的实施方式，精准控制各要素、理顺各环节，实现乡村体育教师专业的精准发展。如对刚刚入职的青年体育教师而言，他们一般缺少长远专业发展意识，缺乏明确坚定的

---

① 杨献坤.精准思想是实事求是思想在新时代的新发展 [EB/OL].（2020-02-20）[2022-01-12].
http://www.china.com.cn/opinion/theory/2020-02/20/content_75726241.htm.

② 邓青菁，付达杰.精准教学基本理论及其有效性影响要素分析 [J].数字教育，2019（2）：
30-33.

③ 南天涯，杨风.精准扶贫视阈下农村体育教师专业发展的长效保障机制研究 [J].当代教育理论与实践，2021（2）：139-143.

④ 郑东风.以精准思维推动高质量发展 [N].中国纪检监察报，2019-07-11.

⑤ 黄清辉，张贤金，吴新建.新时代乡村教师精准培训的实现路径与保障措施 [J].中国教师，
2021（1）：79-82.

专业发展方向，[①] 此阶段要注意对其进行科学引导，精心选择案例，对其进行从教信念教育、教育情怀培养、教学素养提升，引导其定向科学的教师专业发展道路。

精准方法理论对精准推进南岭走廊乡村体育教师专业发展具有以下方法论方面的启示。

（一）精准把控乡村体育教师需求，实现外来促发因素和教师自身发展需求的精准对接

教师的需求是其专业发展的核心动力，也是影响促发因素能够有效落地生效的关键。首先，教育主管部门和乡村学校是乡村体育教师专业发展的外在主导主管因素，离开了教育主管部门和乡村学校的主导主管，乡村体育教师专业发展就可能方向不明确。另外，乡村体育教师是专业发展的能动性主体，脱离了对乡村体育教师主观能动性的充分激发和合理利用，任何外促性因素均难以收到理想之效。而激发乡村体育教师主观能动性的重要前提，乃精准把握乡村体育教师的一般性专业发展需求特征和个体性专业发展需求差异。

随着转型期社会的不断发展，当代南岭走廊乡村体育教师的专业发展需求也逐渐表现出层次多样、结构立体、个性鲜明等特征。这种多维性特征可从纵向和横向两个维度加以分析。纵向方面，乡村体育教师的精神需求主要包括外层的实践需求、中层的情感需求以及内层的思想需求。横向方面，乡村体育教师的精神需求主要包括生命体验需求、娱乐交往需求、知识获取需求、价值认知需求。

南岭走廊乡村体育教师专业的精准发展，必须基于对乡村体育教师需求精准把握的基础上，将国家教育事业发展需要、共同富裕需要等与乡村体育教师成才需要紧密结合，精准定制提高方案，从整体上和结构上实现"外在促发因素"与"内在促发行为"的精准对接。

相关研究表明，目前，虽然我国对发展农村中小学教师专业水平实施上至国家级、下至区县级等层次的置换脱产研修、短期集中培训、远程培训等形式的培训，但是多数由高校专家教授集中统一授课，向乡村体育教师传递体育专业知识和教学技能，缺乏一对一、点对点、针对具体问题的精准培训。而接受培训的乡村体育教师，多是被动接受培训，其主观能动性发挥很少。通过培

---

① 唐玉辉.把握发展阶段精准助力教师专业成长 [J].江苏教育，2008（1）：13-15.

训，体育教师当时可能受到理论素养的影响，但一旦返回到乡村学校，所学理论将可能"无用武之地"。所以，这种培训模式不能实现精准提升乡村体育教师专业能力发展的目标。①基于此，教育主管部门和乡村学校要摒弃旧式的"大水漫灌""大一统"式思维，精准立足于乡村体育教师的专业思想动态、专业认知特点、专业发展现状、专业发展动机、专业发展规律，量身定制，为乡村体育教师提供个性化、差异性的促发资源供给。

另外，实施培训的部门和人员，要提升认识高度，科学掌控乡村体育教师专业发展的供需关系。一方面，南岭走廊乡村体育教师的专业发展需求可以决定教育主管部门、乡村学校和促发（授课施训）专家等的促发资源供给。另一方面，促发资源供给亦能反作用于南岭走廊乡村体育教师的专业发展需求，甚至影响和诱发新的专业发展需求。反之，外在的促发资源供给如果影响和催生新的乡村体育教师专业发展需求，则这种需求也可能得以调整并要求新的促发资源供给。所以，既要"以需定供"，也要"以供保需"，在实现外在促发因素供给和乡村体育教师专业发展内在动机需求之间的"供需平衡"并实现良性互动的基础上，切实有效地提升乡村体育教师专业发展的针对性、精准性和实效性。

（二）精准选择促发资源，提升促发内容的"专业含量"

南岭走廊乡村体育教师的专业精准发展，必须要注重促发内容数量上的丰富性和质量上的高优性。要精心选择促发资源，注意其供给的适切性，让乡村体育教师的专业发展在"色香味俱全""数质品俱佳"的氛围中，更好地进入教师的内心深处。

精选促发资源，关键是提升促发资源内涵上的"专业发展含量"，坚持育人性和学理性相结合。首先，"育人性"是乡村体育教学的首要要求，"育人性强"是乡村体育教师的重要素质要求。但"育人性强"的促发资源，在表述上不能单纯地"从文件到文件"。如果只是用促进乡村教师专业发展的文件来说明文件内容，用促进乡村教师专业发展政策去解读政策，就会陷入教师专业发展的"循环往复"，让教师丧失兴趣。比较科学的做法是要用教师专业发展的实践案例来诠释专业发展的政策方针，做到专业发展政策方针逻辑和专业发展实践实施逻辑合理对接，专业发展政策方针内容与专业发展实践实施内容有机

---

① 田帅.精准扶持农村学校体育教师专业素质能力培养路径[J].体育科技文献通报,2021(10):171-173.

统一。[①]

（三）精准完善促发资源要素组合，提升促发资源供给的艺术性

事物的发展是内容与形式有机统一的结果。南岭走廊乡村体育教师转专业发展以何种形式表现，按照何种进程展开，在一定意义上决定着促进乡村体育教师专业发展的促发施训内容的落实和教师专业发展的效果。乡村体育教师专业精准发展一方面需要精心选择施训的内容要素，另一方面需要精准完善提高的有效途径，提升促发资源供给的多维性。所以，乡村体育教师专业精准发展过程要实现规制性和灵活性的有机统一，做到既坚持落实发展目标、促发内容体系建设、促发方法和手段的精选、加强专业发展管理等的统一要求，又秉承因地、因时、因人而异等原则，精准实施策略。

要达成此目标，教育主管部门、乡村学校、施训机构在施训前要深度调研，深入学校观摩教学、深度访谈、开座谈会、问卷调查，听取各方意见，准确把控乡村体育教师的专业发展目标和需求。在此基础上，仔细分析、科学研判，确定培训方案。[②]

同时，在大数据时代和"互联网+"时代，要尽量依托新技术手段、新媒介载体的作用，为创新南岭走廊乡村体育教师专业精准发展提供技术保障。相关研究表明，贵州省某市利用"大数据+教育"模式，构建了"大数据+教师专业发展支持系统"，通过云录播平台进行课堂直播、录播评课等活动，使乡村学校教师快捷便利地获得市级优秀教师、教研员及专家的指导，泛在式同步观摩市优秀教师公开示范课，[③]促进自身专业发展。

所以，教育主管部门、乡村学校和体育教师要充分利用在线教学平台，建设在线课程，做好"微"字文章，有效利用促发培训的"微课""短视频""小案例""一日一实践""微互动"等方式，让乡村体育教师能线上线下一体化学习，让教师能泛在学习，无隙提升。通过创新促发方式，转变提高路径，真正

---

① 商继政.以精准思维引领高校思政课内涵式发展[EB/OL].（2020-06-24）[2022-01-12].
https://baijiahao.baidu.com/s?id=1670354873295825294&wfr=spider&for=pc.
② 黄清辉，张贤金，吴新建.新时代乡村教师精准培训的实现路径与保障措施[J].中国教师，
2021（1）：79-82.
③ 谢治菊，夏雍.大数据精准帮扶贫困地区教师的实践逻辑[J].现代远程教育研究，2019（5）：
85-95.

提升乡村体育教师专业发展促进内容和手段的实效性和针对性。[①]

第三节　教师专业发展阶段理论

一、教师专业发展阶段理论概说

所谓教师专业发展，系指教师个体从教素养日益提高和教师内在素质结构不断优化、演进和完善的过程。[②] 而教师专业发展阶段理论是基于教师职业生涯发展实践与理论研究成果而产生的理论，最初由美国学者福勒（Fuller）在其编制的《教师关注问卷》（1969）中首次提出。该理论明确了教师专业发展的不同阶段与不同路径，有助于教师明晰自身专业发展要经历的步骤，帮助教师确立不同阶段的发展目标，帮助学校或培训机构提供促进教师专业发展的针对性条件，[③] 最终促进教师的专业发展。之后，各国相继涌现出关于教师专业发展阶段的不同学说，主要有五阶段论、四阶段论和三阶段论等形式。综合来看，不同数目的"阶段论"中、同一数目不同流派的"阶段论"中，都分别有不同的理论内涵。囿于篇幅，下面对五阶段论和四阶段论教师专业发展理论进行论述，并以五阶段论为例，结合南岭走廊乡村体育教师专业发展问题进行分析。

（一）五阶段论理论概说

20世纪80年代，学术界出现了教师发展的"五阶段论"。该理论由伯林纳和司德菲等人基于教师教学知识以及教学技能情况提出，主要内容如下。

第一，专业发展的初级新手阶段。该阶段主要指仅有 1～2 年教龄的刚步入教学工作岗位的新老师。新手阶段的教师，一般会呈现出过于理性、缺乏灵活性、教学行为刻板等特征。该阶段教师的主要任务是习得担任教师必要的教育学知识、教学论知识、系统的教学程序与教学技能、应对不同教学情境的方法和技

① 商继政.以精准思维引领高校思政课内涵式发展[EB/OL].（2020-06-24）[2022-01-12].
https://baijiahao.baidu.com/s?id=1670354873295825294&wfr=spider&for=pc.
② 叶澜.教师角色与教师发展新探[M].北京：教育科学出版社，2001：222.
③360百科.教师专业发展阶段理论[EB/OL].[2022-01-12].https://baike.so.com/doc/9563872-
9908805.html.

巧、调适自身状态、进入教师工作状态的方法和技巧。所以，提高教学认识、了解校情学情、适应教学情境，积累教学经验等，成为其主要的专业需求。

第二，专业发展的熟练新手阶段。该阶段主要指提高中的新手阶段，多数具有 2～3 年教龄的教师可以归入此阶段。该阶段的教师不断深化教育认识，丰富学科知识和教学知识，积累了一定的教学经验，在一定程度上能运用所学知识处理教学中遇到的部分问题，形成新的教学经验。能够区分各种教学情境的异同点，能灵活处理教学突发事件和运用教学策略来掌控教学过程。教师的角色意识不断增强，角色表征日益专业化。

总而言之，新手阶段的教师，已经积累了若干教育教学知识，积累了一定的教学经验，慢慢成长为熟练型新手，能够有机融合实践经验与理论知识的关系，能够比较灵活地处理较多的教学问题。但是，还难以有效甄别、合理运用不同教学情境中的有用信息，专业责任心也有待加强。

第三，专业发展的胜任阶段。历经 3～5 年的实践锻炼以及在职培训，处于新手阶段的新教师逐渐成长为胜任型教师。该阶段教师在教学理念和思想上相对成熟，具有比较明确的教学目的性、运用教学方法和手段的针对性、教学行为的适应性和独特性，教学情境处理的合理性、教学责任承担的有效性。不过，其在教学行为方面尚有较大的提升空间。

第四，教师专业发展的精干阶段。该阶段一般指称教龄 5 年（以上）的教师，也叫熟练阶段。处于本阶段的教师，能准确判断和迅速应对各种教学情境，教学技能已经发展到认知自动化层次，能够流畅、快捷、灵活地采用和调适教学行为。同时，该阶段教师能够敏锐地察觉学生需求，发现教学共同点，总结出一般教学规律，形成教学风格区分能力，积极反思教学过程和行为，有效调节教学过程和调控教学活动。

第五，教师专业发展的专家阶段。该阶段教师一般指 8～15 年（其实，有时教龄并非衡量唯一标准）教龄的教师。处于该阶段的教师，对教育教学理论和知识有独到认识，能敏锐观察和有效应对不同的教学情境，能够高度自动化地运用教学技能，能够丰富多样地运用教学手段和方法。教学中能收能放，运用自如，甚至能形成自己独特的教学风格。可以说，教师专业发展的专家阶段，是教师专业发展的至高阶段（但并非终极目标），也应该是教师专业志向的不懈追求。[1]

① 天津教师考试网.伯林纳的教师专业发展五阶段论[EB/OL].（2020-06-17）[2022-01-13]. https://www.sohu.com/a/402506455_237779.

（二）四阶段论理论概说

首先，国外学者利思伍德（K. Leithwood）等从心理发展角度，将教师的专业发展划分为四个阶段，分别是：第一阶段的教师（世界观简单，坚持原则，相信权威）、第二阶段的教师（墨守成规、故步自封）、第三阶段的教师（具有较强的自我意识和独立判断能力）以及第四阶段的教师（有主见，敬畏课堂，珍视课堂，能综合分析各种课堂情境）。[1]

另外，我国学者张美兰在综合诸多研究成果的基础上，提出了教师专业发展的四阶段论，主要内容如下。

第一，专业发展的新手阶段。主要指称5年以下教龄的教师。该阶段的教师拥有某些教育教学理论知识，但实践应用不足，实践成果少有起色，且和理论认知往往处于脱节状态。教师职业成就和满意度都较低。该阶段教师实施教学时灵活性不足，难以按照学情设计教学，教学方法和手段单一，针对性不强。教学应变能力和教学机智不足，掌控课堂节奏能力不够。在科学激发学习动机、有效维持课堂纪律、有序组织课堂教学，合理与学生、同行等进行交流等方面，都乏善可陈。

同时，处于该阶段的教师，教龄不同，在专业发展的需求方面也有差异。如2年以下教龄的新手型教师，渴望有"教师师傅"指导，渴望能科学实施教学，包括在科学分析教材、有效备课和上课、规范教学过程、优化班级管理等方面都有令人满意的表现。而3～5年教龄的新手型教师，渴望能全面准确地掌控所教学科知识体系，渴望快速提升课堂调控能力，渴望学会精准分析学情，提高教学效果。[2]

第二，专业发展的经验阶段。一般指称5～10年教龄的教师。该阶段的教师，能明显感知教师工作的艰辛与教育效果的缓慢，职业满意度不高，自我成就感低，甚至可能诱发职业倦怠。该阶段教师虽然比较全面地知晓所教学科的知识体系，但深度不够，远未能掌握学科的本质特征及思维方式。虽然有了较为丰富的教育教学实践经验，也有了比较熟练的教学技能，能轻松应对教学突发事件，但多数凭经验解决，在提高教学效果和教研能力方面，尚有较大不足。该发展阶段的教师渴望获得更多的学习提高机会，以便能更新自身教学理

---

① 孙凌毅，杨爱民，杨素萍.幼儿教师的专业化成长[M].北京：首都师范大学出版社，2008：8.
② 张美兰.基于专业发展阶段理论的小学教师分层培训探讨[J].成都师范学院学报，2018（12）：25-30.

念和思想，丰富知识积累和技能储备，更好地解决实际教学困惑；期待有较多的交流机会，对教学实施的科学性进行总结反思，以便获得专业提升。

第三，专业发展的成熟阶段。一般指称 10～15 年教龄的教师。该阶段教师对教师职业认同度、工作满足感和业绩成就感都处于较高水平，但职业信念尚不够坚定，甚至可以认为步入了专业发展的平台期，可能诱发专业发展的停滞不前，出现职业倦怠的可能性增加。该阶段教师有了完善的学科知识结构，能较为深刻地掌握学科本质和思维方式。教学实施中会密切结合学情，采取强针对性的教学策略。对待教学突发事件能得心应手地解决，具有较高的课堂调制能力。该阶段教师渴望专业发展上实现新突破，形成独特的教学风格，凝成教学魅力，有效实施教研工作，化解职业倦怠。该阶段教师还渴盼专家指导，开展教学研究，以获求教学业绩新进步。

第四，专业发展的专家阶段。一般指称 15 年教龄以上的教师。该阶段教师，其教育信念坚定可靠，从教意愿、自我发展、自我完善、自我实现的内在动机、职业成就感、尊严感和幸福感均处于较高水平。该阶段教师学科知识和教学知识体系完整，内涵丰富。其教学实施灵活性强，创造性大，实效性好。同时，该阶段教师的教学问题意识强烈，教学思路清晰，教学机智水准高，教研能力强。[1] 他们希冀获取经典、前沿的教育教学理论，将自己教学经验和实践过程升华到理论提炼和认知层次，形成自身独特的教育教学思想及教学策略体系。[2]

以上分析的是关于教师专业发展的一般学说。由于研究目标、视野、层面、资料占有等的不同，学术界还出现了如三阶段论（即关注情景、关注自身生存和关注学生）、教师职业生涯发展周期模型（teacher career cycle model）论、"蜜月"阶段——"寻找教学资料和教学方法"阶段——"危机"阶段——"设法应付过去或失败"论[3]、四阶段素质水平论、五阶段自我更新论等学说。[4] 笔者认为，不管何种学说，采用何种分类方法，都不能回避教师专业发展过程

① 龙宝新. 卓越教师的独特素质及其养成之道 [J]. 湖南师范大学教育科学学报，2017（1）：90-96.

② 张美兰. 基于专业发展阶段理论的小学教师分层培训探讨 [J]. 成都师范学院学报，2018（12）：25-30.

③ 张琳. 教师专业发展阶段理论研究述评 [J]. 创新创业理论研究与实践，2018（22）：22-23.

④ 姚佳. 基于教师发展阶段理论的苏州市中小学体育教师专业发展研究 [D]. 苏州：苏州大学，2017：5.

的复杂性，也不能否认教师专业发展是"基于专业自觉的教师个体的专业化"的事实。虽然不同阶段、不同类型的教师在教学理念、教学动机、从教意愿、教学方法、教学策略、教学效能感、教学成就目标等方面都有独特的认识和表现，但均为教师自身对与教师角色相关联的行为判断、认知分析和意义建构的过程之一，亦为教师与多维主体互动交往的结果。可以说，教师的专业发展，在其本质上是一种基于自我认同的专业化发展过程。①

二、五阶段发展理论与南岭走廊乡村体育教师专业发展的关系

（一）初级新手阶段乡村体育教师专业发展

新手阶段的乡村体育教师，渴望在新学校有较好表现，能获得领导、老师同行的认可，所以，他们在教学、训练等工作中非常重视"前辈"的评价和看法，学"前辈"的"样"，亦步亦趋，按部就班，不敢自由发挥。他们刚出大学校门，对教育学、心理学、体育教学论、学校体育学等学科的理论知识的活学活用、理论和实践相结合方面还有待加强加深，对体育教学的课前准备、课堂常规，尤其是对体育课实施的具体环节（如组织教学、分组列队、讲解示范、课堂评价等方面）都不够成熟，应对课堂突发事件（如学生运动中晕厥、受伤等）的能力和技巧比较短缺，不能很好地胜任体育教学工作。因此，不断提高对体育教育教学本质和规律的认识、加强对学校校园体育文化传统的理解、向"前辈"教师多请教学习课堂教学技巧，积极进行教学反思，进一步了解学情并学会科学分析，不断完善教学经验等，是这一时期新手体育教师专业发展的重要任务。

（二）熟练新手阶段乡村体育教师专业发展

此阶段的乡村体育教师，对教育教学的本质规律和基本要求有了进一步了解，也有了一定的体育教学经验，能较好地处理体育教学中发生的部分突发情况，也可以对不同季节、不同体育教学内容、不同天气情况等教学情境下的体育教学安排作出灵活的处理，对体育教学中常见的伤病问题有较丰富的处理经验，对乡村体育教师教职有了更清晰的认识和了解，并产生了自身专业发展的较好内驱力。所以，要因势利导，促使其加强学习，并不断积累实践经验。同

① 张琳.教师专业发展阶段理论研究述评[J].创新创业理论研究与实践，2018（22）：22-23.

时，以案说理，动之以情、晓之以理，强化其乡村教育情怀。

（三）胜任阶段乡村体育教师的专业发展

胜任阶段的乡村体育教师，有比较成熟的体育教学理念和教学思路，对国家最新的体育教育政策方针有比较清晰的了解。对乡村地区农村学生的学情了解透彻，对体育教学目标、策略、方法、手段等要素，对体育教学中运动负荷安排、运动技能教学、学生体能锻炼等环节的教学要点等，均有自己的"缄默性"认知，正在逐步向"教学特色"方向发展。但是，体育教学行为的专业性、合理性、精准性、科学性等，还存在某些不足，要加强其合理安排和调节体育课的密度、运动强度、心率指数、练习频度等细节问题能力的提升，精益求精，进一步精细化其教学行为和效果。

（四）精干阶段乡村体育教师的专业发展

本阶段的乡村体育教师，对各种体育教学情境能迅速做出判断和调节，对不同教学情境下的体育教学行为也能够准确迅速地做出反应并做出调节。他们能够迅速获取学生的课堂反馈，对体育教学做出应对性调适。此阶段的乡村体育教师，能够从繁杂众多的教学实践中总结出普遍规律，科学有效地对不同的体育教学情境、任务、目标等做出调节。学校应该趁热打铁，激发教师进一步增强发展的动机，不断完善教师各种能力。

（五）专家阶段乡村体育教师的专业发展

该阶段的南岭乡村体育教师，平时积极从事体育教研，对教育学、心理学、教育理论、体育教育教学理论等，都有自己深刻独特的理解，对国家体育教育教学政策方针有别出心裁的解读。对于不同的体育教学情境，能敏锐感悟并采取高效应对措施，对队形调动、讲解示范、师生互动、演示纠错等常用的体育教学方法和技能掌握娴熟，运用自如。在较大范围内形成了自身的教学风格，甚至能"自成一派"。学校层面应该充分利用专家型乡村体育教师的优势，尊重其工作价值，积极发挥其引领示范、榜样典型作用。一方面积极做好体育教育教学工作，另一方面也让其能带领更多新手教师、骨干教师获得职业提升和专业发展。

第四节　建构主义学习理论

一、建构主义学习理论概说

建构主义理论（constructivism）是认知心理学派中的一个分支，认为或认知的发展受同化、顺应和平衡等三个过程的影响。主要代表人物包括皮亚杰（J.Piaget）、科尔伯格（O.Kernberg）、斯滕伯格（R.J.sternberg）、卡茨（D.Katz）、维果斯基（Vogotsgy）等。

建构主义学习理论虽然具有丰富的内涵，但其核心观点却只集中在一点：以学习者为中心。该理论反对将知识从教师头脑中"传输"至学生笔记本上的传统观念，高度重视学习者对所学知识内容的主动探究和发现，强调对学习内容在知识意义方面的主动建构。[①] 究其实质，建构主义是一种与有别于实证主义、客观主义的认识论，具有明显的主观性。该理论认为，学习者获取知识和提高认知的过程，均为学习者在某种外界环境中通过自身经验与感受建构而成，而非外人直接输送、植入的。[②]

基于建构主义学习理论，教师专业发展在教师专业知识的形成方面具有三个特点：教师是建构自身专业知识的主要推动力；教师专业知识的发展是一个不断提高、动态生成的过程；教师专业发展的结果最终将形成个性化的专业自我。[③]

目前，与建构主义理论适切的学习环境日益完善，建构主义理论也越来越和教师教学实践普遍联系起来，故该理论已经成为国际国内教育教学改革的重要思想指南。概括来说，建构主义学习理论对学习有其独特的认识。

第一，学习是复杂的自主建构过程。学习不是简单的施教者和学习者之间

---

① 百度百科.建构主义理论 [EB/OL].（2021-12-04）[2022-01-13].https://baike.baidu.com/item/%E5%BB%BA%E6%9E%84%E4%B8%BB%E4%B9%89%E7%90%86%E8%AE%BA/3410128?fr=aladdin.

② 刘洋, 刘伟.建构主义视角下应用型高校教师专业发展探析 [J].江苏社会科学, 2011（s1）：84-87.

③ 周成海.基于建构主义学习理论的教师专业发展 [J].大连大学学报, 2015（1）：127-130.

单向知识传递过程，而是由学习者自主建构知识的过程。学习者也非简单、被动地接收信息，而是主动建构所学知识的意义，而且建构过程无人可替。

第二，学习应重视学习者的主动构建者身份。学习中，学习者是特定知识或意义的主动建构者，而不是受到外界诱导、影响或刺激的被动接纳者。教培人员是促进学习者自主建构学习意义的"引路人"，而不是传统意义上的学习内容讲授人。①

第三，学习是主动的过程。学习者自主建构学习知识、学习信息、学习意义以及学习的符号等因素，②根据经验对知识信息主动选择、加工和处理，生成自己的意义。只有充分尊重并积极发挥学习者的主动性、积极性和自觉性，"主体性发展"的学习过程才能成为可能。

第四，学习过程是学习者基于知识积累自主建构知识体系的过程。学习意义的获得，是每个学习者以自己原有的知识经验为基础，对新信息重新认识和编码，建构自己的理解的过程。学习者完成信息加工的过程，是学习知识完成编码与重构，演绎出自身的缄默型实践知识的重要前提和基础。

第五，学习目标最终依靠学习者及其合作同伴的互动合作才能实现。一方面，学习是学习者个人的知识建构行为。另一方面，学习是一种社会交往行为，亦为学习共同体的合作建构过程。③学习并非简单的信息积累，而是内含新旧知识和经验的矛盾冲突以及由此引发的认知图式的重构，是新知识、新经验与旧知识、旧经验间的相互作用过程，亦为学习者与环境间的交互过程。④

第六，学习是一种情境行为，充满不确定因素。知识建构具有特定的环境和条件要求，学习者不能"独善其身"，而必须保持和他人的交流互动，在现有社会文化的影响下，基于自身原有的知识积淀，实现对新知识、新技能的新意义的生成和建构，或对自身原有认识进行调整完善。⑤只有在真实的教学场景中，才能让学习活动达到升华、吸收和内化新知识的效果。所以，在这个意

①涂传娥，武敬红.建构主义理论教学模式中教师自主性发展的思考[J].内蒙古农业大学学报（社会科学版），2009（2）：129-131.

②霍秀敏.新课程标准下初中化学课堂有效教学的研究[D].呼和浩特：内蒙古师范大学，2013.

③李玉杰.建构主义视阈下的幼儿教师的专业发展[J].教育探索，2010（4）：93-94.

④百度百科.建构主义理论[EB/OL].（2021-12-04）[2022-01-13].https://baike.baidu.com/item/%E5%BB%BA%E6%9E%84%E4%B8%BB%E4%B9%89%E7%90%86%E8%AE%BA/3410128?fr=aladdin.

⑤李玉杰.建构主义视阈下的幼儿教师的专业发展[J].教育探索，2010（4）：93-94.

义上，"自主""建构""交往"和"情境"等词汇，成为建构主义学习理论的重要象征。

二、建构主义学习理论对南岭走廊乡村体育教师专业发展的意义

建构主义学习理论有助于促进教师专业发展实践活动，在各级各类教育教学实践中有普适性的指导意义，对南岭走廊乡村体育教师专业发展也具有重要启迪作用。透过现象看本质，南岭走廊乡村体育教师的专业发展，实质上是乡村体育教师在某种特定的教育情境中自主建构专业发展经验、优化专业发展路径、提升专业水平的过程。所以，促进新时代南岭走廊乡村体育教师专业发展，必须推动乡村体育教师专业发展主体的自主建构与交往性发展，做到专业发展内容与形式的多样化。[①]要达到这个目标，可以从以下五个方面付出实践行动。

（一）自主建构南岭走廊乡村体育教师专业发展的主体

根据建构主义学习理论，学习过程是一种社会交往行为，必须依靠乡村体育教师及同伴的互相合作与交流才能得以实现。乡村体育教师专业发展的主体从被动、应付式发展向自主、建构性发展转换，即要求其专业发展由之前的指令式模式转变为参与式模式。乡村体育教师由传统的被动接受知识状态转变为新型的自主参与知识生成的状态，最终达成知识的反思性建构及认知图式的改变。另外，基于建构主义学习理论强调个体的内隐性、缄默性知识的情况，在促进乡村体育教师专业发展进程中，必须充分尊重其主体缄默的自主性和区别，维持专业发展空间的一定的自主化和灵活性。

（二）促进南岭走廊乡村体育教师专业发展主体的交互

由前文所述的建构主义学习理论观点可知，教师的专业发展首先应是社会性交往活动，其次才是知识学习的行为。所以，实现教师的专业发展，必须走个体发展向社会发展转变的路径。教师个体不能"画地为牢"，不能自我封闭，而必须突破自我，积极和同事、同行、领导、家长、学生、专家等"专业发展共同体"进行交流，多方听取意见，多途径收获专业发展经验和素材，通过多

[①] 徐晗，张艳菲. 建构主义学习理论下新时代高校教师专业发展的策略 [J]. 黑河学院学报，2021（7）：68-70.

维结合，获得专业发展。

（三）实现南岭走廊乡村体育教师专业发展内容的参与性与实践性建设

建构主义学习理论认为，学习活动是在某种情境下，学习个体参与实践并受情境引导、相互合作的产物。乡村体育教师专业发展过程中，必须实现乡村教师（学习主体、专业发展主体）、培训人员（学习促进者）、学习场所或环境（特定情境）及专业发展内容（教学技能、教研能力、信息技术能力）等多种因素的有机统一。另外，乡村体育教师专业发展的内容安排，必须和真实场景高度适配，以保障乡村体育教师对专业发展活动较高的参与度与较好的体验感。通过这种真实情境的提供、使受培训的乡村教师真实感知、真切理解、有效迁移与科学反思新的知识，逐渐内化，形成独特的教学方法、手段和策略。

（四）将南岭走廊乡村体育教师的专业发展融入现实实践

根据调查结果和经验，以往的南岭走廊乡村体育教师的专业发展活动大多脱离体育教师的自身实践环境，①使得教师难以将学习的知识和复杂多样的工作实际环境有效对接。建构主义学习理论认为，学习主体必须沉浸到真实情境中，在"做"中学习，在实践中提升知识与技能。在此种学习观指导下的南岭走廊乡村体育教师专业发展，应将学校作为"主战场"，通过鲜活的学校体育教育、教学、教研等实践活动，践行"校本性"教师专业发展路径，提高体育教师专业发展水平，同时，还将体育教师对自身实践问题的关注和思考（如如何达成"四有好老师"标准、如何提高教科研能力、如何提高乡村学生体质健康水平、如何实现乡村学校体育教学的优质高效，等等）作为专业发展的逻辑起点，让体育教师沉浸在真实具体的体育教学情境中学习和思考，通过自身观察、反思以及与专业伙伴的讨论探究、交流反思等过程，获得实践感知和体悟。通过这种对新观念、新方法"外化于行"的实践，最终达成"内化于心"的效果，在实践中获得专业发展。

---

① 例如：南岭走廊某市 2017 年乡村教师专业适岗培训方式采用网络课程研修、网络校本研修和线下集中研修相结合的混合方式。网络课程研修贯穿始终，包括师德心理教育、信息技术应用能力提升、夯实专业知识基础、教学设计、教学实施等阶段。学员通过课程学习、问题研讨、案例分析、完成作业、展示成果等在线活动，完成课程研修任务。方案文本未见结合教师自身实践环境进行培训等表述。（参见：郴州市教育局 .2017 年郴州市乡村教师专业适岗培训实施方案 [EB/OL].[2022-01-13].http://www.doc88.com/p-5731706070946.html.）

（五）构建南岭走廊乡村体育教师专业发展共同体 ①

在传统认识中，乡村体育教师的专业发展是教师个人的问题，和他人无关。这种认识导致乡村体育教师专业发展较多的是教师个人的"孤军奋战"，缺乏发展合作伙伴。建构主义学习理论提倡交互式发展，强调专业共同体对教师专业发展的作用，所以，南岭走廊乡村体育教师要实现专业发展，不能"单打独斗"，而必须走共同发展道路，这也符合教育部等六部门联合印发的《关于加强新时代乡村教师队伍建设的意见》中规定的"引导师范院校教师与乡村教师形成学习共同体、研究共同体和发展共同体"的要求。通过南岭走廊乡村体育教师专业发展共同体的建立，尤其是加强和高校专家、教育局教研员、城区体育教师等构建专业发展共同体，使教师获得专业发展的外在指导、帮助和支持，在相互平等、互助互帮、互信互通、民主开放的氛围中获得来自专业伙伴的积极影响，实现专业发展的提升。

第五节　场域理论

一、场域理论概说

场域理论（field theory）是关于人类行为的一种概念模式，最早源于19世纪中叶库尔特·考夫卡等人提出的物理学名词。后来，法国社会学学者皮埃尔·布迪厄（Pierre Bourdieu）完善了该理论。布迪厄是个"杂学家"，研究涉猎美学、宗教、法律、政治、文化、教育等各种场域。他既将场域看作社会学理论概念之一，也将场域视为社会学研究的一个理论分析单位，且将场域这一分析单位兼理论分析工具与其研究方法相联系。② 其场域概念不仅指一般的领域，而是延伸指称为有内驱力、有动机、有潜力的某种存在。该理论主体观点认为，人的任何行动都可能受到行动所发生的场域所制约。当然，这里的"场域"，不受制于单纯的物理环境，还涉及他人行为及相关因素。③ 虽然场域为

---

① 周成海. 基于建构主义学习理论的教师专业发展 [J]. 大连大学学报，2015（1）：127-130.

② 武书敬. 虚拟英语学习社区互动研究 [M]. 徐州：中国矿业大学出版社，2016：1.

③ 360 百科. 场域理论 [EB/OL].[2022-01-13].https://baike.so.com/doc/3578923-3763435.html.

某个"场所"，但其意义又不停留于简单的"物理空间场所"，而是现实和历史的结合、静止和动态的统一、固定和流动的结晶、有形和无形的联合，也是各种社会关系综合而成的社会场合或领域。①

二、场域理论对南岭走廊乡村体育教师专业发展的启示

场域理论的观点，可以用来指导南岭走廊乡村体育教师专业发展实践。受到特定社会空间的影响，南岭走廊乡村体育教师专业发展预期，既体现在一般性体育知识文化和主流价值观的影响，也涉及对地方体育文化知识在内的乡土性知识的运用。根据场域理论的社会实践观点，一个场域是诸多力量交错融合、此消彼长的博弈发生地。不同个体的发展，一方面会受到传统习俗认识的影响，另一方面也会受到来自不同环境和情境要素以及时间、空间结构的左右。所以，环境和不同个体的共生共存关系，势必会对特定场域中乡村学校、乡村教师的共生共存带来影响。身处南岭走廊这个大的社会结构中的乡村体育教师，须臾都不能游离于南岭走廊这个大空间以及乡村体育教师这个大群体的深刻影响。

同样，场域理论还可应用到集相对贫困地区、革命老区、民族地区于一体的南岭走廊中乡村体育教师的专业发展这一问题。蕴含在乡村体育教师的专业发展背后的问题，其实是乡村体育教师个人和乡村学校场域之间的互动交往、博弈融合。②身处乡村学校这一场域，乡村体育教师的教职，其实是处于某种权利和不同阶层的布局之中。首先，乡村体育教师拥有较好的资本时（如职称、职务、学历、业绩、学识等），投身于专业发展，就可能会成为其提升自身的途径。其次，乡村体育教师个体处于改变资本状态所产生的行为，离不开场域中的某种规则、制度、习俗、思想、意识等的影响，并可能产生某种倾向性的行为。一旦乡村体育教师将专业发展认同为一种工作倾向与目标，就能够热心投入和积极参与专业发展之中。如果乡村体育教师未能将专业发展认同为一种倾向性行为，就很难主动投入和积极促进专业发展之中。

另外，乡村教师个体的倾向性认知，一般和其依附对象的权利、价值、身份、地位等特征产生紧密联系，且具体表现在社会、个体对该对象的感悟、体

① 张子石.未来教育空间站的设计与应用研究[M].武汉：华中科技大学出版社，2016：45.
② 王艳玲.多元文化背景下的教师文化身份认同——基于民族地区"外来教师"的案例考察[J].全球教育展望，2017（8）：95-109.

会和认知上。① 所以，一旦乡村体育教师知晓其投身专业发展是一种社会愿景，则会促进其投身专业发展的主动性和积极性。

当然，倾向性行为的独特作用，还体现在可能对不同个体产生新的行为方面。根据布迪厄的观点，不同个体参与社会互动的方式和要求，能够逐渐转化、加强为其采取某种社会性行动的倾向，且发展成为某个场域内的共同认识和非制度性文化现象。所以，乡村体育教师个人对和领导、同事交往的认识状态能够影响其专业发展过程和效果。这也是本研究通过探讨南岭走廊这一场域中乡村体育教师通过激发自身潜力和其他教师同行进行交流互动对自身专业发展的影响这一问题的原因之一。

根据场域理论，结合现实感知进一步分析可知，对南岭走廊乡村体育教师专业发展有影响的主要因素来自两个维度：学校维度和教师维度。

首先，就学校维度而言，乡村学校内部的人际交往、制度规则及社会影响对乡村体育教师专业发展产生影响。诸多影响力量来源于 4 个途径：（1）社会认同感，即乡村体育教师感知到的南岭走廊乡土文化以及社会各界对体育教师教职的认可程度；（2）乡村学校的软环境。乡村体育教师在乡村学校这一场域中与领导、同事、学生、家长、乡民等的交往中，会感知不同状态的心理、身体的体验，这种体验会影响其专业发展的动机；（3）规章制度。乡村学校无时不身处制度环境中，职称晋升和评审制度、业绩考核与评价制度、工资福利计算和发放制度等，都对乡村体育教师的专业发展有重要影响，好的制度能够有效激发乡村体育教师专业发展的动力和热情；（4）同事关系。乡村学校这一场域中的乡村教师同事关系，主要是基于合作角度而言，尤其是乡村体育教师通过友情合作，通过工作上的互通互联，发展深化学校教育文化，构建发展共同体，相互促进发展，共同分享资源和经验、共同进行教育教学研究，实现共同进步。②

其次，就乡村体育教师维度而言，也可以细化为以下不同的角度：（1）乡村体育教师的专业认同感，即乡村体育教师对自己所从事职业的整体性认识水平和自我认可程度，尤其是在乡村学校这一场域中的具体知觉状态。一般来讲，南岭走廊乡村体育教师视自身职业为"稳定工作"，将自己定位为知识分

① 黄嘉莉，叶碧欣，桑国元.场域理论视角下民族地区教师专业发展的影响因素研究——基于多层线性模型的分析 [J].教育研究与实验，2021（1）：75-80.

② 杨进红.乡村教师专业发展的文化阻抗及调适——乡村教师发展系列研究之二 [J].广西民族师范学院学报，2017（3）：20-23.

子，在较大程度上代表着体育文化、体育价值观、乡土文化等；（2）乡村体育教师的自我定位，也就是乡村体育教师对体育教师这一职业的社会声望、职业影响力的体悟，以及其参与职业工作的热情及谋求专业发展的内驱力；（3）乡村体育教师的自我效能感，也就是乡村体育教师对自己从事体育教学工作的自信程度，包括对自身知识结构和水平的满意度、对体育教学工作过程和效果的满意度、对处理人际关系的满意度，等等；①（4）乡村体育教师的决策参与。②在学校关于教育教学、尤其是学校体育制度制定、场地规划、体育课堂教学、课余训练和竞赛、学生体质提升和健康促进、学校文体活动开展等诸多学校体育工作的方方面面，乡村体育教师在其中参与的频度和重要性的体现。如果教师有充足的机会参与以上工作且能获得较好的认可，则其发展专业的热情会被进一步激发，专业发展效果也会逐渐提升。

第六节　制度变迁理论

一、制度变迁理论（Institutional Change Theory）概说

制度是人类社会交往的办事规则或行为规范，通过特定、能预判的方式影响人类交往活动。同时，根据交往的新发展做相应修改。③作为一种由来已久的复杂多变的社会现象，制度变迁是制度的建立、调整以及因时间而被更新的方法，抑或是制度的创设、取代、调整、变更的过程。④制度变迁强调用某种结构更合理、效果更优异的制度取代既有旧制度，⑤是新制度产生、替代或转变

① 赵明仁，黄显华，袁晓峰.场域—习性理论视角下影响教师教学反思的因素分析[J].课程·教材·教法，2009（6）：81-86，96.

② 黄嘉莉，叶碧欣，桑国元.场域理论视角下民族地区教师专业发展的影响因素研究——基于多层线性模型的分析[J].教育研究与实验，2021（1）：75-80.

③ 何国平."三权分置"的发生与演进——基于交易费用和制度变迁理论的分析[J].云南财经大学学报，2019（8）：3-11.

④ 尹振涛.试论近代中国证券市场产生与初步发展——以诺斯的制度变迁理论为分析框架[J].中国社会科学院研究生院学报，2009（3）：61-66.

⑤ 张翼.教育发展与制度选择——我国二十五年来教育制度变迁分析[M].广州：暨南大学出版社，2012：9.

旧制度的动态过程。①

　　作为新制度经济学的主要贡献者，诺思（诺贝尔经济学奖获得者）创立的制度变迁理论基于人类行为理论和交易费用理论，深刻剖析了社会制度变迁的内在逻辑。②根据新制度经济学理论，合理的制度能够提高信息的有效性，降低事情发展的偶发性，减少机会主义性质的行为，提高工作效率。另外，公开、公正、正义的制度能够起到良好的激励作用。

　　根据推动变迁的主体的不同，制度变迁可以划分两大类，分别是引诱性制度变迁与强制性制度变迁。前者的发生动机是基于利益获取机会的诱惑，是由于旧的制度下不能获取利益的原因所引发，具有自发性和缓慢性，且多是由下而上、从小到大、由部分到整体的发展过程。后者的推动主体是部门领导人员，其过程一般由上而下，发生过程费时较少。

　　随着认识的深入和实践的验证，脱胎于新制度经济学的制度变迁理论在发展中被大量应用在社会科学领域。作为分支之一，教育领域也深受制度变迁理论的影响。

二、基于制度变迁理论的南岭走廊乡村体育教师专业发展问题

　　从本质上看，南岭走廊乡村体育教师的专业发展是其专业成长与自身专业结构的相互交融、更替、发展与完善的过程。乡村体育教师的专业发展，即教师通过接受外来的专业培训和内发的主动学习，逐渐由非专业人员成长为专业人员，由"新手型"教师发展为"专家型"教师和"学者型教师"的过程。③

　　虽然南岭走廊乡村体育教师的专业发展是提高人才培养质量的重要保证，也是实现教师自我价值的内在要求，但由于诸多因素的影响，乡村体育教师的专业发展难以顺利地实现。根据制度变迁理论，人们的行为离不开特定的制度逻辑体系，尤其是外生性制度变迁（主要由外部变量冲击引起的变迁）的影响更大。④同样，要促进南岭走廊乡村体育教师专业发展，单纯依赖资源投入、感情影响或者道德说教，是难以完全达到目标的。必须施以良好的制度，才能有效达成目标。南岭走廊乡村体育教师的专业发展，是体育教师以提高专业能

① 戴逸飞.从制度变迁理论视角对淘宝村的研究[J].时代经贸，2019（29）：62-63.

② 张淼.制度变迁理论对我国职业教育变革研究的启示[J].职教论坛，2020（12）：22-28.

③ 郭平，卢雄，李小融.高中校长论教育教学与管理[M].成都：西南交通大学出版社，2016：6.

④ 戴淼利.体育学科评估与体育学科建设的关系辨析——基于制度变迁理论的分析[J].体育学刊，2021（4）：75-80.

力为目的从事的全部活动和行为的过程。乡村体育教师的专业发展是既有利于乡村学校师资整体水平的提高，也有利于乡村体育教师个人职业发展的"双赢"实践，必须鼓励和支持。但即使乡村体育教师们自身有专业发展的内在需求，教育主管部门和乡村学校也知晓其重要意义，愿意提供制度、财政等支持，但是在乡村学校中，乡村体育教师的专业发展不一定就能按部就班、水到渠成地成为现实。按照制度变迁理论的观点，要促进乡村体育教师专业发展，不仅需要充足的资源投入、积极的情感熏陶、循循善诱的思想教育和令行禁止的行为规范，更需要政府和学校的良好的制度建设作为重要保障。[①]

在很大意义上，乡村学校中的制度变迁，是一个破旧立新的过程。促进教师专业发展的主要制度类型有正式制度、非正式制度两种，其中，"正式制度"是学校公开的成文的规章制度体系，"非正式制度"是学校中未成文的但被教师普遍认可、约定俗成的规则体系，包括价值观念、伦理道德、生活习俗、行为文化等，一般通过"无形"方式根植于教师的内心信念中。相对而言，非正式制度是人们在长期的过程中逐渐形成的，比较持久稳定，需要强大的力量来推进。当然，制度的有效实施需要实施机制的合理加持。"实施机制"是促进制度有效实施的重要媒介和平台。缺少健全科学的实施机制，制度难以落地。所以，良好的实施机制也必不可少。[②]

三、制度变迁理论对南岭走廊乡村体育教师专业发展的启迪

基于以上分析，制度变迁理论对南岭走廊乡村体育教师专业发展具有以下积极的启迪。

首先，学校要科学平衡学校和教师两个维度的利益关系。因为学校制度变迁的内在原因在于其能够有效提高各个阶层人们的利益，由于这一点，才能促进教师个体或教师群体有效推进制度变迁。所以，在促进南岭走廊乡村体育教师专业发展中，管理部门必须科学平衡、合理干预，使各方利益都能得到满足，且尽量实现各方利益最大化，从而让制度变迁成为可能，并让变迁带来的

---

① 刘晓萍.制度变迁理论与中小学教师专业发展 [J].中国教育学刊，2013（S3）：98-99.
② 轩静文.制度变迁理论下中小学教师专业发展的新路径 [J].戏剧之家，2020（6）：119-120.

效益最优化。①

其次，制度变迁能够激发南岭走廊乡村体育教师专业发展的内生动力。由制度变迁理论可知，教师对需求压力的大小，亦为影响制度变迁过程和结果的重要因素。乡村体育教师只有秉持积极的内在需求，其专业水平才可能获得良性发展。有时，南岭走廊乡村体育教师可能心存芥蒂，或心生惰性，或对某些促进专业发展的制度不理解，担心有始无终、投无所报。所以，为了打破这种"僵局"，学校应设法唤醒、激发教师专业发展的内在需求与自我意识，促使其产生专业发展的内生动力，从而有效实现既定的专业发展目标。

再次，强调非正式制度的意义。细究开来，乡村体育教师专业发展受众多非正式制度的影响，非正式制度对教师专业发展的作用，有时甚至超过正式制度。乡村学校领导层要高度重视学校文化建设，重视对教师进行教育情怀、道德伦理、育人理念、信念价值的科学引领，营造教师发展"软环境"，创建和谐有序、良性共存、互惠互利的教师发展利益共同体，不断提升教师专业发展水平。②

综上所述，南岭走廊乡村体育教师的专业发展，会受学校制度环境的约束，但同时又可能反作用于学校制度变革。所以，必须高度重视学校的制度建设和变迁。学校层面应该广开思路，借助制度张力，采取多种措施，发挥教师主动精神，提升教师认识水平和专业意识，在不断提高乡村体育教师学识水平基础上，在乡村学校上下、南岭走廊内部营造崇高的理想信念、高尚的道德情操、和善的仁爱之心，营造教师专业发展的非正式制度氛围，最终促进教师专业发展。

值得一提的是，在南岭走廊乡村体育教师专业发展制度建设进程中，有时会出现"制度失灵"现象。由于政府和乡村学校可能过于重视硬性制度变迁，忽视柔性制度变迁，或者只重视正式制度建设，而忽视非正式制度的运用，导致制度实施过程中遇到难以想象的困难和阻力。所以，在乡村体育教师专业发展制度的建构和变迁过程中，要注重政府主管部门和学校对教师的价值引导与教师自主发展的有机结合，尤其关注乡村体育教师的全面发展。③如此，才能真正发挥制度变迁的作用，促进教师的全面发展。

---

① 轩静文.制度变迁理论下中小学教师专业发展的新路径[J].戏剧之家，2020（6）：119-120.

② 轩静文.制度变迁理论下中小学教师专业发展的新路径[J].戏剧之家，2020（6）：119-120.

③ 张德良，贾秀敏.高校教师发展制度变迁与重建——基于新制度经济学的视角[J].现代教育科学：高教研究，2009（6）：12-15.

第七节　需求层次理论

马克思主义哲学认为，任何事物发展都受到内因和外因的双重影响。其中，内因是事物发展的根本原因，外因是事物发展变化的条件性原因。同样，南岭走廊乡村体育教师专业发展的根本动力，也是源于其内心需要。马斯洛需求层次理论，对南岭走廊乡村体育教师的专业发展具有重要的理论指导意义。

一、需求层次理论概说

人作为社会性的存在，"需要"贯穿人生全过程，因为"需要"是激励人们行为的主要原因和根本动力之一。[①]需求层次理论是美国心理学家西伯拉罕·马斯洛于1943年在《人类动机论》一文中提出的。[②]该理论认为，人类所有的行为都有特殊的目标，这种目标源于需要。不同的人有不同的需要，需要影响着人们的行为方式和方向。人有五种基本需要，分别如下。

第一级是生理需求（Physiological needs）。包括衣、食、住、行、性、呼吸、睡眠、生理平衡等各种需求，这些需求中的任何一项需求得不到满足，都可能严重影响人的生存质量，[③]所以，是人类最基本的、推动力最强的需求。只有该级需求得到充分满足，才会产生高一级需求的动机；第二级是安全需求（Safety needs）。是关于免除危险和威胁的各种需求，如防止意外伤害、保障自身人身安全、资源财产安全、职业保障、家庭安全等；第三级是爱和归属的需求（Love and belonging needs）。包括家人、恋人、同事、朋友等保持良好的亲情、友情、爱情等人际关系，[④]对他人有所付出且从他人处得到友情、关

---

① 刘书瑜.身边的心理故事大学生心理健康教育读本（第2版）[M].重庆：重庆大学出版社，2018：84.

② 周立萍.马斯洛的需求层次理论与高校青年教师"师德"建设[J].法制与社会，2010（6）：224-225.

③ 杨秀龙，崔立新.中国服务理论体系[M].北京：北京理工大学出版社，2017：31.

④ 杨秀龙，崔立新.中国服务理论体系[M].北京：北京理工大学出版社，2017：32.

爱和帮助，有归属感，成为某个团队的成员等；第四级是尊重需求（Esteem needs）。包括自尊心得到满足、自信心得到维护、能力被认可、成绩被肯定、名誉地位被认同等，某些方面受到他人的认可与尊重以及对他人的尊重等；第五级是自我实现的需求（Self-actualization needs）[①]。指一个人需要做能够"人尽其才"的工作，发挥个人潜力，实现个人价值，而且不断自我超越与发展。

以上各种需求中，生理需求和安全需求是人们生存必须的基本需求，如果不能满足，人将难以生存下去。而爱和归属的需求、尊重需求、自我实现的需求等是个体成长发展、适应社会、自我实现所必须的较高层次的需求。只有较低层次的需求得到满足或者部分满足，个体才可能产生高一级需求的动机。

二、需求层次理论对南岭走廊乡村体育教师成长动力的影响

在乡村学校中，乡村体育教师最关键的需要是爱和自尊的需要。如果体育教师感觉不到领导关心、同事友爱、学生尊敬，或者认为自己能力不济，就很难产生实现较高目标的强烈动机。部分缺乏正确自我认识的乡村体育教师，只能随波逐流，泯然众人，沦为"教书匠"，"专业高质量发展"也会成为奢谈。

乡村体育教师在各个成长阶段都有着内在的心理动机刺激着个体，而这种内在的动机会迫使其在教学成长之中采用合适的行为方式去应对外界对自身的刺激。在乡村体育教师的成长过程中，教师本身受到来自外界的刺激和内在的刺激。其中，外界刺激包括学校物质、制度、精神和行为等维度的校园文化现象、学校薪酬水平、师生关系、同事关系等，虽非根本原因，但积累到一定程度时，对教师的专业发展也会造成重大影响。内在刺激指的是乡村体育教师渴望改变自己、提升自我、完善自我的内驱力。相对而言，这种内在动机对教师专业发展的影响更为深远。

三、南岭走廊乡村体育教师不同职业时期的需求及其与专业发展的关系

（一）南岭走廊乡村体育教师入职初期：生理、安全需要为主

该时期通常是在入职前的准备阶段，教师个体通过努力不断提高教师专业

---

①360百科.马斯洛需求层次理论[EB/OL].（2018-09-07）[2022-01-13].https://baike.so.com/doc/2102592-2224471.html.

技能，如钻研有关教师技能的理论，扩充自己知识面、加强自己专业素养、深入教学基层参与教学实践，这些准备都是履行教职的需要。在这个过程之中，其他因素可能会影响这种行为，其中之一就是当前的生活压力。长时间的学习生活让职前"准教师"有尽快独立生存的强烈需要，想要尽快有维持生存的能力和独立的依靠。在巨大的生活压力下，教师工作的稳定和薪资福利水平对不少入职前的在校生具有较大的吸引力。对于入职前的师范生——准教师，如果工资福利水平较低，甚至远低于当地同类学校的平均水平，则他们是很难稳定在教师岗位的。因为按照马斯洛需求层次理论，当学校不能满足教师的低层次需求，或者说第一需求——维持生活和成家立业所必须的各种物质最低需求时，很难诱发其从事教师职业，更难说专业发展。

乡村体育教师入职后的最初几年，因为有了稳定的工作和一定的收入，产生了一定的成就感，但这种成就感为时不长，可能会在来自学校环境、体育教学实践、学生体质健康水平和运动技能成绩等压力下逐渐消失殆尽。各种来自领导、同事、学生、家长等方面的压力不断出现。此时，乡村体育教师一般会通过自身努力去赢得各种压力主体的认可和接纳，希冀消除来自各种压力主体的风险，如学生投诉、同事轻视、领导批评等。

随着乡村体育教师工作年限的增加，尤其是3～5年以后，可能会因为同事关系、领导关系、师生矛盾、家庭问题等产生失败感、挫折感、失落感，甚至怀疑自己是否适合从事体育教师教职，诱发心理疲劳和职业倦怠。对于此类事件，如果处理不好，将严重降低乡村体育教师专业发展的积极性。所以，需求层次理论的第二阶段——工作上求稳求进的需要，也就是安全需要，将成为乡村体育教师专业持续发展的动机需求之一，这种需要也成为教师工作的有力动力。

当然，此时期的乡村体育教师，也有另外重要的动力源——归属和被爱的需求。新教师入职初期，其在学校内部的人际关系刚刚起步，教师迫切想成为学生良师、同事益友、上级骨干，以获得归属感和爱意。此时期，需求层次的第二级（安全需求）和第三级（归属和爱的需求）能够恰当地对其内心需求做出注解。所以，这一时期中，学校对新教师的引导和关爱最为重要。如果引导得当，关怀到位，新教师很容易步入专业成长的"快车道"。否则，可能挫伤其专业发展的积极性。因为新教师的教学能力、教学经验等方面肯定存在不足，需要同事、领导的包容和鼓励，所以需要培养其职业信心和对学校集体的归属感，从而增强专业发展的心理需求。

（二）南岭走廊乡村体育教师入职中期：尊重需要为主

此时期，乡村体育教师的需求主要符合需求层次的第四层级——尊重需要。经过近十余年的发展，教师已经获得一定的职业成就感，对教学工作驾轻就熟。同时，内心渴求不断优化自身结构、开拓专业视野、丰富专业知识，增强个人专业积淀，以便进一步树立自己的口碑，赢得来自学生、家长、同事、同行、领导由于自身专业成就而获得的尊重。同时，此时期中，教师对工资报酬、福利待遇等物质方面的需求，已经低于入职初期的需求，物质因素已经不再是影响其工作动机和专业发展动力的主要因素。

基于此，学校层面应多为教师提供宽松、自由的发展空间，充分尊重教师的主体性和积极性。同时，也要杜绝两种可能性：第一，对教师不问不管。第二，对教师管得过多。前者指望单纯依靠教师自身努力获得成就，过于理想化，对教师终身事业发展以及学生成长无益处。后者忽视教师个体的"自由空间"和"缄默认知"，过度干预教师的专业过程，可能会引发教师的逆反心理，适得其反。因为教师工作具有强烈的主体性，其专业发展水平既和业务、学识等外在显性能力相关，也与教师的价值观念、伦理道德、思想品行、情感意志等内在品质紧密关联。单纯运用物质手段、奖惩性方式对教师进行管理，违背教师工作特点，会欲速则不达，压抑其专业发展。

（三）南岭走廊乡村体育教师入职中后期：尊重需要和自我实现需要为主

上述三个层次需求得到满足后，乡村体育教师可能超越"称职"的工作评价，希望通过努力实现专业发展的突破，为体育教育事业做出更大贡献。一旦乡村体育教师从自我超越中获得更大的成就感和更强的驱动力，那么其自我实现的需要就能为教师带来不可估量的推动效应。[1]一般来说，此时期系指乡村体育教师在职 15 年以后。该时期的教师拥有优秀的工作业绩，在教学方面完全能独当一面，在很多方面甚至可以起示范引领作用。教师自身有充足良好的自我效能感，在物质、精神两个层面的满意度都高，自我实现的需求成为此类专家型教师的主要力量之源。对此时期的教师而言，专业工作是进一步实现其人生价值和目标的重要手段，所以，他们对专业工作有"而今漫步从头越"的情怀和"无需扬鞭自奋蹄"的劲头，渴望获得新的成就与突破。基于此，学校

---

① 周宪文.员工激励中需求层次理论的应用 [J].企业导报，2010（12）：193-194.

层面应该采取更多激励措施，持续稳定地使用此类优质教资，旗帜鲜明地将其"做榜样""树典型"，让其获得相应的名、权、利，满足其自我实现的内心需求，更好地实现其专业发展。

目前，在南岭走廊乡村体育教师的专业发展方面，部分学校观念落后，方法陈旧、手段单一，效果不明显。其实，乡村体育教师的专业发展和职业成长，绝非日常举行会议、查看教学材料、听几节课就能解决的。这些工作虽然不能少，但是却只能起到规范乡村体育教师教学过程的作用，对提高其核心的专业发展能力意义不大。乡村体育教师要实现专业的真正和高质量发展，其核心动力永远是源于自身。学校领导一方面要积极营造良好的客观物质环境，另一方面更要以不断满足其各时期、各层次、各类型的需求为导向，真正唤醒、激励和鼓舞乡村体育教师个人专业发展的强大内驱力。

第八节 期望理论

一、期望理论概说

期望理论（Expectancy Theory）系由北美心理学家和行为科学家维克托·弗鲁姆（Victor H. Vroom）于1964年在《工作与激励》中提出来的一种激励理论。[1]该理论认为，人的积极性或动机的产生由两种要素共同决定，即人对某种目标的期望和该目标满足个人需要的价值。[2]弗洛姆认为激励是一个基于评价和选择的过程，一个人付出某种行动的激励力，取决于个人对这种行动结果的价值判断以及对预期实现目标可能性的评估。[3]个体总是渴望需求能够得到满足与目标可以达成。而在目标达成之前，会表现出一定的期望。此时，目标将对个人的动机产生激发作用，这种作用的大小，取决于目标价值（效价）和

①360百科.期望理论[EB/OL].[2022-01-13].https://baike.so.com/doc/5126588-5355890.html.
②PETRI H L. Motivation: Theory, Research,and Applications[M]. Belmont: Wadsworth Publishing Company, 1991.
③司丽静.利用期望理论构建临床教师激励机制[J].辽宁医学院学报(社会科学版),2008(3):29-31.

期望概率（期望值）的乘积。[1] 期望理论还将人们的行为和对目标的期望结合起来，认为人的行为来源于期望，行为和期望之间有对应的关系。人的期望增强，行为就可能相应强化。

期望理论认为，人们采取某项行动的动力或激励力取决于其对行动结果的价值评价和预期达成该结果可能性的估计。换言之，激励力的大小取决于该行动所能达成目标，并能导致某种结果的全部预期价值乘以行动主体认为达成该目标并得到某种结果的期望概率。

目前，期望理论被较多地用以解释个体行为选择、达成目标的满意度和主动参与行为等问题。[2] 而人的行为更大意义上决定于感知形象而不是客观事实，所以，认知会对行为付出产生影响。[3] 基于此，南岭走廊乡村体育教师专业发展若要得到认可，至少要满足两个条件：第一，符合教师个体的发展期望。第二，满足教师个体发展需要的价值。否则，专业发展不可持续。

期望理论能发现影响不同个体工作的动力原因，包括效价和期望值两个方面，为有效激励提供了科学的理论依据。个体从事某项工作的努力程度，决定于工作目标达成的概率与达成目标对个体满足程度的意义。工作中，人们愿意付出的努力程度，取决于实现目标对其满足程度和目标实现的可能性等因素，参见图4-1。

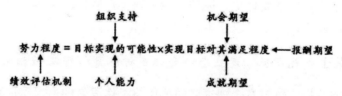

图 4-1　期望理论模型[4]

① 刘倬 . 人力资源管理 [M]. 沈阳 : 辽宁大学出版社，2018：122.

② DAVIDSSON P. Continued entrepreneurship: Ability, need, opportunity as determinants of small firm growth[J].Journal of Business Venturing, 1991（6）：405-429.

③ MARTINEAU P. The personality of the retail store[J].Harvard Business Review, 1958（1）：47-55.

④ 司丽静 . 利用期望理论构建临床教师激励机制 [J]. 辽宁医学院学报（社会科学版），2008（3）：29-31.

二、期望理论指导下的南岭走廊乡村体育教师激励机制的构建

（一）根据待遇期望，制定南岭乡村体育教师的薪酬制度

按照期望理论，改革南岭乡村体育教师薪酬制度。以"效率优先、兼顾公平"为原则，着重突出薪酬制度的保障和激励功能，构建科学合理的薪酬层级。

第一，教育主管部门和学校层面要加大体育教育教学的硬件、软件建设，达到甚至超过教育部于 2016 年颁布的《教育部关于发布〈小学体育器材设施配备标准〉〈初中体育器材设施配备标准〉的通知》（教体艺 [2016]4 号）[①] 中的中小学器材设施配备标准，使体育教师有良好的硬件设备条件从事体育教学工作。

第二，结合体育教师教学、教研、阳光体育、课后延时服务、课外运动训练和课余运动竞赛等反映的其专业发展水平和效果等因素，发放绩效奖励，进一步激发其专业发展优势和潜能。

第三，将学校职称评审制度向一线体育教师倾斜。教育主管部门和学校要合理提高体育教学、训练和竞赛等业绩在职称评定中的权重，将体育教师在区县级以上教学竞赛、教研评比、运动技能和教学技能比武等活动获得较好成绩的业绩纳入职称评审业绩认定范畴并优先考虑。

（二）基于成就期望，建立南岭走廊乡村体育教师激励机制

成就期望系指个体对有合理难度的工作与工作成就的追求，这种追求将有效地促生员工内生动力。而且，成就期望较强的人，会相对忽视经济回报，更加重视个人成就。个体的成就期望会驱动其完成对自己而言有意义或特别重要的事情，并凝成内驱力。所以，在完善乡村体育教师激励机制时，必须有机结合其个人成就期望。

第一，提高南岭走廊乡村体育教师对体育教师职业的认同，让其敬畏体育教师教职。南岭走廊地处亚热带地区，一年四季中多半高温湿热，身处其中的乡村体育教师从事的是名副其实的"太阳下最光辉的事业"，工作环境艰辛、

[①] 中华人民共和国教育部.教育部关于发布《小学体育器材设施配备标准》《初中体育器材设施配备标准》的通知 [EB/OL].（2016-09-05）[2022-01-13].http://www.moe.gov.cn/srcsite/A17/s7059/201609/t20160928_282532.html.

劳动强度大，有时还会被误解和"污名化"。在这种情况下，乡村体育教师如果没有对职业的热爱和敬畏，没有深厚的教育情怀和奉献精神，专业发展是难以为继的。所以，要通过各种措施，通过事业平台和感情纽带，提高乡村体育教师的专业好感，使其发自内心爱护、珍惜、认同自己专业，为专业进一步发展奠定情感基础。

第二，精准识别，精准干预，着重培养南岭走廊乡村体育教师骨干力量。这种培养可以从两个方面入手。其一，着力培养青年体育教师。教育主管部门和学校要精心遴选有事业心、有进取精神、有拼搏意识、有较好的业绩基础和发展潜力的青年体育教师，为其创造更多实践锻炼机会，以此培养好骨干；其二，精心培养体育行政专业人员。加强对教育主管部门体育教研员、体育专干等行政性专业人员的培养力度，进一步提高其体育教学理论知识和实践技能，提高其对国家的体育教育政策的掌握和分析能力，提高其培训乡村教师的能力，使其能够真正起到示范引领、带头榜样作用，以便他们能科学有效地组织、引领辖内乡村体育教师的业务工作。

（三）遵循机会期望，完善南岭走廊乡村体育教师专业发展机制

机会期望是人们希冀自身完成的工作能够对专业发展和职业生涯有重要意义。所以，为了更好地激发南岭走廊乡村体育教师的机会期望，必须科学制定其专业发展机制，给每个乡村体育教师清晰实在的专业愿景透视，让其清晰未来发展方向和前景。制定激励机制时，要具体情况具体分析，因人而异，合乎体育教师自我实现的需要。教育局和乡村学校要尽量为体育教师发展构建平台。

第一，构建科学完善的乡村体育教师培养体系。教育局和乡村学校经常召开乡村体育教师业务培训班，让其学习和提高如下内容：首先，最新的体育教育理论、教学理念、教学方法、教学手段和教学策略，如教育信息化背景下体育教育的发展动向和趋势，后疫情时代体育教学的发展动向和应对措施，体医融合视域下学校体育的功能和使命；其次，学习经典教育教学理论。如巩固、拓展乡村体育教师的教育学、心理学、教育哲学、教育技术学、体育教学方法和技巧等知识。同时，增加经验交流，提高教学领悟；再次，强化师德规范，深化教育情怀，让乡村体育教师争做"四有"好老师。

第二，设立乡村体育教师流动机制。选拔部分教学水平和管理能力兼优的乡村体育教师，纳入后备干部培养体系。选拔部分教学能力和教研能力俱优的

乡村体育教师，专心从事体育教育研究工作，提高乡村体育教师的专业发展的针对性与专门性，从而更好地提高教学水平。

综上，科学解读和充分利用期望理论，首先能满足南岭走廊乡村体育教师的待遇期望和成就期望，让体育教师提高体育教学工作的热情和效果。其次能满足南岭走廊乡村体育教师的机会期望，使其职业发展前景"可视化"，可预期性好，充分实现对体育教师专业发展的激励目标。[①]

小结

新时代南岭走廊乡村体育教师专业精准发展的理论基础主要包括人的全面发展理论、精准施策方法理论、教师专业发展阶段理论、建构主义学习理论、场域理论、制度变迁理论、需求层次理论、期望理论。各种理论对新时代南岭走廊乡村体育教师专业精准发展具有不同的指导意义。

①司丽静.利用期望理论构建临床教师激励机制[J].辽宁医学院学报(社会科学版),2008(3):29-31.

第五章　新时代南岭走廊乡村体育教师专业精准发展的影响因素——基于实证研究的结论

第一节　外部因素

一、政府支持

（一）出台文件，正面支持

政府对南岭走廊乡村体育教师队伍建设的重视程度和支持力度，在很大程度上影响着乡村体育教师队伍建设的整体效果和乡村体育教师个人专业发展的实际成效。政府通过制定激励乡村体育教师专业发展的政策、出台鼓励乡村体育教师专业发展的措施、构建乡村体育教师专业发展的良性竞争机制，营造提升乡村体育教师专业发展的良好氛围，能够有效激发乡村体育教师专业发展的内在动机，让乡村体育教师将专业发展变为自觉行为。

近年来，各级政府一直重视乡村体育教师的专业发展。中央政策方面，早在 2015 年，国务院办公厅就出台了《关于印发乡村教师支持计划（2015—2020 年）的通知》（国办发〔2015〕43 号），做出了"发展乡村教育，教师是关键，必须把乡村教师队伍建设摆在优先发展的战略地位"的重要判断，坦陈了当前乡村教师队伍建设中依然面临"整体素质不高等突出问题"的事实，更明晰了实施乡村教师支持计划，对"带动和促进教师队伍整体水平提高，促进教育公平、推动城乡一体化建设、推进社会主义新农村建设、实现中华民族伟大复兴的中国梦具有十分重要的意义"的时代要义。[①]

2020 年，教育部、中央组织部、中央编办、国家发展改革委、财政部和人力资源社会保障部等六部门联合出台了《关于加强新时代乡村教师队伍建设的意见》，为包括南岭走廊乡村体育教师在内的全国乡村教师专业发展树立了政策指引。该意见具有以下特征和亮点：首先，强调以全面提高乡村教师综合素质为目的，不断激发乡村教师奉献乡村教育的动力，持续提升乡村教师职业发

[①] 国务院办公厅. 国务院办公厅关于印发乡村教师支持计划（2015—2020 年）的通知 [EB/OL].（2015-06-08）[2022-01-13].http://www.gov.cn/zhengce/content/2015-06/08/content_9833.htm.

展力。要求加强师德师风建设，厚植乡村教育情怀，发挥乡村教师新乡示范引领作用；其次，着力深化乡村教师管理改革，缓解乡村学校人才短缺问题，提升乡村教师职业供给力。坚持拓展职业成长通道，提升乡村校长队伍整体素质；第三，着力保障乡村教师地位待遇，让乡村教师享有应有的社会声望，提升乡村教师职业在社会地位、荣誉、待遇、生活补助、精神文化生活等方面的保障力。通过以上措施，努力造就一支热爱乡村、数量充足、素质优良、充满活力的乡村教师队伍。①

省级政策方面，南岭走廊所含的广东、江西、湖南、广西等省区，也出台了类似政策。如广东省于 2016 年初印发《广东省乡村教师支持计划实施办法（2015—2020 年）》，提出"拓展乡村教师补充渠道、改善乡村教师待遇和工作生活条件、职称（职务）评聘向乡村学校教师倾斜、按照国家有关规定对在乡村长期从教的教师予以表彰"等重要举措，其中明确乡村教师平均工资待遇水平应不低于城镇教师平均工资福利待遇水平。另外，该实施办法还规划了"到2017 年，力争使乡村学校优质教师来源得到多渠道扩充，教师数量基本满足需要，乡村教师资源配置得到改善，教育教学能力水平稳步提升，工资福利待遇得到较好保障，乡村教师职业吸引力明显增强，职业认同感显著提高……到2020 年，努力造就一支数量充足、结构合理、素质优良、甘于奉献、扎根乡村的教师队伍"的发展目标。为了实现目标，广东省政府将保障和提高乡村教师待遇作为 2016 年教育民生实事的主要内容，当年将山区和农村边远地区学校教师补贴政策实施对象从农村义务教育学校、完全中学在编在岗教职工扩大到农村公办普通高中和公办幼儿园在编在岗教职工，补助标准提高到人均不低于每月 800 元。②

此外，其他省份也都出台了相关政策。如江西省于 2015 年出台了《江西省乡村教师支持计划（2015—2020 年）实施办法》，提出了"加强乡村教师师德建设""拓宽乡村教师补充渠道""提高乡村教师待遇""职称（职务）评聘向乡村教师倾斜""推动城乡教师交流""提升乡村教师能力素质""建立乡村

---

① 中华人民共和国教育部.教育部等六部门印发关于加强新时代乡村教师队伍建设的意见 [EB/OL].（2020-08-28）[2022-01-13].http://www.moe.gov.cn/srcsite/A10/s3735/202009/t20200903_484941.html?pc_hash=1xhuF3.

② 中华人民共和国教育部.广东：八大措施支持乡村教师队伍建设 [EB/OL].（2016-03-16）[2022-01-13].http://www.moe.gov.cn/jyb_xwfb/xw_zt/moe_357/jyzt_2016nztz1/2016_zt03/16zt03_zxlb/201603/t20160316_233885.html.

教师荣誉制度"等系列举措，激励包括南岭走廊所含地——赣州市乡村体育教师在内的全省乡村教师的专业精准发展。①

（二）实施培训，精准提高

2010 年，教育部和财政部联合启动实施了"中小学幼儿园教师国家级培训计划"（简称"国培计划"），目前，"国培计划"在深度贫困县以及贫困地区乡村教师中实现全覆盖。

在教育部"国培计划"的指引下，南岭走廊内各省区陆续开展了乡村体育教师的国家级、省级、市级培训，为提高乡村体育教师的专业水平和能力提供了机会。如 2020 年 9 月 20 日，由广西壮族自治区教育厅主办、广西体育高等专科学校承办的广西 2020 年"国培计划"乡村紧缺薄弱学科（小学体育）专兼职教师培训班在南宁开班，来自全区 14 个地市 105 名乡村一线体育教师参加了开班仪式；②2020 年 11 月 29 日，湖南省也举办了"国培计划（2020）湖南省乡村初中体育骨干教师专题培训班"，对来自南岭走廊所包括地——郴州市的乡村体育教师进行了专业提升活动。

2021 年 6 月 26—28 日，江西井冈山大学举办了由安踏集团牵头实施的"安踏体育课"，由安踏集团邀请体育教育专家、一线体育教师、国家级运动健将等专业讲师，通过针对性、实效性兼备的培训课程，帮助乡村体育教师更新教学理念、提升教学质量，快速提升专业知识与技能。来自赣州市兴国县埠头中心小学的乡村体育教师钟芳，参加培训后，学到了新兴的体育教学技能，对上好室内体育课、组织一节完整的室外体育课等专业知识有了新的认知。尤其是对如何针对自己所在学校活动场地小、体育设备不齐全等现状下针对性开展体育活动有了新的认识。此次活动对于兼职乡村体育教师更具有启迪作用。如在兴国县蕉溪小学任教的姚尹楚老师，毕业于美术类专业，但由于学校缺乏专职体育教师，他还教授全校体育课。姚尹楚自认为教得并不专业，只能告诉学生某些运动的基本规则，再和学生一起运动。通过安踏体育课的培训，让其明晰

---

① 中华人民共和国教育部. 江西省乡村教师支持计划（2015—2020 年）实施办法 [EB/OL].（2015-12-31）[2022-01-13].http://www.moe.gov.cn/jyb_xwfb/xw_zt/moe_357/jyzt_2015nztzl/2015_zt17/15zt17_gdssbf/gdssbf_jx/201512/t20151231_226593.html.
② 广西日报. 广西 2020 年"国培计划"乡村紧缺学科（小学体育）教师培训开班 [EB/OL].（2020-09-22）[2022-01-13].https://baijiahao.baidu.com/s?id=1678492564403345056&wfr=spider&for=pc.

了如何规范体育动作并对体育课中应该教什么、怎么教等问题。①

以上，通过对南岭走廊乡村体育教师实施国家、省、市、县等级别的专业能力提升培训，有效开拓了其专业视野，丰富了其专业积淀，提高了其专业认识，促进其进一步的专业领悟，较好地提高了乡村体育教师的专业能力。

二、学校因素

（一）领导对体育教学工作和体育教师教职的正确认识程度

学校领导对乡村体育教师工作正确全面的认识以及重视程度，对体育教师专业发展有重要影响。如果学校领导能够正确认识体育教学的作用和意义，重视体育教学，则教师的专业发展将获得有力保障。反之，乡村体育教师的专业发展将失去有力支撑，处于低效甚至无序状态。

1. 南岭走廊乡村学校领导对体育教师及体育教学的重视，对教师专业发展有积极的促进作用

学校领导重视体育教学工作，重视体育教师的专业发展，就可能在组织领导、组织机构、人员配制、场地器材完善、课时保障、教师专业提升等方面给予有力保障，积极创造有利条件，创设良好的体育教学工作和体育教师专业发展环境，支持体育教师专业发展。此外，学校体育工作管理会更加科学化，学科发展更加协调有序。在这种环境中，乡村体育教师容易产生积极的情绪体验和心理满足感，容易获得信任感，获得职业重要性的体验。

例如，韶关市乳源瑶族自治县大桥镇大桥欧晖中学，为1965年建校的县一级学校。学校领导重视体育教学工作和体育教师专业发展，现有5名专职体育教师，全部是"科班出身"。学校体育场地器材设施条件优越，体育教师待遇与其他学科教师同工同酬，每年还为体育教师发放服装费500元。学校为新入职的体育教师配备"师傅"，入职后3年内都开展专门的跟踪培训，定期进行教学公开课展示和汇报。体育教师每学期有1～2次参加市、县体育教学基本功竞赛观摩、公开课观摩等的机会。学校邀请来自高校和市里重点高中的专家为体育教师开展业务培训，学习近几年国家关于体育教学的重要政策和主要工作。近几年，取得了优秀的体育教育整体效果，学校体育教师也在此过程中

---

① 希望工程.100名江西乡村体育教师"充电"，2021安踏体育课圆满收官[EB/OL].（2021-07-07）[2022-01-13].https://m.thepaper.cn/baijiahao_13483447.

获得了长足的专业发展。

该校年轻体育教师吴彩芳，从教时间虽然不长，但是在学校领导的鼓励支持下，尤其是在同为体育教师的副校长的直接领导下，积极从事体育教学、训练、阳光体育、教研等专业活动，且各方面的能力都获得较好发展。以下为吴彩芳老师于 2018 年 6 月撰写的《大绳套小绳》公开课教学设计。从中可以看出，教学设计的各种要素齐全，且指导思想明确，教材分析客观，学情分析得当，教学目标具体，安全预案周到，教学流程富有新意，课后反思清晰得当，虽然重难点把握尚不够准确，但总体上体现了较高的专业水准。

案例 5-1：吴彩芳老师的《大绳套小绳》公开课教学设计

一、指导思想

本课在新课程标准的理念指导下，全面贯彻以学生发展为中心、健康第一的指导思想，重视学生的主体地位，着重学生身体、心理和社会适应方面的发展，通过练习，使不同层次的学生体验获得知识与技能的快乐与成就感，培养学生的坚强意志及创新精神。

二、教材分析

跳绳是学生比较喜爱的运动项目之一，因其不受场地器材的限制，便于学生自主练习，具有较高的锻炼价值。通过跳绳的练习，发展学生的力量、协调能力及灵敏素质，培养学生吃苦耐劳、勇于挑战自己的精神及团结协作能力。本节课是《大绳套小绳》内容的第二课时。

重点：大绳套小绳时摇跳协调配合

难点：轻松、连贯，动作自然

三、学情分析

本节课的教学对象是八年级的学生。他们活泼好动，好胜心强，喜欢自我表现及集体活动，特别向往游戏及比赛活动，因而根据学生的实际情况，设计了如下教法与学法。

教法：讲解示范法、巡视指导法、评价分析法、引导激励法

学法：模仿练习法、循环练习法、游戏及比赛法、分解练习法

四、教学目标

1. 认知目标：使 80% 的学生初步掌握正确的大绳套小绳的动作要领，20% 的学生初步了解该动作要领，提高学生的运动兴趣。

2. 技能目标：通过练习与游戏，发展学生的协调灵敏素质，锻炼学生的下肢爆发力量。

3.情感目标：学练中，培养学生不怕困难、勇于挑战自己的精神及团结协作能力。

五、设计思路

玩耍是孩子的天性，兴趣是最好的老师，空间是创造的乐土，问题是学习的动力。本课便是按照学生学习的心理发展顺序设置的，让学生在玩中乐、乐中学，着重通过大绳套小绳的学习，让学生更快掌握动作要领，培养学生不怕困难、勇于挑战的精神。

六、安全预案

1.课前充分热身，了解学生的身体状况。

2.课中细心观察学生的状态，讲解上课要求及提示保护与帮助。

3.课后充分放松，检查人数，观察学生状态。

七、场地器材

篮球场两个，大绳6根，小绳每人一根。

八、教学程序

兴趣引导—学习与体验—激发潜能—心灵回归。

《大绳套小绳》教案

执教老师：吴彩芳　班级：八年级　课时：第2课时　人数：38

教案1

教学目标	1.认知目标：使80%的学生初步掌握正确的大绳套小绳的动作要领，20%的学生初步了解该动作要领，提高学生的运动兴趣。 2.技能目标：通过练习与游戏，发展学生的协调灵敏素质，锻炼学生的下肢爆发力量。 3.情感目标：学练中，培养学生不怕困难、勇于挑战自己的精神及团结协作能力。		
教学内容	1.大绳套小绳 2.游戏：团结一心过山洞	场地器材	篮球场两个 大绳6根 小绳每人一根
教学重点难点	重点：大绳套小绳时摇跳协调配合		
	难点：轻松、连贯，动作自然		
教学流程	兴趣引导—学习与体验—激发潜能—心灵回归		
安全措施	1.检查场地、器材安全 2.练习过程中，培养学生的安全运动意识，如遇安全隐患应及时纠正学生行为		
课后反思	本次课学生表现出了较高的积极性，通过大绳套小绳的练习，学生之间的团结协作精神得到了培养，协调灵敏性也得到了提升；通过游戏、比赛等形式，更激发了学生的学习兴趣及积极性，让学生在玩中乐、乐中学。不足之处是学生的纪律性还有待提高，有时只顾自己的练习，不积极观察其他同学的优点。		

教案 2

教学顺序	时间及负荷	教学内容	组织形式与要求
兴趣引导	8分钟负荷小	一、课堂常规 1.体育委员整队，清点人数，并向教师报告。 2.检查服装，提出本课的要求。 二、热身与准备活动 1.热身跑：全班一路纵队绕运动场跑四圈。 目的：充分预热学生身心，使学生的身体机能充分调整，以适应接下来的练习。 2.热身操：全班一起四列横队进行全身心的准备活动。 目的：充分活动身体各关节，尽量避免在练习中发生运动损伤。	一、组织 1.鸣哨集合 2.体育委员整队点到 3.教师宣布课时内容 （一） 　　　0000000000 　　　0000000000 　　XXXXXXXXXX 　　XXXXXXXXXX 　　　　△ 要求：快、静、齐 （二）热身跑 组织：1.教师宣布热身跑方法。 2.一路纵队，教师领跑并喊口令。 3.教师跟跑，引导并提示。 要求：1.匀、慢速进行。 2.保持队伍整齐、不得嬉戏打闹。 （三）热身操：组织：1.成四列横队。 2.教师喊口令并领做。 队形：四列横队
学习与体验	5分钟负荷中	三、导入与辅助练习 1.导入：同学们，我们学过跳小绳，也学过跳大绳，那么，今天我们一起将跳大绳跟跳小绳结合起来，一起挑战练习。 2.辅助练习： （1）跳小绳变速练习 练习方法：学生每人一条小绳，听老师的哨声进行变速练习。 练习目的：让学生学会控制跳绳的速度，随时可以调整速度。 （2）小组大绳接力练习 练习方法：全班分为人数相等的六组，学生进行跳大绳接力，每位同学找准时机进去跳4次就出去，依次接力。 练习目的：让学生把握进出大绳的时机，体验大绳的节奏，为接下来的大绳套小绳的学习进行铺垫。	组织：1.教师讲解示范跳小绳的要求。 2.学生听老师哨声节奏进行跳小绳练习。 3.分组并讲解跳大绳的要求。 4.学生分组进行跳大绳练习。 队形： 　　　0000000000 　　　0000000000 　　XXXXXXXXXX 　　XXXXXXXXXX 　　　　△ 　　X　X　X　0　0　0 　　X　X　X　0　0　0 要求：1.快、静、齐。 2.听老师的节奏进行练习。 3.认真完成，动作到位。

续 表

教学顺序	时间及负荷	教学内容	组织形式与要求
激发潜能	17分钟负荷大 5分钟负荷大	四、体验与学习 1.讲解与示范练习的内容及要求： 学生全班分为人数均等的6组，每组一根大绳，两名学生摇大绳，其余同学带着自己的小绳，跳进大绳里，跟着大绳节奏跳，期间，找准机会在大绳里跳小绳 目的：把握节奏、练习协调性 2.学生尝试练习：学生分组练习，先自己体验，探索 3.学生小结：刚开始的时候，很多同学大绳套小绳的练习不会成功，让学生先尝试练习，目的是要他们自己先发现问题，试着去探索解决问题的方法，教师再根据学生的情况总结指导 4.再次小组练习大绳套小绳，教师巡察纠正指导 5.小组展示：每组选出两个优秀的学生代表进行展示。 五、游戏 1.团结一心过山洞 跳绳不仅可以用来跳，还可以用于辅助性练习、游戏器材等，充分发挥一物多用的功能。 游戏方法：全班分为人数均等的三组，每组同学两两对应，将绳拉到胸前高度，每组两位同学拿着绳一起穿过同组同学拉起的绳山洞，接着站在队尾，拉开绳，依次循环。 目的：综合锻炼学生的综合素质，兼顾锻炼学生的下肢力量，并练习学生的协调性及小组合作性，培养学生团结协作精神及集体荣誉感。 2.小组比赛： 全班分为三组，进行60米过山洞比赛。每组要按要求完成，并要充分体现小组团结协作能力，发挥团结的力量。	四、（一）组织 1.学生体验大绳套小绳练习 2.师生总结大绳套小绳的技术要领 3.学生小组练习大绳套小绳 4.教师纠错，继续练习 5.优生展示，评价 （二）队形 ☆　☆　☆ 组一　组二　组三 ✦　✦　✦ 组四　组五　组六 要求： 认真练习，注意安全，大胆尝试，细心总结 五、组织 1.讲解示范游戏的意义及要求 2.组织学生进行过山洞的游戏 3.小组比赛 队形一： 0 0000000 组一： 0 0000000 X XXXXXXX 组二： X XXXXXXX 0 000XXXX 组三： 0 000XXXX 要求：学生站在队伍的直线上，将绳拉到胸口的高度，成山洞。

续　表

教学顺序	时间及负荷	教学内容	组织形式与要求
心灵回归	5分钟负荷小	1. 放松：全班跟老师结合着音乐进行拉伸放松活动，调整身心，尽量恢复平静的心情。 2. 小结：总结本次课学生的表现，肯定学生的努力，指出还可以改进的地方，鼓励学生继续加油。	组织： 1. 教师带领学生在优美的音乐下进行拉伸的放松运动 2. 学生评价自己本节课的学习状态 3. 教师回顾本次课的学习内容及要点 4. 教师评价学生的表现，以鼓励为主 5. 回收器材，师生再见 队形：四列横队集中

以下展示的是吴彩芳老师参加韶关市第四届中小学体育教师教学技能大赛并获得二等奖的论文《新时代农村学校体育教学中"立德树人"的践行研究》。从整体来看，选题富有时代意义且能结合自己工作实践进行，论文要素齐全，论证较为合理。虽然第二部分的一级标题"研究现状"表述不够妥当，且其下的两个二级标题"1. 农村学校体育教学中立德树人的践行现状""2. 农村学校体育教学中立德树人的践行时机"部分均有内容和标题吻合程度有待进一步提高的必要，但是也不能否定全文具有较好的综合水平的事实。

案例5-2：吴彩芳老师撰写的论文《新时代农村学校体育教学中"立德树人"的践行研究》

摘要：体育是学校教育的重要组成部分，体育课堂教学是"立德树人"的载体，如何使体育教学真正成为立德树人的践行者，真正发挥体育的育人功能和作用是当前体育教师的重要任务。本文主要探讨新时代农村学校体育教学中"立德树人"的践行研究，并从农村学校体育教学中"立德树人"的践行现状、时机以及设想这几个方面展开阐述。

关键词：立德树人；体育教学；品德；践行

党的十八大报告指出，把立德树人作为教育的根本任务，培养德智体美劳全面发展的社会主义建设者和接班人；十八届三中全会做出的《中共中央关于全面深化改革若干重大问题的决定》中强调，要"强化体育课和课外锻炼，促进青少年身心健康、体魄强健"，所以教师对培养有道德的人，具有重大的责任。[1]百年大计，教育为本。教育工作，育人为先。体育作为学校素质教育不可缺少的组成部分，除了肩负着提高青少年身体素质的主要任务外，还承担着立德树人的根本使命。[2]学校体育除增强学生体质外，还是加强学生思想品德教育、促进智力发展、磨练坚强意志、提高培养审美素养和健康生活方式的重要途径。在体育与健康教学中有意识地融入德育，不仅是学校体育改革的需要，也是体育教育观念更新的需要。[3]苏霍姆林斯基曾说过："促进自我教育的教育才是真正的教育。"孩子的心灵是一块神奇的土地、纯洁的世界，播上思想的种子，就会获得行为的收获；播上行为的种子，就会获得习惯的收获；播上习惯的种子，就会获得品德的收获；播上品德的种子，就能得到命运的收获。身为一名中学体育教师，在落实体育教学任务的同时，更应明确立德树人的根本使命。在体育教学中如何践行立德树人，是值得我们每一位体育教学工作者思考的问题。本文结合自己的教学实践，对农村学校体育教学中立德树人的践行过程进行研究。

一、立德树人的内涵

立德，就是坚持德育为先，通过正面教育来引导人、感化人、激励人；树人，就是坚持以人为本，通过合适的教育来塑造人、改变人、发展人。[4]少年强，则国强，青少年的素质在很大程度上决定着国家的实力，而教育的目的是育人，培养有道德、有理想、有纪律、有能力的社会主义接班人。体育是学校素质教育不可缺少的重要组成部分，在体育教学的过程中充满了立德树人的践行契机，作为体育教师，更应该担负起立德树人的使命，通过实际教学践行立德树人的目标。

二、研究现状

1. 农村学校体育教学中立德树人的践行现状

党的十八大报告指出，把立德树人作为教育的根本任务，培养德智体美劳全面发展的社会主义建设者和接班人。而在我国，有许多农村学校，他们处于落后贫困的地区，经济发展落后，教育资源匮乏，思想保守，根本就跟不上新时代的发展速度。许多农村学校教师依然采用"放羊式"的体育教学手段，缺乏抓住体育教学过程对学生思想品德进行教育的契机，忽视对学生的道德教育。本着闭门修道的态势，很少进行体育教学研修，安于现状，这不仅无法促进对学生体质的健康发展，更不能实现提高学生的道德品质的目标。就农村学校体育教师而言，如长期在闲散的环境中开展教学，工作散漫，那他们的素质不但得不到提高，还会严重阻碍了农村学校体育教育事业和学生品德的发展。

2. 农村学校体育教学中立德树人的践行时机

农村学校虽然发展比较落后，但是因地制宜的原则也为立德树人的践行提供了很多优势。第一，农村的学生见识比较少，对知识的求知欲望比较强烈，而教师作为知识文化的代表，让学生无形中产生了向师的心理，这对教师在教学过程中践行立德树人的原则有着非常大的促进作用；第二，农村学校的学生，家庭比较困难，他们深知知识改变命运，读书成就梦想，只有努力学习，不断提高自身素养，以后才能更好地立足于社会，才能摆脱现在的命运，所以，他们在学校的生活中，会更注重个人品德修养等方面的培养；第三，农村的学生，由于生活条件所致，他们骨子里就比平常人多了一份韧性与坚持，所以在体育教学的过程中，对立德树人的践行更加顺利。所以，作为体育教师，要把握好这个契机，通过自身来影响和感染学生，使学生全面健康成长。

三、对农村学校体育教学中践行立德树人的设想

1. 以体育课堂常规为抓手，践行立德树人

无规矩不成方圆，体育课堂常规是体育课的规章制度，是上好一节体育课的保障，特别是面对农村学校纪律松散的学生时，更应该注重课堂常规的教学，培养学生的品德习惯。体育教师要善于规范要求，要求学生上课不能迟到、集队要快、静、齐，上课前要与老师、同学问好，队形队列练习行动听指挥，热身准备活动有严密的组织纪律性。当需要同学帮忙布置场地或者搬运器材、清理场地时，体育教师要教育学生从小事做起，培养热爱劳动、积极奉献的好习惯。在讲解比赛规则时，要教育学生养成认真倾听的好习惯，同时要培养公平竞赛、遵守比赛规则、尊重对手、服从裁判、文明比赛等体育精神。通过不断强化，农村地区学生肯定能够摒弃陋习，养成好的行为习惯、健康的心理。

2. 以不同的体育教材内容为载体，践行立德树人

体育教材的内容十分丰富、项目繁多，且不同的教学内容蕴涵的德育因素不同。作为体育教师，要充分利用教材中的各种教育因素，结合不同的教材特点践行立德树人，培养出一批批有道德、理想、素质的新时代学生。如在田径运动的项目中可以培养学生不畏困难、顽强拼搏的进取精神；在耐力运动时可以借机培养学生坚持不懈、勇于克服困难的拼搏精神；球类运动是需要队友相互配合才能出色地完成的，在举行球类运动训练比赛时可以培养学生团结友爱、互相协作的团结精神；集体项目，如长绳接力、投篮接力等，有助于培养学生的组织纪律性以及团结协作的集体主义精神；体操运动项目可以培养学生自觉自制、顽强勇敢、机智果断等特性；游戏亦是一种践行立德树人的好方式，戏如人生，在游戏的教学中，寓生活于游戏，让学生能学会投入、分享，以及遵守规则等。农村学校的学生比较纯朴，也较少接触新鲜的事物，教师在教学中，只要稍加用心，通过具体的内容对学生进行针对性的教育与引导，学

生定能养成健康积极向上的心理。

3. 以不同的组织教法为措施，践行立德树人

教学有法，但无定法。体育教师在教学的过程中要根据学生的实际情况，选择适合、科学的教学方法，有针对性地解决学生的问题，从而有效地践行立德树人。农村地区的学生较能吃苦，如选用重复训练法有助于锻炼学生的耐性及意志力，进一步培养学生吃苦耐劳的精神，同时对他们的表现进行鼓励，增强行动意识；比赛可以锻炼学生的进取心，淋漓尽致地发挥学生的团队意识及集体主义意识，同时也要教育学生友谊第一、比赛第二，提醒学生在比赛的过程中要做到文明比赛；小组合作探究法可以充分发挥每位学生的智慧，在合作的过程中让学生学会倾听他人的意见，学会赞美、增强动手实践的能力及团队的力量；情景教学法，教师对内容情景的预设能很好地对学生的行为习惯进行教育，让学生能投入扮演的角色中去，充分发挥爱国主义思想、争当先锋模范、提高专注能力，学会尊重、谦让、团结协作和关心他人。教师要根据学生的特点，选择适合的教学方法，因材施教，培养德才兼备的好学子。

4. 以偶发事件为契机，践行立德树人

在体育教学过程中，特别是农村地区场地、器材较落后的情况下，经常会出现意外事件，教师要善于观察学生在课堂上的表现，及时处理具有代表性的事件，及时对学生进行表扬或批评，提高学生对是非的判断能力，有针对性地对学生进行思想品德的教育，从而达到立德树人的教育目的。如跳高课上，一学生由于在之前跳高摔过跤，因而有心理阴影，所以不敢再尝试练习了。这个时候，体育教师要及时抓住这个契机，鼓励学生要勇于克服困难，大胆尝试，不断战胜自己，同时动员同学们为这位学生加油鼓励，让他获得勇气及信心。这一举措会让学生战胜自己，同时养成正确对待困难的态度，亦增强全班同学的凝聚力及集体主义意识。

总之，在农村学校的体育教学过程中，立德树人的方式方法是多种多样的，这就要求我们体育教师在体育课堂常规、教学内容的选择、教学方法的设计以及在对偶发事件的处理过程中要要求严格，用心选择、设计，善于发觉，细心观察。在发现问题的时候，能够及时采取措施应对，不放过任何一个可以对学生进行品德教育的机会，让农村学生能够在体育课堂中时刻发现自己的问题，不断改变自己、完善自己，提高自身的品德修养。广大体育教师要善于进行体育课堂的教学，践行立德树人，培养全面发展的新时代学生。

注 释

[1] 网易新闻. 体育教学应把"立德树人"放在首位 [DB/OL].（2017-02-24）[2017-02-24].http://news.163.com/17/0224/11/CE1NA3FV00014SEH.html.

[2] [3] 中国教师教育网. 浅谈体育与健康教学中的"立德树人"[DB/OL].（2015-05-05）[2015-05-05].

http://html.study.teacheredu.cn/el/proj_581/article/37003/1293971.htm.

[4] 上学吧. 立德树人的内涵 [DB/OL].（2016-04-12）[2016-04-12]. http://www.shangxueba.com/fanwen/26965.html.

参考文献

①雷建志. 体育教学中的德育 [J]. 创造，2001（3）：45-46.

②吴翠玲. 如何在体育教学中培养学生的个性 [J]. 青少年研究，2000，（1）：22.

③郝慧然. 浅谈小学体育教学中的"立德树人"[J]. 新课程（小学），2016（03）：22.

④季昌士. 合作精神在小学体育教学中的培养 [J].《文学教育（中）》，2011（02）：152.

⑤毛振明. 论体育课教学中的"立德树人"[J]. 体育教学，2015（2）：12.

另外，该校体育教师在校领导的重视和指导下，集思广益，群策群力，发挥各自特长，共同创编了包括站军姿、唱校歌、喊年级口号、跑操、五步拳、广播体操、放松拉伸操等内容的大课间活动方案（图5-1）。整个方案体现了活动内容的多样性和时效性、锻炼效果的实效性、校园体育文化育人效果的全面性、运动强度的循序渐进性、活动组织的师生协同性等特征。在实践过程中，也有效地提升了乡村体育教师的教育情怀，提高了乡村体育教师课外体育活动策划组织和实施等专业能力。

图 5-1　乳源瑶族自治县大桥镇大桥欧晖中学阳光体育活动系列图

　　领导重视使体育教师专业获得良性发展的还有其他多所学校，如广西壮族自治区八步区贺街镇双莲初级中学，是一所规模较大的乡镇中学。全校共 186 名教师，54 个班级，约 3000 名学生。学校领导高度重视学校体育工作，学校入选全国首批足球特色学校名单。体育场地设施完善，建有 400 米标准塑胶跑道田径场和草皮足球场。组建了篮球、足球、排球、体操、田径等代表队，建有中国象棋特色班并将中国象棋纳入校运会比赛项目。学校有 10 名专职体育教师，均为科班出身。学校领导深刻认识到学校体育工作对学生全面发展的意义和对体育教师专业成长的作用，无论是体育教学、教育科研、大课间、课余体育训练和竞赛等工作，都开展得有声有色。

　　如大课间活动方面，校领导亲自带头抓，带领、指导体育教师们精心设计了包括花样跑操、兔子舞、跳绳、民族传统运动（三人板鞋、毽球、背篓投绣球、高杆绣球）（图 5-2）等在内的丰富多彩的运动项目，并组织全校师生共同参与。大课间活动既充分调动了师生参加体育运动的积极性，丰富了校园文化生活，弘扬了文化自信，传承了民族传统体育运动精神，也提升了体育教师组织策划、创编调整课外体育活动的能力。

图 5-2 贺州市八步区贺街镇双莲初级中学阳光体育活动系列图

此外，双莲初级中学还积极贯彻中共中央办公厅、国务院办公厅发布的《关于全面加强和改进新时代学校体育工作的意见》中"教会、勤练、常赛"的体育教学新要求，对学生体育运动的参与，不仅注重量的积累，更注重质的保障。通过体育课堂教学，提高学生体育学习效果。积极践行"勤练"要求，通过课余体育锻炼，让学生养成体育运动习惯、掌握运动技能、增强体能。通过"常赛"模式，面向全体学生，根据体育教学内容合理组织每节课上的教学比赛，如 2019 届"毕业杯"班级篮球赛（图 5-3）、2021—2022 学年校园足球联赛班级男女生比赛（图 5-4）等，以赛促练，掀起体育锻炼和竞赛热潮，使学生享受竞赛乐趣，更加牢固地掌握专项运动技能，不断提升体育与健康素养。近几年，学生获得贺州市少数民族运动会抛绣球项目的两次冠军，还获得市级排球比赛的冠军。体育教师也在各种丰富多彩的体育活动的组织、策划、实施等过程中，不断提升自身的教学、大课间开发和组织、竞赛组织等专业能力。

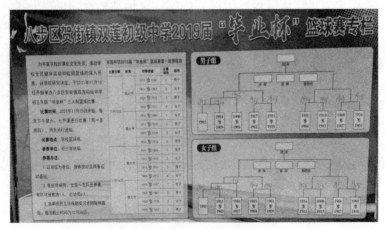

图 5-3 双莲初级中学"毕业杯"篮球赛安排表和男、女子比赛对阵图

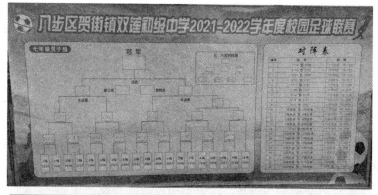

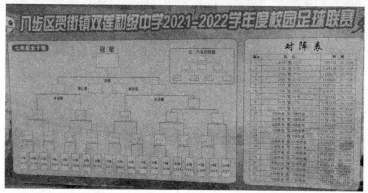

图 5-4 双莲初级中学 2021—2022 学年度校园足球联赛七年级（男女）组对阵图

2. 南岭走廊乡村学校领导对体育教师及体育教学不够重视，对体育教师专业发展促进作用不强

学校领导如果消极应对体育教师专业发展问题，则学校整体体育工作难以取得好的效果，教师的专业发展更是难以为继。目前，在南岭走廊部分乡村学校中，由于"升学率"指挥棒的影响或者校领导的认识不够到位，部分乡村学校忽视学校体育的作用，体育课被随意"挪用""占用"的现象依然普遍。学校对体育教学投入不多，体育场地设施较为破旧，体育教师外出学习和交流机会不多，甚至出现体育专业毕业教师改教其他课程，兼任学校德育、团委等工作的情况，严重分散体育教师教学精力，阻碍了乡村体育教师的专业进步。

另外，虽然部分乡村学校校领导也认识到队伍建设的重要性，但由于条件限制，部分乡村学校长期缺少专职体育教师，学校领导对体育教师和教育资源的配备不够重视，未能积极争取应有的教师资源，体育教学改由其他课程老师兼任，甚至学校领导只能安排由没有任何专门体育运动经历、主教其他课程（如语文、数学、美术等）的教师担任。学校领导可能更加关注教师队伍的稳定性、校园安全、各项教学常规的落实执行等方面问题。另外，由于上级主管部门非常重视升学率，对校长的考核也是在以升学率为重点的标准上，所以，乡村学校校长关注点会被"中心任务"所吸引，而容易忽视乡村体育教师的专业发展。多数校长认为"体育课不出安全事故就行"，认为体育教师"专业能力差不多就行"。更有甚者，部分领导担心教师参与专业发展相关事务会影响学校常规教学工作，认为教师外出学习进修等会给学校工作带来麻烦，教师的外出学习提高等活动"能少就少"，更不用说激励和支持了。

由于领导对体育教学不够重视，导致南岭走廊乡村体育教师对待体育教学态度也有所放松，体育课中，有些兼职体育教师只是负责集合队伍并发放为数不多的篮球、乒乓球、羽毛球拍等体育器材。体育课堂缺少基本的教学规范、教学组织和教学流程，没有专门的体能锻炼和运动技能学习时间，更加缺乏目前教育部要求的"教会""勤练""常赛"等实践性环节。访谈中，教师们表示"由于自己不是专业的，即使想教也担心教错"，课堂中学生基本处于放任状态，不仅教学效果差，甚至在学生心目中造成"体育课就是自己玩耍"的错误认识，影响学生正确体育观的形成。

访谈中，有一所镇中心小学的体育教师在问到"校领导对体育的重视程度和了解深度"这一问题时，大家都面面相觑，欲言又止。通过对其进一步的访谈了解到，部分学校的校长对体育教学的认识不太到位。

教师1："我们校长对我们的专业水平提高没有什么特别要求，只要我们体育课上学生没有安全问题，没有受伤就行，我们完成好体质测试，主要工作就差不多了。而且，因为这几年体质测试没有抽查我们学校，所以这个工作都相对淡化了。只是因为今年刚好抽查到践行学校，所以这几天领导特别重视这个工作。因为学校教师少，虽然体育教师数量够，有5个体育专业背景的体育老师，但是我们除了教体育课，每个老师都要教其他课程。而且，教体育课成了次要工作。我们平时的教研、集体备课等，都是针对主教课程，几乎没有组织过体育课的教研活动，平时几乎没有机会外出学习体育教学等业务，这种状况让我们"没有机会去喜欢体育教师工作"。

下面是另外某校体育教师访谈记录，反映出学校领导对体育教学认识比较肤浅，对体育教学重视不够。

教师2："平时校长还算重视这块工作，让我们参加县教育局组织的体育教学观摩活动，但必须在我校附近学校进行的才行，距离太远的不批准，每年至多2次机会。没有参加过跨市的学习。因为我们外出了，体育课就受到影响，要么改为其他课程，要么只能由其他课程老师代课。但他们顶多就是将学生带到操场集合，讲一些要求，然后就分发器材，学生自己活动。校长对体育课质量没有明确要求，只要不出事就行。"

教师3："校领导不太重视体育教师的工作。我们几乎无外出学习、培训和交流的机会，也缺乏参加各级教学、教研比赛的机会，专业能力难以提高。"

以上，由于学校领导不够重视，导致南岭走廊乡村体育教师"专业工作不专业"，教师即使有提高专业发展水平的动机和愿望，也无条件进行，影响了其专业的发展水平和层次。

（二）体育教学资源因素

纵览整个师资队伍、乡村体育教师群体、乡村（体育）教育的场地器材等硬件设施、软件等，南岭走廊乡村体育教育条件与经济发达地区的乡村学校有较大差距。尽管近年来在党和政府的关心下，在各方共同努力下，差距有所缩小，但依然给体育教师的专业发展带来不利影响。

众所周知，良好、充足的教育资源，是乡村学校办学取得良好效果的重要保障，也是乡村体育教师专业发展的重要依托以及影响南岭走廊乡村体育教师专业精准发展的原因之一。一般来说，教学资源量多质优的乡村学校，能给体育教师提供充分发挥专业特长、专业智慧、专业创造力、专业想象力的舞台。反之，量少质劣的体育教育资源，使体育教师可能陷入"巧妇难为无米之炊"的窘况，抑制体育教师教学、教研、训练、阳光体育组织策划等灵感和创造力的发挥，也制约其专业能力的提高。

例如，大桥镇欧晖初级中学教学资源条件良好，为体育教师专业发展提供了保障。韶关市乳源瑶族自治县大桥镇欧晖初级中学，虽然只是一所县属普通初级中学，但学校历史悠久，校园环境洁净宜人，校园建筑布局错落有致，别具一格。教学区、运动区、生活区各有所属而又和谐统一。有200米塑胶跑道田径场，4个篮球场，排球场、羽毛球场俱全。

学校建有校园信息网，2008年建成全县山区中学第一个学校网站，所有教学、德育资源均可以共享。学校还充分利用教育网资源，建成了覆盖全校的校内网络，实现校内资源共享。学校拥有使用面积约为200平方米的图书室，藏书37500余册，报刊800余册，工具书500余册等，为教育教学研究提供了丰富的图书资料。学校于 2004 年被评为乳源县一级学校，2007 年被评为韶关市行为规范化学校。目前，学校有学生 584 名，教师 53 人，师资力量雄厚。其中，有 5 名体育教师，均为体育专业毕业。年龄分别为 52、42、31、28 和 28 岁，年龄结构上实现中青年相结合，以中带青。职称结构上，包括 2 名中学一级、2 名中学二级和 1 名见习期教师，形成中初级职称为主的结构。体育教师和其他学科教师同工同酬，每年还有 500 元人民币的体育教师服装费。

基于良好的教育资源条件，得益于学校领导对体育教学工作的高度重视，学校 5 名体育教师从内心感知到事业发展的强大动力和专业提升的有利条件，团结协作，创新发展，拼搏进取，遵循国家、省市学校体育要求，秉承为国家培养优秀社会主义建设者的使命，肩负为地方农村社会经济发展培养优秀接班人的责任，心怀为家长培养好留守儿童、单亲子女的责任，用心用情做好体育教育教学工作。每天早上 6 : 30 出操，指挥学生进行晨练。认真做好教学工作，着力提升学生的体质健康水平和运动技能掌握程度。规范创新阳光体育活动，创编了 2 套课间操，包括素质操、武术操、健美操、拉伸操等项目。组建了田径、篮球、乒乓球、足球等项目的代表队，体育教师带领学生认真训练、积极参加比赛并获得好成绩（如田径队获得全县团体冠军，篮球队、足球队获得全县团体亚军）。教师个人通过参与各种专业活动，不断强化了体育教师事业的荣誉感和忠诚度，提高了对体育教育事业内涵的理解，深化了对体育教学业务的认识，进一步激发了体育教学创新发展、改革提高的内在动机，教师的专业也获得了长足的进步。前文已提及的吴彩芳老师，获得广东省第六届少数民族传统体育运动会体育道德风尚奖、韶关市第四届中小学体育教师教学技能大赛暨初中组一等奖、韶关市第四届中小学体育教师教学技能大赛论文二等奖、乳源县教学论文一等奖、乳源县"优秀班主任"荣誉称号、韶关市中小学青年教师教学能力大赛二等奖等荣誉。图 5-5 展示的是吴彩芳老师的部分获奖证书。

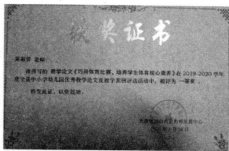

图 5-5 韶关市乳源瑶族自治县大桥欧晖中学吴彩芳老师获得的系列荣誉证书

此外，该校体育教师还积极适应国家教育信息化的时代要求，充分利用学校网络资源条件进行，主动收集教学、训练和教研等方面的素材，并将各种素材和教学业务紧密相连，积极参与各种业务活动，使所有体育教师的专业能力都得到明显提升，呈现出"百花齐放"的良好发展态势。下面展示的是该校徐婉华老师撰写的信息技术与体育教学融合教学案例。从中可以看出，教学案例背景明了清晰，研究目标明确具体，活动过程衔接流畅，案例评析合理得当，重难点把握准确，体现了较高的专业发展水平。

案例 5-3 徐婉华老师撰写的信息技术与体育教学融合教学案例

（案例主题：花样跳绳——车轮跳）

一、教学案例背景

选用这个课题，一方面是为了进一步贯彻与上级有关文件的精神，推进学校体育工作的开展以及跳绳运动的普及。另一方面则是希望通过此案例能让师生们感受互联网视频资源的丰富多彩，并能根据花样跳绳的有关动作视频进行练习，进而让学生掌握利用网络功能收发练习作业的能力。

在传统教学中，跳绳这一内容，教师往往只要求学生一分钟跳几个或者一共要跳几个，虽然达到了发展学生身体素质、培养学生动作技能这一教学目标，但是并未体现学生的主体性，学生只是在教师的要求下被动地去学习与完成训练任务。这种教学目标比较单一,教学方法比较陈旧,未能做到与时俱进。

为了体现新课程中学生的主体地位,教师就要着重发挥学生的主观能动性,培养学生自主合作学习的能力和创新精神,不断给学生提出新的要求与目标,让他们勇于攀登高峰。花样跳绳运动具有易于携带、易于操作、花样繁多、安全性高、娱乐性强、表演性强的特点,非常受学生欢迎。在跳绳的过程中可以同时锻炼学生上下肢的力量,弹跳力和身体的灵活性、协调性、平衡性。而对于初中学生求知欲强,注意力集中,有较强的表现欲与自学能力。在此次课程之前,学生都有一定的跳绳基础,更重要的是让学生积极参与到运动中来,动脑筋将动作做好,体验运动的乐趣,主动探究。在学习技能的同时,学会发现问题,讨论问题,解决问题,让学生真正做学习的主人,提高学生的学习兴趣,活跃思维。

车轮跳,顾名思义就是指两人或多人轮流跳绳,它是花样跳绳中的特色项目,当两人或两人以上相互配合轮流进行跳绳时,从侧面看就像一个转动的车轮。车轮跳组合变化丰富,但难度较低,易学易练,同时又突破了传统跳绳的单一性,跳起来活泼有趣。

二、研究目标

1.通过本教学活动的开展,落实教育部门"四项进校园"中跳绳的教育内容,激发学生对花样跳绳的兴趣,培养学生对花样跳绳的热爱之情,全面提高身体素质。

2.通过开展花样跳绳教育实践活动,使学生了解花样跳绳,掌握单项技术与组合套路的技术要领,学会表演简单的花样跳绳组合动作,由浅入深,使花样跳绳得以传承与发扬,让校园"绳"彩飞扬,附有绳韵,培养学生互帮互助的品质与积极主动展现自我、为班集体争光的精神。

三、活动过程

(一)教学活动一(开始部分)

1.集合整队,检查人数。(要求学生快、静、齐,精神饱满)

2.师生问好,宣布本课内容。

3.提出要求。

4.安排见习生。

(二)教学活动二(准备部分)

1.师:1、2、1、2报数,两列横队成四列横队走,两臂距离成体操队形散开。

2. 教师示范与引导学生把绳放到预定位置与区域，进行热身。

师：每个动作8拍×4，准备走，后脚跟前点地跳、开合跳、弓步跳、双脚左右跳、单脚前前后后跳，过程中教师注意不要踩到跳绳，注意安全，把学生兴奋的状态调动出来。

3. 跳绳拿起来，徒手操练习。头部运动、带绳的腹背运动、膝关节运动、手腕脚踝运动。

4. 师：跟着音乐做"绳操"，配乐《我爱洗澡》。

生：好！

教师带领学生一起做，要求：步伐整齐，节奏一致，过程中注意节奏的把握。

师：做完了准备活动，跳了绳操，同学们都做得非常好！

（三）教学活动三（基本部分）

1. 师：下面我们一起来学习花样跳绳车轮跳转身动作，学习这个动作之前，我们通过大屏幕来观看一段车轮跳的动作视频，让同学们直观地感受一下转身动作。那么下面同学们带着两个问题来观看视频：①车轮跳转身的时候，转身的同学用不用跳绳？②转身的同学是从内侧转身还是从外侧转身？带着问题仔细看视频，一会儿老师进行提问。

生：好的，老师，我们现在开始看吧！

2. 师：同学们，立正，蹲下。好，同学们，下面请看大屏幕视频。（播放内转练习视频，再次播放一遍慢动作）同学们看明白了吗？（引导学生回答问题，并示范两次车轮跳转身慢动作）那看一下哪位同学回答老师的问题！

生：老师，第一个问题，车轮跳转身的时候转身的同学不用跳绳。

师：好，同学们赞同他的观点吗？

生：赞同。

师：那谁来回答第二个问题？转身的同学是从内侧转身还是从外侧转身？

生：从内侧转身。

师：大家赞同吗？

生：同意。

3. 对车轮跳进行简单的讲解，并邀请一名同学与老师一起进行示范。

4. 进行车轮跳转身动作的教学：右手先启动，1、2、3、4、5右手由下向上，身体由内向外，6，转过来，7、8继续跳。

提示学生注意转身动作的要领及方法，把握正确的时机。转身的同学要照顾一下同伴，把握好绳的速度与高度。

5. 小组进行练习，利用手机拍视频，镜头拍正一点，拍清晰一点，让他本人看看，发现问题，互相讨论解决问题，解决不了的寻求老师帮助，教师进行巡回指导，适时纠错。

6. 进行优生展示，集体跟音乐《Die Young》来检验一下同学们的学习成果，鼓励学生勇敢展现自我。

（四）教学活动四（创编）

1. 发挥学生的创新能力，要求每组用 3～5 分钟的时间，讨论、创编一种花样，进行练习，待会儿进行展示。（发展学生的创新思维能力与练习新动作的能力）

2. 有请每组同学进行展示，最后教师进行个人展示，大家跟着音乐《Not Myself Tonight》放松去展示。把每一小组的展示用手机记录下来，并鼓励学生敢于展示，让学生体验花样跳绳带给他们的快乐。

（五）教学活动五（结束部分）

1. 集合快、静、齐，利用《虫儿飞》音乐带领学生放松，消除一节课的紧张与疲劳，达到放松身心的目的。

2. 对表现好的同学进行表扬，对表现差的同学进行鼓励，让好的同学帮助与带动差的同学，共同提升运动技能。课后请同学们进行个人创编，回去录视频，到时候回来进行展示。

3. 师生再见，回收器材。

四、案例评析

本课旨在提高学生身体协调灵敏性与身体控制能力，提高学生创编实践、自主解决问题的能力，培养学生互帮互助的精神。本着"我参与、我运动、我健康、我快乐"的理念，教师"寓教于乐、以乐促学"，学生在"学中玩""玩中创新"，全员参与，充分地展现学生的主体地位。同学们在看视频时很仔细，学习时很认真，不会的谦虚去请教，又积极练习。

本课唯一不足的就是学生在出现失误的时候调整过程比较慢，新的创编因为练习时间少，不够熟悉，出了差错不能迅速调整过来，为此，我们要利用大课间、体育活动、课余时间让学生坚持训练，让绳韵文化深入学生心中，自觉进行练习，掌握其要领和精髓，慢慢体会其蕴涵的文化底蕴。不断地发扬、传承、创新下去，让其在我们校园生根、开花、结果，成为学校能够拿得出手的品牌，焕发新的艺术活力。

五、研究重点

1. 如何让学生充分感受花样跳绳的艺术魅力，爱上花样跳绳？为学校绳韵文化建设献一份力。

2. 如何创新与发展花样跳绳，赋予它独特的、新的生命？

3. 根据学生的年龄、心理特点，出台各年级的花样跳绳要求及考核标准，研发独具特色的绳韵校本课程，将花样跳绳有机地融合到体育教学、大课间、课外体育活动、校运会、文化艺术节中去。

六、实现途径

1. 查阅相关文献资料，认真阅读、研究、领悟。观看网络视频，对花样跳绳进行全面地了解与学习，可以去一些以跳绳为大课间主要活动的学校进行观摩学习，引入一些元素，改编创新，制成学校独有的、有代表性的绳操。

2. 通过教师讲解示范教授跳绳的花样，学生积极参与学习，进行模仿练习，做到熟能生巧，挖掘潜能，实现自由创编，感受花样跳绳带来的乐趣与成功的喜悦，录制单个动作与组合动作视频，有毅力地将它发扬与传承下去。

调查中还了解到，贺州市平桂区民族学校是一所建校时间较短的新学校，学校各种体育场地设施比较齐全，体育教师虽然整体年龄结构和职称结构都偏低，但也表现出较好的发展态势。

贺州市平桂区民族学校是一所新建寄宿制九年一贯制学校，建有教学楼、综合楼、学生宿舍、教务楼、食堂、风雨操场、教师周转房、青少年活动中心、标准田径运动场等教学配套设施，学生能享受优质公正的教育资源。

学校有 2000 余名学生，123 名教师，有 8 人制足球场、室内篮球馆、室外篮球场，羽毛球场、排球场等场地设施。学校有 7 名专职体育教师，均为体育专业毕业，年龄介于 30～39 岁，年富力强。教师敬业乐群，积极创新，带领学生获得贺州市啦啦操冠军。

同时，课题组在调研中也发现一个现象，即体育物质条件欠佳的学校，教师的专业能力发展也受到不良的影响。因为在体育物质条件欠佳的学校中，学校缺乏应有的体育文化氛围，缺少应有的体育活动"精气神儿"，体育教学、训练、阳光体育等专业活动的开展都受到较大制约。有时，虽然体育教师内心希望专业获得良好发展，但是长期工作在此种环境中，天长日久，可能会逐渐淡化、磨平、销蚀心中的专业热情。

某中学虽然有 50 年的发展历史，全校学生也多达 930 人，但全部体育教师只有 5 人，包括 2 名兼职教师，科班出身的只有 3 人，平均年龄达到 42 岁。学校没有田径场，全部运动场地就是一片水泥地，在水泥地上用白线画出不规则的非标准跑道。体育教师对待工作虽然态度比较认真，但专业真正得到发展和提高的机会不多。尤其是兼职体育教师的专业发展更是乏善可陈。用一名兼职教师自己的话来说，自己已经 54 岁，做体育教师主要是学校出于弥补学校体育教师人数不足的考虑，自己等着退休，没有真正思考、也没人指导如何有效提高专业能力等问题。所有体育教师都不太了解教育部《关于全面加强和改进新时代学校体育工作的意见》中提出的"乐学、勤练、常赛"的要求，体育教学内容主要是中考体育项目，另外加上广播操。体育教师在职培训主要是网络在线学习，很少有外出学习进修的机会，没有接受过来自上级、高校、专家、同行等的培训，学生缺少应有的体育教学认识，认为体育课就是"玩"，导致体育教学整体效果一般，教师的专业发展效果也较为一般。

另有某中学，虽然也有 50 年的建校历史，1000 余名学生、60 余名教师，现有 21 个班级，但只有 4 名体育教师（包括 3 名专职教师和 1 名代课教师），且平均年龄在 49 岁以上，最大年龄为 57 岁。虽然学校领导很重视体育教学，体育教师也都教育情怀深厚（即使存在和当地公务员收入差距大、服装费量少且难以保障、无绩效工资、职称评审难度很大等困境，但也都坚守岗位），爱岗敬业（如有一位体育教师曾罹患中风，但仍然带病坚持工作。有一位体育教师兼任学校财务管理工作），但由于学校场地设施较差，只有 1 片小型田径场地，且跑道是由水泥浇灌而成，另有 2 个篮球场和为数不多的水泥乒乓球台，体育教学条件简陋，加上体育教师缺少外出学习机会，上级单位很少进行量多质优的培训或送教下乡，导致体育教师专业发展较为困难。他们基本没有开展教研活动，未能主持过课题。偶尔撰写论文，也纯粹出于职称评审需要。他们不太了解近几年国家关于体育教学的政策和行业动态、热点问题，对"教会、勤练、常赛"等教学要求知之甚少，对体育课课后作业甚至未有了解，体育教学内容主要是以中考为中心。在此情况下，教师即使有提高专业水平的意愿，也难以得到较好的专业发展机会。

（三）同事的进取状态

部分乡村学校卓越的教师团队力量与丰富的校园体育文化底蕴，能够深深促进乡村体育教师的工作进取心。部分乡村学校历史悠久，体育教育文化积累深厚，经过几代教师的共同努力和接续奋斗，不断沉淀和积累校园优秀文化，形成了全体教师广泛认同的团队意识和精神。这种精神影响着全体教师的举止言行，潜移默化地浸润着所有成员的思想、意识和行动，也形成了乡村学校发展创新的不竭动力。身处如此环境中，乡村体育教师难免潜移默化地受到积极影响，他们会自觉将专业发展愿望付诸实际行动，以"不待扬鞭自奋蹄"的工作状态投身工作。教师群体性的努力上进和集体性的正能量发挥，潜移默化中形成良好的行为文化，使体育教师更加积极工作，更加专注自身专业提升。

（四）学校教科研制度与氛围

首先，制度化、常规化的教研制度，能让所有参与的教师都获得不同程度的收获和提高。有着丰富经验的老教师和优秀骨干教师对教学中遇到问题的仔细甄别和科学指导，能够让新教师快速吸收经验，得到较快成长。另外，新教师由于对新知识、新理念的了解和接受相对有优势，其知识结构也有利于老教师的提高。不同年龄、不同职称、不同经验的新老教师亦师亦友，相互信任、相互尊重，取得教学相长、共同提高的效果。如在备课组内，乡村体育教师通过头脑风暴，发挥集体智慧，相互取长补短。如经验丰富的老教师、优秀骨干教师会在教学经验、教学常见问题处理、教学突发事件处理等问题上引领年轻教师，而年轻教师则在信息化手段、在线资源查找、新的体育教学手段运用、理论教学课件制作、在线教学设备设置和优化等方面具有优势，两者之间取长补短，相互弥补、共同提高，有利于形成乡村学校持续稳定、良性发展的校园教学文化生态，共同获得专业发展。[①]

其次，乡村学校内部的科研氛围，是乡村体育教师专业发展的重要依托。体育教师在科研过程中，会主动寻求来自经验丰富的前辈、校外指导力量的支持，为其解答疑难，指导其发展。尤其是年轻体育教师，可主动寻求当地体育名师的指导，参与科研，了解教研的基本程序、各步骤的基本要领、慢慢熟悉教学论文撰写和教学课题申报等教研规律，逐步形成在教研方面独当一面的能力。

近几年，韶关市教育局高度重视包括乡村教师在内的在职教师的科研能力提升，为教师营造良好的氛围，各个学科的教师都积极参与教研工作，并获得良好业绩。就体育教师教研而言，他们在市教育局体育教研员、区教育局体育教研员和专干等的领导下，在高校专家的指导下，积极参与教研课题申报。曲

---

① 陈越.蓬生麻中，不扶而直——学校环境因素对教师专业化发展影响例谈 [J].基础教育论坛，2019（21）：43-45.

江区白土中学杨彦锋老师就是典型代表，他和团队长期关注足球教学和教研工作，积极申报并获得广东省教育研究院校园足球教科研专项课题等2项省级课题立项。在教育局领导和高校教授的指导下，杨老师通过课题研究，不断加强理论学习，提高科研方法的运用能力，提高科研实践的实效性。同时，通过不断地科研反思和科研积累等环节，很好地带动了自身教研能力的提升并通过教研活动提高了足球教学能力和水平，从而有效提高了自身专业能力。图5-6为杨彦锋老师主持的广东省校园足球专项研究课题部分材料。

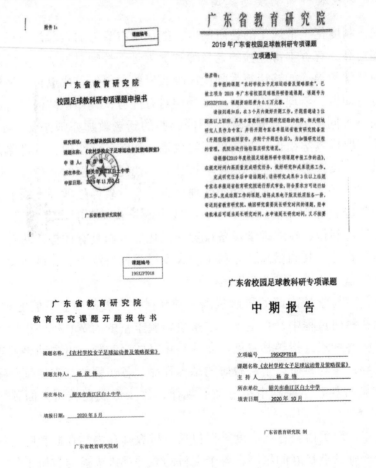

课题编号
19SXZPT018

广 东 省 青 少 年 校 园 足 球

专 项 课 题 结 题 申 请 书

项目类别：普通课题

研究领域：研究解决校园足球运动教学方面

课题名称：《农村学校女子足球运动普及策略探索》

课题主持人：杨 彦 锋

所在单位：韶关市曲江区白土中学

广东省教育研究院制

《农村学校女子足球运动普及策略探索》
研究总报告

单　位：韶关市曲江区白土中学

课题组成员：杨彦锋、黄友俊

日　期：2021 年 4 月

图 5–6　韶关市曲江区白土中学杨彦锋老师获批主持广东省校园足球专项研究课题部分材料

另外，韶关市仁化县长江中心小学年轻体育教师邓桂梅，有强烈的专业发展动机和良好的专业提升行为。她一直谦虚好学，不断进取。大学毕业 2 年后就考取了华南理工大学体育学院硕士研究生。通过研究生阶段的学习深造，沉浸在高校浓厚的学术氛围中。在校内外两位指导教师的悉心指导下，其教研能力得到快速提高，专业发展整体水平也有了明显提高。她主动积极地参与教学、教研工作，撰写的教研论文《粤北地区农村小学体育师资队伍建设现状与发展对策》，获得了 2021 年韶关市第五届中小学体育教师基本功大赛科学论文一等奖。

韶关市第五届中小学体育教师基本功大赛科学论文报送

论 文 申 报 书

论文题目：粤北地区农村小学体育师资队伍建设现状与发展对策

作者姓名：邓桂梅

工作单位：仁化县长江中心小学

图 5–7　韶关市仁化县长江中心小学邓桂梅老师参评韶关市第五届中小学体育教师基本功大赛的论文封面

三、培训因素

各级各类培训的针对性和有效性，是提高南岭走廊乡村体育教师专业精准发展的重要支撑对乡村体育教师进行专业培训时，必须坚持需求导向和问题导向进行培训课程设计，以教学为基础、以教育为关键、以教用为目标，在课程目标一体化、课程内容互补性和教学效果联动性上下功夫，达到训用合一、以训促用之目的，切实提高南岭走廊乡村体育教师专业培训的时代性、针对性和有效性，实现真正提升专业能力的目标。

目前，虽然国家非常重视乡村教师的队伍建设，尤其是 2020 年，教育部等六部门专门联合发布了《关于加强新时代乡村教师队伍建设的意见》，突出了对乡村教师队伍建设的重要意义，明确提出"创新教师教育模式，培育符合新时代要求的高质量乡村教师"的要求，并具体提出了"抓好乡村教师培训……按照乡村教师的实际需求改进培训内容和方式……加大送教下乡力度，推动名师名校长走进乡村学校讲学交流……让更多乡村教师获得前往教育发达地区研修、跟岗学习的机会"①等实施策略。通过这些有力措施，有效地提升了南岭走廊乡村体育教师专业发展的水平，较多乡村教师在教学能力、教研能力、课余体育训练和竞赛能力、阳光体育组织和实施能力等方面都得到了有效提升。

调研中，较多南岭走廊乡村体育教师反映国家、地方的培训比较有效，能够提升自己对教育教学的理解水平。

教师 4："我们接受过市里组织的网络培训，内容是关于体育教学器材使用方面的，还有就是上课的基本要求，感觉针对性还算好，对我们的专业水平有提高作用。"

教师 5："县里组织我们接受过省教师发展网上进行的网络培训，针对体育教师的体育教学内容的培训效果较好，其他内容理论性太强了，不太容易理解，不太适应实际需要。"

教师 6："我们去西安参加过国培，不过机会不等，主要看上面的条件和政策。也有参加过广西师大组织的校园足球国培，每年大概 1 ~ 2 次，培训的针对性不错，有效果。"

---

① 中华人民共和国教育部.教育部等六部门印发关于加强新时代乡村教师队伍建设的意见 [EB/OL].（2020-08-28）[2022-01-13].http://www.moe.gov.cn/srcsite/A10/s3735/202009/t20200903_484941.html?pc_hash=1xhuF3.

教师 7 ："我们参加过省里组织的网络培训，也参加了全国的网络培训，培训比较有效，针对性还可以。"

教师 8 ："我们接受的培训主要是县运动会之前的裁判培训、跳绳培训。有针对性，但是培训内容的面不够广。"

而对于部分非专业出身的兼职体育教师而言，培训效果就显得更为明显了。

教师 9 ："我们参加过会议培训、线上线下相结合的培训。如县里学生运动会前 3 个月，县教育局会举办专题培训，内容是关于比赛项目改革和比赛安全培训的，针对性很好，尤其是针对我们这些非专业的体育老师，感觉是如沐春风。"

另外，毕业于体育专业但又兼任其他课程的乡村体育教师，普遍认同培训的效果和针对性。

教师 10 ："我们的体育老师还要上其他课程，所以我们接受了较多科目的培训，线上线下的都有。针对性方面，体育专业的内容还算好，理论课程有点多。培训方要多增加可操作性强的培训内容，培训前要做培训了解。"

教师 11 ："我们参加过市里组织的培训，包括理论讲座和运动技能、教学技能等方面的实操内容，培训的针对性较好。"

但同时也有部分乡村体育教师反映培训的效果不理想，针对性不强，频度过低、有效性较差。

教师 12 ："我们参加培训的机会很少，只是每年有 1 ～ 2 次网络培训，培训内容的针对性差。确实，我们只是听课而已，完成培训任务而已。"

教师 13 ："我们参加了市里的培训，内容是关于师德建设、教风提升、教学基本功等专业方面的。培训的针对性比较一般，有些是纸上谈兵。"

教师 14 ："我们以前参加了比较多的培训，去广州和深圳接受了关于武术、足球教学训练的培训。但是有些培训不是针对本项目开展的，效果不大。"

教师 15 ："我们是新建学校，历史短暂，很少有机会参加培训，尤其是疫情情况下，即使有培训也是在线上进行。培训的内容针对性不太好，感觉作用不大。"

教师 16 ："区域的培训机会相对少，观摩机会不多。如果有机会，将会选派年轻老师外出学习。"

教师 17 ："我们大概每年有一次外出学习的机会，去年去过井冈山学习。"

同时，还有部分教师反映自己近五年内没有接受过任何专业培训，未能接受新鲜知识的熏陶。

之所以有上述关于培训的不同感受，可能是因为以下多层原因。

第一，南岭走廊不同省份乡村体育教师认知水平不一，影响其对培训效果的主观自我感受。因为即使同处南岭走廊，但广东、广西、湖南、江西四省的乡村体育教师所处的经济、社会、文化、教育等小环境存在差异，其接受先进体育教学文化的机会和途径也有差异，导致即使是同一种性质、同一种难度的体育培训内容，在不同理论认知基础和不同实践经历的体育教师看来，也有不同的评价结果。

第二，南岭走廊乡村体育教师业绩评价系统未能将教师参加的除人社部门组织实施的继续教育以外的其他各类在职培训纳入教师职称评审体系，在较大程度上失去其制度约束力，难以激发主观能动性较低、提升愿望不强烈的部分乡村体育教师的内在动机。

第三，部分在职培训的时间安排不太合理。多数时间安排在教师的正常工作日，影响正常工作。或者安排在寒暑假期间，影响其休假；且一般集中安排在县城或市里，给乡村体育教师工作、休息、出行等带来不便，影响其对培训的实际感受。

第四，培训内容适切性和培训效果的精准性有待加强。由于施训机构业务安排的问题，多数培训通过集中上课方式进行，未能充分考虑到每一位体育教师的具体实际需要，未能结合每一位乡村体育教师的具体情况，未能做到因材施教，很难满足乡村体育教师个性化、精细化需求。如在培训课程设置方面，主要按照自上而下的路径，未能充分调动乡村体育教师的课程开发能力。在培训形式方面，主要通过讲授法，按照传统的"教师讲、学生听"的授课模式，没有顾及同时听课的几十名甚至上百名体育教师的接受情况，未能——精准识别其接受和掌握情况；而在培训内容方面，多数以理论知识传授、体育教师基本运动技能或教学技能为主，且培训内容在较大程度上存在"城市中心化"倾向，与乡村体育教学情况结合不够紧密。培训形式较为单一，缺少专题型培训。尤其缺少以南岭走廊乡村学校体育教学为特定专题。符合南岭走廊所在区域的体育文化、风土人情等的针对性培训和实践。导致培训的精准性、有效性、针对性和实用性较低。

四、传统思想认识因素

目前，较多人仍然将乡村体育教师视为简单的"教书匠"，看成一个文化知识不够深厚、"管好学生不出事"就行的体育"操作工"，对乡村体育教师的专业能力评价标准也仅仅停留在中考体育成绩、体质健康测试成绩、校运会筹办、参加县运动会竞赛成绩等方面。在这种传统认知的左右下，南岭走廊乡村体育教师的体育教学活动缺少应有的创新性，多数人的教学活动为简单的重复运动——早操、大课间、体育课、训练、竞赛，在日复一日的重复运动中，体育教师逐渐丧失了创新的激情和发展的动力。尤其是新入职的乡村体育教师，满怀激情和憧憬来到乡村学校，但是在学校"不出事就行""差不多就行"的管理哲学和一些教师得过且过、躺平度日等观念的影响下，新教师的体育教学理念、观念和思想都受到限制，尤其是在其他科任教师兼任体育教师的情况下，更是如此。

教师18："我们学校本来有7个专业体育教师，都是体育专业科班出身。但是学校缺少数学、语文等课程的教师，学校领导也认为体育课就那样，所以，安排我们7个人都以其他课程为主要教学课程，体育教学反而成了次要教学课程。我们很少参加体育教学备课，更缺少外出学习体育教学的机会。"

五、社会因素

（一）社会对乡村体育教师职业的认可程度

来自社会正面的评价，来自家长和乡民积极的认可，可以让乡村体育教师觉得自己被家长和乡民所尊敬、所重视，会产生源自内心深处的"教好学生"的责任意识和"回馈社会"的担当精神，从而促使其不断加强、优化专业修养。有些乡村体育教师青少年时期就读的中小学就是目前所任教的学校或周边学校，读完大学后回母校任教，昔日的老师成为今日的同事，能真切地感受到来自老师的关爱和学生的尊敬。[①]

教师19："感觉这里的村民、家长等都比较尊重我们体育老师，见面都会主动向我们打招呼问好。可能是我们教好了他们的子女，帮助他们小孩提高了身体素质，他们也打心里认可我们的工作，知道我们体育老师是真正为他们的孩子好。甚至学校外面街上的几个商家老板对我们都很热情。每次训练学生结束比较晚时，饭店老板都主动为我们准备饭菜并且价格很优惠。我觉得，在这

[①] 陈越.蓬生麻中，不扶而直——学校环境因素对教师专业化发展影响例谈 [J].基础教育论坛，2019（21）：43-45.

里工作，确实有被人认可和尊重的感觉。当然，这种感觉会在一定程度上促使我不断提高自己。"

（二）当地社会的体育发展水平

比较发达的地方社会体育水平，能够给乡村体育教师的专业发展营造良好的社会氛围，促进其专业发展。

首先，身处良好的社会体育发展环境中，乡村体育教师会接触到更多先进的专业发展信息，包括最新的国家关于学校体育发展的政策法规、体育教育的行业发展动态、体育教育和训练的新颖知识、体育保健和质量评价的新潮方法和先进手段。有时，还能近水楼台地直接观摩先进的训练方法、教学方法等。沉浸在这些综合信息的共同影响环境下，体育教师能充分吸取新的专业养分，不断开拓专业视野。

其次，社会体育发展程度较好的地区、地方政府主管部门、教育战线行政领导、学校领导、其他科任教师、家长、学生甚至村民等，都更可能具有相对较好的体育文化素养，既可以带来良性的文化氛围，也可以在一定程度上给体育教师专业发展带来积极反馈，从而直接或间接地提高其专业发展水平。

此外，身处较高体育文化氛围的社会环境中，乡村体育教师有时会感受到来自外界的专业自尊压力。他们会觉得，如果自己专业水平低下，在和"懂行""专业"的专家、领导、家长等交流时，会使自己处于难堪的场面。这种压力倒逼乡村体育教师不断提升自我。

2017年以来，赣州市定南县掀起了"体育＋"风潮，积极做好"体育＋旅游""体育＋文化"等跨界融合文章，逐步将"体育＋"打造成为新的经济增长点。定南县大量投入资金完善体育基础设施。3年来累计投入1.5亿元，引进资金近13亿元，组建各类群众体育协会14个，建成全民健身场地85处、农村体育场90个、大型现代化文体中心1座。建成一个规模、质量处于全国前列的足球训练基地，建成两条总长11公里的登山健身步道，注册了6家经营性的体育民营企业。全县人均体育场地达1.2平方米；全县拥有篮球场、全民健身路径等活动场所的村、社区占全县总数的75%，受益群众10多万人。每年举办30次以上全民健身赛、青少年体育比赛等赛事，涵盖足球、篮球、气排球、户外徒步等群众喜闻乐见的项目，全县常年参加体育锻炼的人口已达总人口的40%。近年来，定南已发展成为"江西省气排球之乡"。2016年代表江西省参加全国总决赛，获得女子组二等奖。2018年3月25日，总投资11.7亿元的江西省足球后备人才定南训练基地正式开工建设。与此同时，江西省足球协会定南办事处、赣南师范大学就业实习基地等 4 家与足球产业相配套的机构相继落户定南。①

身处如此良好的体育文化氛围，定南县乡村学校的场地设施条件都比较好，学校都比较重视体育教学工作，如为每周上满 8 节体育课的体育教师发放 800 元 / 年的服装费，根据学校偏远程度、在乡村学校工作年限等，为乡村体育教师发放 300 ～ 500 元 / 月的生活补贴。多数学校加入了县里的校园文化足球学校体系，体育教师大多爱惜教师岗位，有较好的教育情怀。虽然工资待遇情况一般，职称评审难度也大，但他们注重关爱留守儿童，积极向学生传授运动技能，培养学生的拼搏精神和体育素养。同时，教师们自己积极参加外出学习培训、教学观摩、开发校本教材，积极组织阳光体育等专业提升活动，不断加强其专业发展和提高其专业发展水平。

第二节　内在因素

一、南岭走廊乡村体育教师的教育情怀

教育情怀是从教者对教育事业产生的内在、持久、稳定的情感态度，表现为对教育事业的全面准确理解、挚爱、忠诚和坚定，是教育从业人员专业热忱、职业忠诚和教育信念的有机统一。②

南岭走廊乡村体育教师的教育情怀，是指体育教师对待国家、社会、乡村、学校、学生与自我所体现的教育方面的人文胸襟与情怀，亦为超越物质层面的一种心灵处世之道。包括乡村体育教师对国家、对社会、对乡村、对学生与自身的正面的心理态度和感知，包容他人、善待学生、鞭策自我的宽广胸怀、高雅格调与开阔眼界。具有高度教育情怀的乡村体育教师，在对待国家和社会的态度上，一直表现出高尚的爱国情操、高尚的思想境界、深远的历史担

---

① 蔡超然 . 全民"动"身求幸福——定南县"体育 +"融合发展纪实 [EB/OL].（2018-04-02）[2022-01-13].https://jxgz.jxnews.com.cn/system/2018/04/02/016836947.shtml.
② 刘炎欣，王向东 . 论教育情怀的生成机制和升华路径：基于文化存在论教育学的视角分析 [J]. 中国人民大学教育学刊，2018（2）：130-142.

当、浓厚的乡土情结、优秀的道德品质，通过积极履行教书育人的传统职责和新时代"四有"好老师的光荣担当彰显和实现个人价值；在对待学生的态度上，始终秉持博爱而理性的态度，关怀学生人性，致力于促进学生全面发展，关心学生成长，包容赏识学生，允许学生个性化发展，给予学生丰富的情感体验和价值尊重；在对待自身态度上，始终表现出独立健全的教育人格、正面积极的教育思想及崇高远大的教育理想，以独立、主动和创造的态度追求职业的价值，避免职业倦怠。使自我关怀在个人专业发展需求、生命价值提升等方面发挥积极的情感作用。[①]

同时，乡村体育教师的教育情怀，是其在从事乡村（体育）教育活动中由内而外生发的教育情感和教育信念，蕴含乡村体育教师对乡村教育的认同、热爱、担当、甘愿扎根乡村、积极促进乡村体育教育事业发展的高远追求，其内涵至少有 4 个方面：首先，对乡村体育教育事业的高度认同。乡村体育教师只有在精神、意识、理念上高度认同乡村体育教育的意义价值，方可在体育教育教学专业实践中积极作为，促进乡村体育教育事业的发展。其次，对乡村体育教育事业发展的愿景与信心。对乡村体育教育事业秉持良好愿景和充分信心，能坚定乡村体育教师全身心投入乡村学校体育教育事业的决心。再次，积极促进乡村体育教育事业发展的责任与担当。理念必须付诸实际，乡村体育教师接续奋斗的胸怀与百折不挠的毅力，是乡村体育事业延续发展的有力保障。第四，淡泊名利的精神世界。乡村体育教师在长期的坚守中厚植了对乡村体育教育事业的专业荣誉、专业自信，在长期的清贫中依赖专业忠诚度促使其进一步牢固专业态度，提高专业发展水平。[②]

访谈中发现，南岭走廊乡村体育教师大多具有较强烈的教育情怀。他们热爱教育事业，甘愿在乡村体育教师这个平凡的岗位上默默奉献，辛勤耕耘。对待工作不讲条件，不论待遇，持续做好教学、训练、阳光体育、课余体育训练和竞赛等专业工作，在实践中提高专业发展水平。以下为对体育教师们的部分访谈记录。

教师 20："今年，我当体育老师已经 3 年多了。我热爱体育教师这个工作，积极支持学校的其他工作。我们几位体育老师除了上体育课，还分别担任学

---

① 肖凤祥，张明雪.教育情怀——现代教师的核心素养 [J].河北师范大学学报（教育科学版），2018（5）：97-102.

② 李赐平，庞晓晓.强师铸魂视域下乡村教育情怀的薄弱根源与厚植路径 [J].现代中小学教育，2021（11）：51-56.

校的扶贫办主任、政教处主任和干事等工作。我自己做了班主任，带着学生学习。每当学生有进步时，我会感到很开心，尤其当学生在自己的教学训练下获得较大进步时，我会发自内心地感到高兴和自豪。我对我的工作能够促进身心发展、促进学生健康成长，培养学生健康心态和身体素质，培养学生竞争意识和团队意识感到很高兴。虽然目前工资水平不算高，但也在向公务员工资收入逐渐靠近。我们县里凡是组织公开课和教研活动，只要有机会，我都去认真学习，我相信我的专业水平未来会有进一步提高。"

教师21："我今年做体育老师8年了，很喜欢这个工作。对学生成长而言，我们每天会用一些时间去发展学生的身体素质，训练学生的足球和篮球等技能。看到学生有进步，确实感到高兴。作为最基层的体育教师，更多的是对学生进行价值观的塑造，引导他们如何锻炼身体、调节情绪、保持健康。我对目前的收入比较满意，作为小教一级职称，工资加上乡村补贴每个月差不多到手5000多元，算不错了。虽然服装费还是按照20世纪90年代的标准发放，每年仅150元，但也没关系，对工作热情影响不大。"

教师22："我们学校缺体育教师，现在工作量很大。我除了每周上14节体育课，还担任学校体育科组长、班主任、田径队教练。目前，搞县管校聘，教师一个萝卜一个坑，体育教师缺编多，学校多年没有进人。我们工作多，指导学生体育比赛很多，培训也有很多，事情难以做完。另外，现在的国标（笔者注：国家学生体质健康标准）检测优秀标准要求太高，首先，是'优秀'等次的分数从以前的76分提高到80分，难度增加不少。其次，是优秀率从以前的43%提高到现在的45%，未来还可能提高到50%，我们都快工作30年了，这种工作难度以前从没有出现过。目前，我们的收入和公务员不能比，绩效工资仅仅是他们的几分之一。绩效工资在我们的校运会、带队比赛等日常工作中都难以体现。我们职称评审难度也大。不过，也没办法，我们既然做了这个工作，就要尽心尽责，尽量对得住这个工作岗位，认真负责地完成好各项工作。学生有很多是留守孩子，平时我们都很关心他们。看到学生有进步，我会很开心，觉得就是自己劳动价值的体现，我们的工作对学生全面发展有贡献，也是对国家和社会的一种贡献。"

二、南岭走廊乡村体育教师的专业发展态度和意识

乡村体育教师的专业发展态度和意识，是乡村体育教师实现专业发展的力量源泉，是其自主发展、成长的关键要素，是正确认识与全面理解自身专业能

力的基础。乡村体育教师如果有合理的专业发展规划与发展目标，在专业发展过程中会主动付出、积极参与，及时调整专业发展中的不利状况，适时修正和调整。

（一）专业发展意识强的体育教师会善于抓住学习机会，业精于勤、积极主动地提升自己

专业发展意识强烈的南岭走廊乡村体育教师，会积极主动把握、探寻自我发展和提高的机会，在自己的闲暇中努力学习，经常反思，获取新的体会。同时，争取在自修、研讨、观摩等一切机会中提高自己的体育教学、训练、大课间、教研等方面的能力和水平，从而提高整体专业发展状态。前文所述的乳源瑶族自治县大桥镇大桥欧晖中学的吴彩芳老师，事业心强，对自身有强烈的专业提升意识。虽然入职不到五年，但热爱体育教育事业，关爱学生，以学生的体育发展为荣。她凭借满腔热情，主动学习体育教学新理念、新知识、新方法，主动思考和积极探索体育教学中遇到的常见问题和信息化时代的新要求，积极参加上级主管部门和学校组织的教研活动和教学竞赛、论文评比等活动，在教学设计、教学研究等方面，都取得较好发展。

另外，韶关市乐昌市云岩中心小学黄红娜老师，2013 年本科毕业至今在乐昌市云岩镇中心小学任教。她一直孜孜以求、不断进取，努力提高自己的专业能力和水平。为了进一步提高自身专业水平和能力，工作之余积极学习，不断提高，考取了华南师范大学硕士研究生。工作期间，担任过五年的班主任工作，担任过二至六年级的语文教学工作及两个班的《体育与健康》课程，现担任三年级一个班的语文教学和两个班的《体育与健康》课程，所带班级的语文成绩在全镇名列前茅。指导学生参加市硬笔书法比赛获一等奖，所带班级在学校广播体操比赛或文化艺术节中多次获一等奖。工作期间，她积极参加市里体育教师基本功大赛的观摩、课例研讨、论文研讨等活动，还参与了市级教研课题的研究。在体育教学、教研、组织竞赛等方面，都取得了较好的成绩，获得过云岩镇优秀教师、乐昌市优秀班主任等称号，2013 至 2018 年度曾两次年度考核获得优秀等次。撰写的论文《核心素养下小学校园足球发展的有效策略——以乐昌市云岩镇中心小学为例》于 2020 年 12 月获乐昌市二等奖；参加 2020 年韶关市青少年校园足球教学暨韶关市第十届中小学（幼儿园）体育与健康教学展示活动，获得小学组二等奖。案例 5-3 展示的为黄红娜老师的篮球教学设计。可以看出，整个教学设计除了教学重点难点需要进一步甄别、教学方法需要进一步细化以外，其他要素均处于较高水平，指导思想明确，教材分析合理，学情分析得当，学习目标清晰明了，可观测性强。教学内容安排合理，难度适中，教学流程过渡自然，衔接紧密。体现了较高的专业发展能力和水平。

案例5-4：韶关市乐昌市云岩中心小学黄红娜老师的《篮球——体前变向运球》教学设计

一、指导思想

本课以《体育与健康课程标准》为依据，以"健康第一"为指导思想，以学生发展为中心，关注学生的个体差异，激发学生的学习兴趣，在教学过程中运用问题为导向，进行技能学习、评比的方法，引导学生对篮球体前变向运球技术的学习和各种辅助练习，帮助学生学习体前变向运球技术动作。运用练习辅助方法激发学生学习兴趣，提高课堂气氛，使学生在活动中初步掌握体前变向运球触球部位以及控球技术。激发学生对篮球的兴趣，使学生体验体育运动的快乐。

二、教材分析

小篮球行进间，体前变向运球是在行进中摆脱防守的一种运球方法。是当对手堵截运球前进的路线时，进攻队员突然向左或向右改变运球方向，绕过障碍或摆脱对方阻拦的一种常用手段，同时也是进攻队员发动快攻、组织与调整战术，瓦解防守阵型的重要手段，也是行进间体前换手变向运球的一项基础教材。行进间体前变向运球具体又分为低姿运球和高姿运球，便于绕过对方的阻拦。高姿体前变向运球，推进方便，有利于快速运球前进。五年级行进间体前变向运球是在三年级原地运球和四年级行进间直线运球的基础上，进一步掌握体前变向运球绕过障碍的技能，并能够主动运用到游戏和比赛中。

三、学情分析

本次授课对象是五年级学生，这个水平学段的学生大部分身体素质较好，运动能力较强，性格活泼开朗，课堂纪律表现较好，对篮球课有较强的兴趣，具有较强的集体荣誉感。他们在三、四年级同类项目的学习中，已经初步掌握原地运球和行进间直线运球的基本技术。能够做出触球部位准确、快速运球推进的动作。针对本次教学内容，学生可能会遇到曲线运球时控制不住球、手触球部位不准确的现象。

四、学习目标

1. 了解篮球行进间体前变向运球动作方法，知道简单的篮球比赛规则。

2.通过行进间提前变向运球的练习，80%以上的学生能够达到手触球部位准确，在规定距离内能完成3次提前变向运球。提高学生的控球能力，发展学生灵敏、协调等身体素质。

3.体验学习小篮球行进间体前变向运球带来的快乐，培养自主提出问题、分析问题、解决问题的能力以及刻苦练习和良好的集体主义精神。

五、教学内容

1.原地左右手变向运球。

2.行进间体前变向运球练习。

3.课课练（仰卧起坐传球、游戏：一条绳上的蚂蚱）。

4.放松。

六、重、难点

重点：拍按球的侧上方，侧身、跨步、探肩协调。

难点：手脚动作协调连贯。

七、教学方法

本课主要通过情境导入法、自主探究法、多种辅助练习法强化学生的学习效果。

八、教学流程

课堂常规—篮球热身球操—专项准备活动—问题导入—完整动作示范—动作要领指导—徒手跨步练习—原地左右手变向运球辅助练习—两人一组行进间提前变向运球辅助练习—行进间体前变向过雪糕筒辅助练习—课课练—放松—总结下课

九、教学亮点

1.从课程设计到教学评价各个环节始终把学生主动、全面的发展放在主要位置，尊重学生的主体地位，创造和谐民主的师生关系。

2.考虑到学生自制力差和存在一些不良的行为习惯，我采用表扬做得好又很好地遵守课堂纪律的学生来让其他组的学生能自觉地遵守课堂纪律而获得表扬的机会，或者对身体素质不太好但遵守纪律的那些组根据实际情况给予他们更好的名次，比以前的评价方式更人性化。

3.本节课通过设计多种辅助练习方法，使学生自己发现问题并带着问题去学习、去感悟，从练习和比赛中掌握体前变向运球的技术。

体育与健康课程（水平三）五年级《篮球体前变向运球》课时计划

学校	乐昌市云岩镇中心小学	班级	五年级	单元课次	第一课时	执教教师	黄红娜

学习目标	1. 运动技能：通过学习，学生初步掌握篮球体前变向运球的技术特点，并能够达到手触球部位准确，在规定距离内能完成 3 次体前变向运球。 2. 健康行为：控球能力、灵敏度、协调能力等身体素质能得到提升。 3. 体育品德：通过学习体前变向运球技术动作和竞赛提升学生团队合作、自主学练、共同学习、不畏困难的意识。
学习内容	篮球曲线运球

重点	拍按球的侧上方，跨步、转体、探肩	难点	手脚动作协调配合

场地器材	篮球场一块、篮球若干个、雪糕桶若干个、音箱
安全措施	检查学生着装、检查场地器材、强调学生练习过程中注意安全
教学流程	课堂常规—篮球热身球操—专项准备活动—问题导入—完整动作示范动作要领—徒手跨步练习—原地左右手变向运球辅助练习—两人一组行进间提前变向运球辅助练习—行进间体前变向过雪糕筒辅助练习—课课练—放松—总结下课

课的结构	达成目标	学习内容	学生活动	组织方式	教师活动	时间分钟	次数	强度
课堂常规	1. 培养良好的课堂常规与纪律。 2. 使学生明确学习目标与要求。	1. 师生问好。 2. 宣布学习内容。（图1）	1. 学生服装整洁。 2. 精神饱满，注意力集中，队伍整齐。	四排队伍体操队形 ×××× ×××× ×××× ×××× ○ （图1）	1. 师生问好。宣布本课内容。 2. 检查服装与人数，安排见习生。	1 1	1 1	小小
热身运动	1. 通过队列队形的练习使学生掌握一定的队列队形练习知识，集中学生注意力。 2. 充分热身，调节身体机能状态。	1. 队形队列练习。（图2） 2. 热身：自编篮球操以及专项准备活动（包括原地、直线运球）。（图2）	1. 根据口令练习原地间转法，动作整齐划一。 2. 模仿老师的动作。	×××× ×××× ○ ×××× ×××× （图2）	1. 变换口令，关注每位学生练习情况。 2. 带学生练习篮球热身活动。	2 3	1 1	小小

续　表

课的结构	达成目标	学习内容	学生活动	组织方式	教师活动	时间分钟	次数	强度
技能学习课课练	1.学生知晓体前变向运球的动作要领。2.体前变向运球辅助练习1。3.体前变向运球辅助练习2。4.体前变向运球辅助练习3。5.体前变向运球完整动作辅助练习。6.仰卧传球综合练习；游戏"一条绳上的蚂蚱"，培养学生篮球运动综合素质。	1.根据老师的讲解领会体前变向运球技术动作。2.体会体前变向时拍球的侧上方，手臂有随前动作的技术动作。3.触球右侧或左侧上方，手臂有随前动作。4.走动中运球，触球右侧或左侧上方，手臂有随前动作。5.为强化巩固动作和更好地掌握降重心探肩动作。6.学生认真听练习方法；根据老师的图示完成游戏。	1.在老师规定的范围内练习原地体前变向运球。2.原地体侧运球3次、2次、1次，换手1次的练习，左右手完成为一组 *3。（图3）3.30秒为一组的原地体前连续变向运球 *3。（图3）4.15米范围内行进间体前变向运球 *3。（图4）5.两人一组练习体前变向运球；行进间体前变向过三个雪糕筒。（图5、6）6.练习方法：分小组围圈，以仰卧起坐的姿势完成传球。（图7）7.游戏规则游戏规则：两位同学头顶一个篮球手脚并用的沿着画好的路线进行游戏。（图8）	×　×　×　×　× ×　×　×　×　× ×　×　×　×　× ×　×　×　×　× ○ （图3） ×　　× ×　　× → → 15m ○ （图4） ×　×　×　× ×　×　×　× ○ （图5） △ △ △ ☺ （图6） （图7） （图8）	1.讲解示范技术动作要点：拍按侧上方，右脚左跨，探肩。2.讲解练习方法。3.讲解练习方法。4.讲解练习方法。5.讲解练习方法。6.讲解课课练练习方法与要求。	4 4 4 4 4 10	1 3 3 3 2 1	小 中 中 中 中 大

续　表

| 身心放松课堂小结 | 1. 身心放松，体验成功的喜悦。2. 总结点评，知晓学习内容，师生再见。 | 1. 放松操2. 小结 | 1. 学生认真跟练放松操。2. 按要求师生再见。（图 7） | ××××× ××××× ××××× ××××× ○ （图 7） | 1. 带练放松操。2. 小结及布置课后作业。 | 3 | 1 | 小 |

平均心率预计	145 次 / min	强度指数预计	1.5	练习密度预计	65% 以上
运　动心　率曲　线预　计					

（三）专业发展意识淡薄的乡村体育教师，专业发展效果不太理想

与专业发展意识强、专业发展效果也较好的教师形成鲜明对比的是，专业发展意识不明显、发展动力不足的乡村体育教师，其专业发展效果也会较为不理想，他们对专业发展的理解能力和关注度都会逐渐降低，不会将主要关注点集中到体育教学、教研、运动训练和竞赛、阳光体育等专业发展问题上。有时会觉得压力大，甚至产生职业倦怠感。他们对待工作消极被动，应付完事，简单复制，专业能力难以有突破空间。而一旦其缺乏自我发展动力，就会失去应有的心理预期和目标，进而失去实践动力，专业发展遇到"瓶颈"也就在所难免了。此类问题在年龄偏大、孩子基本成年、专业表现较为一般的教师中比较常见。[1]

教师 23："我今年都 50 多岁了，现在就等着退休，不像他们年轻人那样有干劲了。当体育老师将近三十年了，教学和训练这些业务都能应付，高级职称问题就不去想了。因为指标少，自己平时也没怎么做研究，很难达到评审条件。所以，不太愿意去参加培训、进修等活动，感觉意义不大了。"

---

[1] 辛健. 农村特岗教师专业发展影响因素调查研究 [J]. 现代农村科技，2019（2）：82-83.

三、南岭走廊乡村体育教师的自我效能感

自我效能感是班杜拉（Banduar）自我效能理论的核心内容，是个体对自我能力的知觉和判断，这种知觉和判断在控制、调节个体行为方面均有重要作用。不同程度的自我效能感对个体的行为动机的影响结果也不一样。自我效能感较低的个体，比较倾向于选择难度较小的任务，一旦遇到困难容易打退堂鼓，对自己能力信心不足甚至经常设想失败会带来何种后果，如此导致心理压力过大，不良情绪反应过多，而使问题不能有效得到解决。解决不了问题的这种不良结果，又会进一步降低其自我效能感，形成恶性循环。相反，自我效能感较高的个体，解决问题时信心充足，积极主动，容易形成良性循环，这种状态对提高教师工作效率和专业发展效果具有积极意义，能够有效提高其教学质量，提高专业发展水平。[①]

教师的自我效能感是教师个体具有的相信自己能够通过教学行为来影响学生学习成果、提高教学有效性的信念。[②] 教育研究人员、教育实践者以及教育政策制定者早就形成共识，即教师的自我效能感是教师的基本特征之一，和教师的教学行为与教学效果紧密相连。[③] 教师的教龄长短、教学实践经验、专业发展成就、社会价值取向、自身是否将教师职业作为首选职业、师生关系、班级风气和课堂纪律、团队创新及工作满意度等因素，均能够对教师的自我效能感产生积极影响，从而影响专业发展动机和效果。[④] 具有较高自我效能感的教师，会呈现出高度的工作满足感，难以被职业倦怠所影响。此种状况非常有利于教师自我幸福感、职业荣誉感等的维护和提高。[⑤]

目前，在关于乡村教师专业发展的问题中，教师的发展自主性被高度关

---

① 赵传兵，李仲冬.自我效能感与教师专业发展[J].教育探索，2006（2）：121-122.

② OECD. TALIS 2018Conceptual Framework[EB/OL].[2022-01-13].https://www.oecd-ilibrary.org/education/teaching-and-learning-international-survey-talis-2018-conceptual-framework_799337c2-en.

③ HOLZBERGER D, PHILIPP A, KUNTER M. How Teachers' Self-Efficacy is Related to Instructional Quality: a Longitudinal Analysis[J]. Journal of Educational Psychology, 2013（3）：774-786.

④ 安奕，李莉，韦小满.教师自我效能感的影响因素及启示——基于TALIS2018上海样本的多水平分析[J].教育测量与评价，2021（10）：19-26.

⑤ CHESNUT S R, BURLEY H. Self-Efficacy as a Predictor of Commitment to the Teaching Profession: a Meta -Analysis[J]. Educational Research Review, 2015（15）：1-16.

注。从根本上来说，南岭走廊乡村体育教师专业发展的过程应是其自主的发展过程，而自我效能感乃促进其专业发展的重要内在力量。因此，只有抓住乡村体育教师自身动机这个"牛鼻子"，从根本上探究影响乡村体育教师专业发展自主性的内在因素，深入分析阻碍南岭走廊乡村体育教师专业发展自主性的原因，其专业发展才能事半功倍。

南岭走廊乡村体育教师较高的自我效能感对专业发展自主性有积极的意义、正面的影响，是提高教师专业发展自主性的关键因素之一。反过来，教师自我效能感不高时，其专业发展的内在动力也不会强烈，专业发展实际效果也不会理想。

教师24："我们学校共3个专职体育教师，平均年龄47岁，平均教龄25年。我今年58岁了，干了30多年体育老师，也做了10多年班主任。现在我那个40多岁的同事，就是我当年教的学生，我就等着退休。由于不熟悉计算机，也考不过计算机，故职称一直上不去，现在还是中教一级职称。工作嘛，反正每天都这么做，教学效果不说很好，也差不到哪去。自己觉得对得住那份薪水，对得住学生就可以了。我们的学生，三分之一以上都是留守孩子，父母不在身边，文化学习成绩不太好，有些孩子又非常喜欢打篮球，就疯狂地打球，不愿意进行文化学习。有时体育课下课了，赶他们回教室都不愿意回。我觉得，我教育学生还是做得不够好，没有完全了解他们的心理需求，不会有效地把控学生的思想动态。"

通过访谈进一步了解到，这位自我效能感不太高的体育教师，除了日常的教学和训练工作外，没有参与过课题研究，没有撰写过论文，更别说主持课题。未了解过《关于全面加强和改进新时代学校体育工作的意见》，更不知道其中"提升体育教师科研能力"的要求。不太了解近几年体育教学的国家政策、行业动态和热点问题，更遑论"教会""常练""勤赛"等体育教学要求，导致其专业一直处于较"稳定的"不佳状态。

所以，要提高其专业发展水平，教育主管部门和学校领导既要把其专业发展纳入全校整体师资发展规划，充分尊重和重视每个体育教师个体，给予体育教师应有的主动权和自主权，并设法提高其专业地位与改善其待遇，增强乡村体育教师从教信念。同时，乡村体育教师自身必须学会自我调适，关注自身心理健康，积极向上，不断进取。[①]

---

① 华彩红.教师自我效能感对中学教师专业发展自主性的影响研究——以肇庆市端州区中学教师为例 [D].广州：广州大学，2016：1.

四、南岭走廊乡村体育教师的教龄

不同教龄的乡村教师在总体上存在差异，教龄越长，乡村教师专业发展水平就可能越高。这主要源于乡村教师教龄的不断增长，教师对乡村生活环境的不断融入，精神层面的不断丰盈，教育教学课堂知识的不断丰富，与学生沟通交流能力与组织管理不断提高，对自己的人生认知不断深入，同时在工作中不断探索并积累的丰富的实战经验。在教学过程中，教龄较长的教师对乡村教学工作已经驾轻就熟，甚至将教学工作技能转化成了一种教学艺术。因此，在不断积累教学工作经验的过程中，乡村教师专业发展水平会得到提升。

五、南岭走廊乡村体育教师的职称

不同职称的南岭走廊乡村教师专业发展水平也有差异。从整体趋势来看，高级职称的乡村教师在专业理念与师德、专业知识与专业能力等方面的发展优于中级、初级职称和见习期教师。原因可能如下：

第一，乡村体育教师获得荣誉的过程，也是专业发展的过程。要获得师德养成、教学表彰、科研奖励、课题立项、论文发表等业绩，乡村体育教师必须在教师行为规范、教学、科研等方面持之以恒地付出努力，获得较好的成绩，获得他人和集体的高度认可。在诸多过程中，乡村体育教师的专业能力也得到有效的提高。

第二，乡村体育教师的职称晋升过程，也为专业发展的过程。乡村教师经历了初级、中级等职称的评选过程。在初级职称向中级、高级职称晋升的过程中，他们需要持续不断地提高自己的教学、训练、科研等方面的业绩，参加教学竞赛，训练和指导学生参加课余训练和竞赛，积极投身科研实践。这些提高业绩的过程，也是乡村体育教师专业不断发展提高的过程。

不过，以上情况也有例外。部分低职称乡村体育教师在专业理念与师德方面也能处于较好水平。这种情况可能与低职称乡村教师多为新入职教师、在工作中能投入饱满的工作热情，能够秉持对教师职业的敬畏和对未来工作前景的美好愿景，从而以时不我待、不负韶华的远大抱负投入教师岗位中，希望在教学工作中实现个人价值最大化有关。①

---

① 黄细想.影响乡村中小学教师专业发展的因素调查与分析[D].邯郸：河北工程大学，2019：21.

小结

影响新时代南岭走廊乡村体育教师专业精准发展的因素包括外部因素、内部因素两大方面。

其中，外部因素包括：（1）政府因素。包括政府出台文件进行正面支持和政府实施培训，精准提高；（2）学校因素。包括学校领导对体育教学工作和体育教师教职的正确认识程度，学校的体育教师专业发展资源充足状态以及同事的进取状态；（3）培训因素。各级各类培训的针对性和有效性，是提高南岭走廊乡村体育教师专业精准发展的重要支撑；（4）传统思想认识因素。传统认识越深刻，越容易制约乡村体育教师的专业发展效果；（5）社会认可因素。社会对南岭走廊乡村体育教师的专业能力认可度越高，乡村体育教师所处的社会环境体育文化氛围越好，越有利于促进其专业发展。

另外，内在因素包括：（1）教育情怀。南岭走廊乡村体育教师的教育情怀越深厚，越有利于促进其专业发展；（2）专业发展态度和意识。南岭走廊乡村体育教师的专业发展态度越积极，发展意识越强，越有利于促进其专业发展；（3）自我效能感。南岭走廊乡村体育教师的自我效能感越高，专业发展效果越好；（4）教龄。南岭走廊乡村体育教师的教龄过长，可能制约其专业发展。教龄在 20 年以内的体育教师，专业发展的愿望可能更强烈，效果会越好；（5）职称。高级职称的南岭走廊乡村体育教师专业发展水平优于初、中级职称教师，但也有部分低职称教师获得较好的专业发展成效。

第六章　新时代南岭走廊乡村体育教师专业精准发展策略

第一节　精准提升教育情怀策略

一、南岭走廊乡村体育教师教育情怀概说

从某种程度上看，中国的乡村教育是培养"跳出乡村"的人才的教育，只是皇权时期以"科举考试"为标尺，现代以"考取大学"为目标，这是一个理论与现实的悖论。国家和社会呼唤乡村学校多培养好的乡村学生，也需要更多更好的年青一代回归乡村教育，以输送出更多乡村少年。但目前的窘况有三：第一，"跳出农门"的年轻人不愿回乡村。每年招考乡村教师难度大，乡村教师"下不去"的问题严重。第二，即使回来的年轻人，又不愿留驻乡村。乡村教师离职现象普遍，"留不住"的问题普遍。第三，留下的年轻人难以履行好教师职责，乡村教师水平低，"教不好"的问题严重。

近年来，虽然国家出台《乡村教师支持计划》《关于统筹推进县域内城乡义务教育一体化改革发展的实施意见》《乡村教师荣誉制度》等多项利好政策，但效果不够突出，未能从根本上改善优秀乡村教师数量短缺、结构不合理等问题。细究其因，可能是国家政策难以深度激发乡村教师内在的教育情怀和职业忠诚。所以，要提高南岭走廊乡村体育教师的教育情怀，一方面需要激发其"蜡烛精神"，强化其教育情怀，让其既下得去，也留得住，更教得好。[①]

教育情怀是教育从业人员对教育事业的情感依附，是教育从业人员对教育的理解、热爱、忠诚和信念程度的反映，是教育从业人员的从教意愿在主观上的直接体现，[②]也是教师专业成长的动力源泉及情感向心力。虽然教育情怀不具备直接观测性，也不是一种教育技术手段，但却是一种价值巨大的存在和对教育行为有深远影响的内在精神力量。[③]教育情怀内含教师对乡土教育的客观认识，且自身艰困时能激发行动的内驱力，成为乡村教师主动输出其教育理想且

① 周贤斌 . 乡村如何让教师下得去、留得住、教得好 [EB/OL]. （2018-09-04）[2022-01-13]. https://www.mj.org.cn/mjzt/content/2018-09/04/content_299933.htm.

② 侯小兵，张学敏 . 教师专业发展的模型及其实践价值 [J]. 当代教师教育，2012（1）：6-10.

③ 刘炎欣，罗昱 . 教育情怀的哲学思考与内蕴阐释 [J]. 教育探索，2019（1）：5-8.

转化为教学实践的内驱力。乡村体育教师对乡村教育的坚守，主要原因之一在于体育教师的个人需要、价值伦理在教育教学实践中得到了积极回应，这种回应加深了他们精神的寄托，进一步促发了其改变乡村教育的主观能动性。[①]

对于南岭走廊乡村体育教师而言，针对其特殊的职业生态，其教育情怀也有三个表现。

第一，对乡村体育教育工作有强烈的认同感。南岭走廊乡村体育教师从最初就认同乡村体育教师这份职业，在工作中就会树立明确的工作目标，坚定工作信念，明确专业发展目标，努力克服职业倦怠，密切关注乡村体育教育质量和学生的成长。

第二，对乡村体育教育工作有高度的责任感。作为南岭走廊乡村体育学教师，工作自然环境较偏僻，专业发展资源较为贫乏，加上教育对象以留守儿童为主，工作时会倍感责任和压力。这份责任体现了体育教师对自身职业的了解和希望，是其甘愿"留下来""干得好"并持久为农村教育奉献的精神动力和源泉，从而产生自觉更新体育教育理念，提升体育课堂教学效果、关注乡村地区体育基础教育动态的愿望，并在此工作中获取自我效能感和职业成就感，体验到人生价值。

第三，对乡村体育教育工作有强烈的奉献精神。南岭走廊乡村学校工作条件艰苦，待遇偏低，如果缺乏为乡村教育服务的精神，则扎根南岭乡村、奉献乡村学校体育工作将难以为继，体育教师即使"下去"了，也"留不住"。所以，只有体育教师胸怀乡村，善待乡村教育和学生，才能更多地产生服务意识，更多地产生奉献精神。[②]

二、精准提高南岭走廊乡村体育教师教育情怀的策略

目前，南岭走廊乡村体育教师的教育情怀还有待加强深化，定向师范生和在职体育教师两个层面，都有大力提升的必要。

第一个层面，是关于目前正在实行的乡村定向师范生的培养，也就是南岭走廊乡村"准体育教师"的问题，其教育情怀不够深厚，主要有四点表现：乡

---

① 沈伟，王娟，孙天慈.逆境中的坚守：乡村教师身份建构中的情感劳动与教育情怀[J].教育发展研究，2020（15）：54-62.

② 刘文英.核心素养背景下的师范生农村教育情怀培养策略[J].创新创业理论研究与实践，2018（8）：56-57.

村定向师范生报考动机具有一定的功利化。多数学生是出于父母建议、高考成绩限制或者就业压力、教师工作稳定等外因才选择；乡村定向师范生对南岭走廊乡土文化认识较少，或者过于侧重师范专业技能提升，而忽视了乡村学校体育教学的特殊作用；乡村定向师范生对乡村社会的责任意识薄弱。认为乡村教师的责任只在于传授知识，培养学生，而未能认识到自身应肩负的社会责任。他们仅仅将自身职业定位为"教书者"，而没有将自己定位为更高层次的乡村振兴"新乡贤"的角色；乡村定向师范生扎根乡村的意愿较弱。乡村定向师范生不愿意长久"呆"在乡村学校，既有经济原因，更有精神文化、业务发展空间不足等原因，[①]这些因素导致其对乡村体育教师的身份认同感低下，也降低了其从事乡村体育教师教职的意愿。所以，要树立在校师范生高远的价值追求，强化其教师职业向心力和专业信仰，笃定其教育意志，坚定其教育信念和教育预期，才能更好地强化专业发展动力。[②]

第二个层面，在职体育教师的教育情怀也有待深化。教育情怀是一个内涵丰富、见仁见智的词汇，从外在表现看，既是对教师职业的挚爱，也可能表现为"没有最好，只有更好"的责任意识，还可能表现为将学生视为己出的胸襟。[③]从本质上来说，教育情怀一方面是教师个人对教育事业的情感寄托，另一方面也是教师寄情教育、关爱学生、关心社会、献身教育、奉献国家等诸多方面情怀的综合表现。[④]

长期以来，由于地方财政投入不足、乡村体育教师收入不高、体育学科属于"副课"、学科地位和社会地位较低、乡村体育教师在学校处于"边缘人"等原因导致乡村体育教师评职不顺、部分代课体育教师生活艰辛、家长不理解等窘况，[⑤]虽然有部分乡村体育教师情怀深厚，坚守体育教育事业，但也不能遮蔽南岭走廊乡村体育教师队伍教育情怀整体水平不高的现实。

乡村体育教师是提高乡村教育质量的基础，基于乡村教育文化环境和乡村体育教育对象的现实情况，培育其深厚的教育情怀，成为新时代破解南岭走廊

① 郑钰雯，陈扬.乡村定向师范生教育情怀的问题与成因探析[J].科学咨询（教育科研），2021（8）：170-171.

② 刘炎欣，罗昱.教育情怀的哲学思考与内蕴阐释[J].教育探索，2019（1）：5-8.

③ 王萍.教师的教育情怀及其养成——基于教育现象学的视角[J].当代教育科学，2020（9）：18-23.

④ 刘炎欣，罗昱.教育情怀的哲学思考与内蕴阐释[J].教育探索，2019（1）：5-8.

⑤ 谢焕庭.当代乡村教师职业情怀的把脉及提振研究[D].重庆：西南大学，2018：47-63.

乡村体育教师队伍中一直存在的"下不去、留不住、教不好"等困局的重要手段。具体而言，可从以下几个方面综合采取措施。

（一）强化南岭走廊乡村体育教师教育信念

首先，南岭走廊乡村体育教师要形成坚定的教育信仰。如果教师缺乏对教育的坚定信仰，则很难热爱教育事业。乡村体育教师对乡村教育事业的信仰是其专业情怀的内在诉求，也是乡村体育教师能坚守专业阵地和精神家园，安于平凡、乐于奉献的精神力量。只有教育信仰坚定，乡村体育教师才能更自觉地抵制物质利益的诱惑，固守教育阵地。

其次，南岭走廊乡村体育教师要付诸博爱的教育实践。没有爱就没有教育，爱的意义深远而实际，促使乡村体育教师为热爱的体育教育事业而持续贡献，时常有为教育献身的体验。这种"教育爱"超越了低层次的物质财富给予，内在表现为向学生传播体育知识、运动技能、体育道德伦理、人生价值观等内容时带来的愉快体验，使体育教师能够在传播体育知识、技能和价值伦理的同时获得自我实现的满足感，收获职业带来的幸福。[1]乡村体育教师要付出教育之爱，用社会主义核心价值观、体育精神、体育行为规范、体育伦理道德、以体育人理念等教育学生，约束学生，用火热的爱照亮学生的心灵。以"师生平等""教师是平等中的首席"等观念，建立正确的师生观。运用赏识教育观念，充分尊重学生、包容学生、呵护学生，让乡村学生在爱的环境中自由成长。

再次，南岭走廊乡村体育教师要臻于无私的专业思想境界。超越功利、无私的专业思想境界，是一种永葆初心的情怀，是保障乡村体育教师专业发展的重要心理倾向。尤其在城市化水平不断提高、市场经济成为主流、乡村学校"空心化"较为严重的当下，乡村体育教师只有志存高远、目标远大，达到超越功利的思想境界，才能自觉抵制诱惑，涵养"有教无类"的胸怀，形成"没有教不好的学生"的情怀，逐渐提高专业思想认识。[2]

（二）强化南岭走廊乡村体育教师专业精神

有深厚情怀的教师，会倾注于学生的学业进步和健康成长，会赏识学生，

① 陈太忠，皮武.教育情怀：基于"需要—满足"框架的阐释与生成[J].教育理论与实践，2021（19）：16-20.
② 刘炎欣，罗昱.教育情怀的哲学思考与内蕴阐释[J].教育探索，2019（1）：5-8.

发现不同学生的长处和优势，以包容的心态寄望学生进步。[①]南岭走廊乡村体育教师专业发展的内核，在于其以教育情怀为依托的专业精神。专业精神是乡村体育教师教育情怀不断深化和完善的前提，亦为专业情怀的直接体现，表现为乡村体育教师的高度认同，包括对从教思想情感、责任意识和教育信念、专业情操、专业行为、专业价值、专业品质及情感倾向的肯定和整合。[②]南岭走廊乡村体育要严格按照"四有好老师"标准要求自己，立德树人，积极践行社会主义核心价值观，遵守中小学教师职业道德规范，真正做到德高为师，身正为范。同时，要不断以积极的态度、深厚的情感热爱职业，关爱学生，乐于奉献，做乡村学生的前行指路人。积极参与乡村振兴战略，为实现和完善"乡村治理""绿水青山""共同富裕"等战略贡献智慧和力量。

　　具体而言，可以尝试将乡村体育教师的教育情怀融入一定的课程设计中。乡村学生相对城市学生而言，自信心方面与城市学生有些差距。因为城市学生在知识积淀、个人素养等方面具有一定的领先优势，但这些优势并非天然而成，更多是因为家庭、社会等的资源禀赋和获取难易程度不一样所致。所以，树立南岭走廊乡村体育教师的教育情怀，就体育教师个人而言，应该让乡村学生与城市同龄学生有接受同等优质体育教育的权利，让乡村学生自信成长，不"输在起跑线上"。体育课程是乡村学校课程体系中的重要组成，朝气蓬勃、阳光自信的乡村学生培养，可以体育课程为重要载体。乡村学校和体育教师要坚持以学生为中心，着眼于通过体育教学手段让每一个乡村学生获得成长，具体措施方面，可以精细于通过体育隐性课程（如体育道德、体育伦理价值教育）培养学生自省习惯、通过体育生活体验课程（如体育救护、体育抢险）让学生有生活、社会感悟和体悟，通过体育拓展课程（如不同技术、不同难度的跳远教学）让学生学会自主探究与发现的意识和习惯，通过体育社团课程（如乡土体育文化项目社团、民族传统体育项目社团）培养学生的交往能力和社会适应能力。多种课程形式综合起来，就能够改变乡村学生的言谈举止和行为气质，培养学生丰富多样、积极向上的品质。[③]而在此过程中，作为课程设计人的体育教师，会通过学生的进步和成长体验到自身的专业成就，产生较高的自我效能感，增强其教育情怀。

---

① 王萍.教师的教育情怀及其养成——基于教育现象学的视角[J].当代教育科学，2020（9）：18-23.

② 刘炎欣，罗昱.教育情怀的哲学思考与内蕴阐释[J].教育探索，2019（1）：5-8.

③ 傅琴.把"乡村教育情怀"立起来[J].人民教育，2021（12）：75-76.

（三）探索南岭走廊乡村体育教师培养机制

实现乡村教育振兴，需要大量"下得去、留得住、教得好"的教师。其中，要"留得住"，除了提高乡村教师的经济待遇，根本的做法是唤醒、激励和鼓舞教师的情怀和教育动机，增强乡村体育教师在乡村振兴战略、共同富裕目标中的角色认同和角色担当。①

在本地培养的乡村体育教师，一般比籍贯为外地的教师更容易产生和保持深厚的乡村教育情怀，既能够"下得去"，也容易"留得住"，为本土乡村学校所用。这里至少包括两个原因：

首先，因为教育情怀蕴含着关于乡土教育的理性认知且在教师困顿时能赋予教师力量，既可以转化为基于乡土归属感而产生的建设家乡的责任感，也能够促生为深厚的教育使命感。不管如何转变，两者均体现出乡村体育教师改变乡村教育的能动性。②南岭走廊本土乡村体育教师的乡土文化底蕴深厚，容易回归乡土，其工作的稳定性也更强。

其次，本土乡村体育教师对乡村学生的生活与成长环境能够感同身受，部分教师的青少年时期，甚至比目前乡村学生更为困难。所以，他们了解本土乡村生活，扎根乡村、反哺乡土的可能性较大。因此，通过在本地培养机制，吸引更多本乡本土的优秀青年进入体育教师队伍，通过乡情感染、亲情熏陶，可有效地增强乡村体育教师的教育情怀。

（四）创新南岭走廊乡村体育教师培养模式

政府主管部门、地方师范院校和乡村学校要联合采取精准培养、协同培养、定向培养等措施，通过深度调研、精准论证以及事后反馈等途径，制定具有充足师范性、浓厚乡土性和高度适切性的乡村体育教师培养方案，定向培养具有较好体育特长、较深乡土情愫的本地青年才俊成为乡村体育教师。

具体而言，按照"一专多能，师德为先""思政浸润，自觉下得去""滋养情怀，确保留得住""丰富形式，促进教得好""育人育才，实现有发展"等原则，③构建职前培养和职后培训一体化模式，加强南岭走廊乡村体育教师职前阶

---

① 傅琴.把"乡村教育情怀"立起来[J].人民教育，2021（12）：75-76.
② 沈伟，王娟，孙天慈.逆境中的坚守：乡村教师身份建构中的情感劳动与教育情怀[J].教育发展研究，2020（15）：54-62.
③ 高闰青.如何培养卓越的农村全科教师[N].光明日报，2021-06-29.

段的师范素质提升，加强职中培训阶段的教学情怀深化，使乡村体育教师爱乡土、爱乡村教育、爱乡村儿童，强化其甘于为乡村体育教育事业积极奉献的动机和情感。

（五）构建 U—G—S（大学—政府—学校）协同培养模式

2020 年，教育部、中央组织部、中央编办、国家发展改革委、财政部、人力资源社会保障部等六部门联合发布了《关于加强新时代乡村教师队伍建设的意见》，提出"鼓励师范院校……终身支持乡村教师专业成长，引导师范院校教师与乡村教师形成学习共同体、研究共同体和发展共同体等措施"[①]。

所以，要加强南岭走廊乡村体育教师的教育情怀，单纯靠乡村学校的力量是远远不够的，而必须依靠政府政策支持、乡村学校领导重视以及乡村体育教师积极参与，需要构建大学（U，university）、政府（G，gonerment）、学校（S，school）联手促进教师发展的共同体。其中，就大学而言，要加强师范专业尤其是体育教育专业建设，尤其注重专业建设与地方需要的适切性。加强同乡村学校合作交流，以师资优势、教科研优势以及实习顶岗置换培训等，引领乡村学校及体育教师的内涵提升。就政府来讲，要主动构建乡村体育教师进修提高平台，提供乡村体育教师进修提高机会，通过跨区域教研交流、城乡体育教师交流置换，激活县、乡及校际师资活力，创新城乡体育教师交流机制。而就乡村体育教师而言，要积极充任"新乡贤"，积极沉浸乡村生活，参与乡村治理，了解乡土文化，形成以体育教学为主，相关学科教学为辅的"一专多能"教学能力结构，逐渐提升教育情怀。[②]

（六）营造良好环境，让乡村体育教师乐业善教

乡村教师所处的乡村和学校小环境中，存在诸多对其专业发展有消极作用的因素，如乡村社会信息闭塞、交通不便、生活水平不高、医疗设施不强，子女接受优质教育的机会难得等因素，都是影响其专业精准发展的不利因素。另外，农村学生体育素养较低，家长对体育学习的支持度不高，期望值不高。乡

---

① 中华人民共和国教育部. 教育部等六部门关于加强新时代乡村教师队伍建设的意见[EB/OL]. （2020-08-28）[2022-01-13].http://www.moe.gov.cn/srcsite/A10/s3735/202009/t20200903_484941.html?pc_hash=1xhuF3.

② 苏鹏举，王海福. 新时代乡村教师乡情素养的缺失与重塑 [J]. 教育探索，2021（8）：79-85.

村学校的办学声誉和社会影响都较小，学校部分同事倾向于"躺平"，积极上进、奋发有为的体育教师不多见。没有专业发展的伙伴，更难形成共同体。这些问题的存在，既淡化了乡村体育教师的职业影响，模糊了乡村体育教师的工作边界，也加深了有专业发展愿望的乡村体育教师的专业孤独感，甚至可能使其"近墨者黑"，萌生职业倦怠和懈怠。所以，要让乡村体育教师"留得住"，就必须改善乡村社会的人文生态，提升村民的教育理念和认识，明确乡村体育教师的工作职责、权利和边界。提高乡村体育教师的政治、经济、社会、专业地位，在全社会营造尊重乡村教师和乡村教育的氛围，吸引有专业特长的有为青年。①

1. 提高乡村体育教师薪资待遇和社会获得感

由实地调研得知，南岭走廊乡村体育教师的薪酬待遇水平偏低，较多教师的待遇低于当地同级别公务员薪酬水平，这种状况对教师的专业发展具有一定的消极影响。根据马斯洛需求层次理论可知，每个个体都有不同层次的需求，只有低层次的需求得以满足，才有产生中高层次需求的可能。就南岭走廊乡村体育教师而言，他们既是一名人民教师，同时也是鲜活的社会人，有获得较好薪酬待遇、让自己和家人过上小康生活的本能需求。而且，国家也明文规定教师平均工资水平要等于甚至高于本地公务员平均工资水平。所以，乡村体育教师有较高的薪资待遇期望值。只有薪酬待遇达到其合理的心理预期，他们才会安心开展教学工作。如果薪资待遇不理想，甚至远低于当地公务员平均薪酬水平，他们则难以保持较高的专业发展热情，磨灭教育情怀。所以，提高薪资待遇是保证乡村体育教师教育情怀的重要条件之一。政府主管部门要想方设法，确保乡村体育教师应有的薪酬待遇，稳定其"军心"，让他们有较高的职业荣誉感和社会获得感，从而保证并促进其教育情怀的产生、维持和高扬。

2. 合理安排乡村体育教师工作任务，优化教学条件

同样，通过实地调研得知，南岭走廊乡村体育教师工作"无边界"，工作任务繁多，既包括专业性"份内"的体育教学、训练和竞赛、阳光体育、教学研究，还有非专业性的、"份外"的其他课程的教学、班团工作、财务工作、德育工作等。教师每天在校工作千头万绪、任务繁杂，疲于应付。同时，部分学校中乡村体育教师的同事、上下级关系比较微妙，管理制度过于刚性，都会

---

① 沈伟，王娟，孙天慈. 逆境中的坚守：乡村教师身份建构中的情感劳动与教育情怀 [J]. 教育发展研究，2020（15）：54-62.

无形中降低其教育情怀。另外，乡村学校体育教学条件较为艰苦，教学设施不够完善，雨天体育教学没有条件保障等因素，都影响其教学积极性，降低职业尊严感，降低教育情怀。所以，必须切实保障乡村学校的人员编制，让体育教师能心无旁骛、专心致志地进行本专业教学、训练、教研、阳光体育等专业发展行为，提高专业发展水平。

3.提升乡村体育教师的专业能力

专业能力是乡村体育教师专业素质的直接表现，也是乡村体育教师获得教学效果、获得训练竞赛佳绩、提升校园体育文化建设效果等的重要保证。就教学而言，体育教师专业能力越强，体育教学有效性就越高，教学自我效能感也就越丰富，对体育教学的信心会越强。所以，持续提升乡村体育教师专业能力，既包括提高体育学科理论知识、运动技能和教学技能的掌握度，也包括其他第二课堂、第三课堂的教学应用能力。只有多方面提高各种能力，乡村体育教师才能够对教学举重若轻，游刃有余，获得教学的自我成就感，对教学工作的热情会高涨，教育情怀也会得到相应提升。基于这种情况，教育主管部门、乡村学校领导等要齐抓共管，以提升专业发展为突破口，完善和优化乡村体育教师的"乐教善教"的能力的习得和深厚教育情怀的形成。①

案例 6-1：乡村教师要有教育情怀——为师当如毕守金②

毕守金是云南昆明官渡区白汉场中心小学的一位普通乡村体育教师，生于1964年，中共党员，从1984年考取了合同制教师，当时每月工资不足20元。但他安守清贫，一干就是12年，后经1996年才通过考试转为公办教师。

初到白汉场中心小学时，体育场地和体育设施极度匮乏。毕老师因地制宜，利用各种废旧材料制作体育教具。木条、旧轮胎、塑料瓶、废铁丝、PVC管……都在他的手里变成体育教具。多年来，他自制体育器材达102种、6006件，折现金额超30万元，还包括36个发明专利品。他利用学校的死树木自制的大弹弓，弹弓叉有60多斤，插到体育场地专用的位置，孩子们用它发射篮球、足球、垒球，锻炼腰、腹、背、手臂多处肌肉力量。用废旧的篮球皮做成围棋子、废旧的饮水瓶做空竹，PVC做呼啦圈……把孩子们的体育课上得有声有色。

---

① 程翠萍，朱小蝶.何以安心从教：师范生教育情怀的影响因素 [J].重庆第二师范学院学报，2021（5）：83-86.

② 教书匠话教育.乡村教师要有教育情怀——为师当如毕守金 [EB/OL].（2020-12-20）[2022-01-13].https://baijiahao.baidu.com/s?id=1686588230046431922&wfr=spider&for=pc.

由于事迹突出，毕首金被评为省、市优秀教师、全国劳动模范，获得科技兴乡突出贡献奖、农村体育教育改革排头兵、敬业奉献模范、教育功勋奖。而他表示要用一生来回报这片养育了他的土地。从毕守金的身上，我们看到了一个乡村小学体育教师的崇高情怀，看到了对教育事业和乡村孩子的大爱。

案例6-2：乡村体育教师用情怀铸就梦想①

（1）初识获得"苔花奖"的乡村体育教师

2019年1月，雷州半岛寒风萧萧，但在遂溪县黄学增中学的篮球场上，一群穿着短袖衣短裤的花季少女却是挥汗如雨。指导她们练球的是一个身高近1.9米、铁塔般的壮汉。他也是浑身湿透，像从水里钻出来一样。练到晚上7点多钟，壮汉顾不得擦干身上的汗水，马上换上干净的衣服，提起行李，从湛江机场搭乘飞机去成都，参加中国篮协青少年发展大会和中国篮协年度领奖典礼。

他就是遂溪县的一名乡村体育教师——陈群。经济不宽裕，40多岁了才第一次坐飞机。而一想到这次去成都领奖，可能见到自己的偶像姚明，他就非常兴奋。

当晚颁奖，他坐在一个角落。突然，他听到广播说，广东来的陈群请坐在第一排。坐在第一排的是这次颁奖典礼的最高奖——"苔花奖"获得者。"苔花奖"是中国篮协专门为扎根基层的最优秀教练而设的。全国只有6个人获得此奖项。广东省只有陈群获得2018年度全国优秀基层教练员"苔花奖"。

荣誉的背后，是无数艰辛以及内含于心的强烈教育情怀。

（2）体育教学和训练：从0到市冠军

1992年，陈群到遂溪县城西乡赤头小学当民办乡村体育教师，虽然薪水低微，但他毫无怨言，积极工作。除了上体育课，还任教数学课，兼任少先队辅导员工作。每天放学后，陈群带学生打篮球、跑步、练田径，赤头小学变得生机勃勃。学生把陈群当"偶像"。在陈群的教育下，学生加强了功课学习，也不再发生之前的捣蛋惹事行为，变得好学、上进。陈群用自己的举止赢得了学生、家长和同事的称赞。

他对乡村体育教育事业产生了新的认识，决心在这个岗位上认认真真干上一辈子。于是主动请缨，指导只有100多名学生的赤头小学学生积极训练，在

① 陈华清.一个乡村体育教师的梦[EB/OL].（2019-09-02）[2022-01-13].https://weibo.com/ttarticle/p/show?id=2309404412030772707536&comment=1.

乡运动会上将之前的"常年冠军"——拥有 1000 余名学生的城西中心小学"拉下马"来，获得团体总分第一名，一时轰动全乡。

夺得乡运动会冠军后，陈群又有一个想法：申请城西乡运动会在赤头小学举办。这种想法，在以前从无先例。乡教办见陈群态度坚定，信心十足，加上赤头小学的体育工作搞得风生水起，且在上一届拿到冠军，就同意了陈群的建议。

为了改善条件，陈群亲自设计跑道，带领学生平整土地，运泥沙，搬石子，铺路。为了让学生保持体力去参加比赛，他常常自己一个人干。由于工作量增大，陈群饭量多了许多，伙食费捉襟见肘，只好在伙食方面"减量减质"，碍于面子未曾说出，但他吃不饱、吃不好的情况没能瞒过学生。于是陈群每天早晨开门，门口总有菜或米放着。陈群十分感动，更加热爱乡村孩子，下决心一定要教好他们。自此，陈群更加投入，不分白天黑夜，不计报酬，在短短几天时间内，硬是搞出一个简单的镇级田径运动会场地。

这一届城西乡田径运动会，赤头小学又拿到城西乡团体第一名。陈群更是名声大振，教办主任把他借调到城西中心小学任教，代表镇去参加遂溪县运动会。离开了付出情意的赤头小学，陈群依依不舍，但为了让更多的乡村孩子获得体育教学带来的益处，他狠心挥泪离开了曾经挥洒青春和汗水的地方。但赤头小学始终是陈群魂牵梦绕的地方，他的赤头学生也一直和他保持联系，一直受益于他的正能量影响。

在中心小学任教，平台比以前高了，陈群又有了新梦想：要把乡镇级队带到县级的运动会上，拿到好名次。当时的遂溪县有 20 多个乡镇，城西乡人口少，底子薄，无论是教育水平还是体育设施，在全县都是落后的，每次全县运动会排名总在后面，根本无法跟其他体育大镇相提并论。

但陈群不甘于现状，不轻易"认命"。抱着让学生有更好的体育爱好、体育发展和人生前途的想法，他带领学生刻苦训练，那一年，城西乡在全县运动会拿到团体总分第四名的好成绩，达到城西乡历史最佳成绩。

（3）初露篮球才华

2003 年，遂溪县业余体校招学生。为了学生前途，陈群把自己训练的学生送到了遂溪体校。城西中心小学离遂溪体校不远，陈群常回体校打篮球。他从体校教练处了解到，虽然遂溪县男子篮球队在湛江市风生水起，但县女队却基础差、参与人员很少，更缺少教练，且整个湛江市女篮与省先进水平差距也很大。出于对篮球的热爱和对乡村学生的真爱以及对乡村学生前途的关心，他向市体校主动请缨去当遂溪女篮教练，免费训练女队。在中心小学体育课之余，他带遂溪女篮训练并当上了教练。而为了做好教练，他经常骑着自行车在县城和周围学校物色篮球苗子，还用微薄工资购票乘车到遂溪各乡镇学校找苗子。

陈群住在县城外。每天天刚蒙蒙亮，他就骑自行车赶到县城内体校，带领学员训练。到了早上7点再赶回城西乡上课。下午放学后，他又赶到体校训练。训练到晚上7点多钟。城外城内来回赶，天天如此。

训练虽然辛苦，但学员们练得很认真，并且进步很快，陈群很高兴。可是但没多久，有学员"失踪"了。原来，家长听说陈群不是体校的正式教练，只是一名乡村体育教师，觉得跟着这样的"编外教练"没前途，于是让孩子打了退堂鼓。陈群没有灰心，主动从自身找原因，而且更加勤奋地训练。那年，女篮获得湛江市锦标赛第一名。在成绩面前，陈群不敢骄傲，反而更加谦虚谨慎，不断奋进。从2007年执教后，长期带领队伍包揽每年一届的湛江市青少年女篮锦标赛冠军和四年一届的湛江市运动会女篮比赛金牌。

（4）向省赛冠军冲刺

夺得湛江市冠军后，陈群有了更高的梦想：拿广东省级比赛的冠军。

2008年，湛江市体育局从陈群执教的遂溪女篮与湛江市体校女篮中各抽出6名队员，组成湛江市女子篮球队，代表湛江参加广东省锦标赛。陈群把首次参加省级比赛当作一个机遇和锻炼。但比赛结果不太理想，这批女篮队员虽称雄湛江，但到省里却差距大，初战便惨遭滑铁卢。

首次参加省赛铩羽而归，陈群认真反思，归根结底，主要原因是训练理念和训练手段落后，必须借助别人的力量，壮大自己。陈群想到把自己的队员输送到珠三角，条件是对方让他免费跟队学习。于是，一有空或者寒暑假，陈群就自费乘车去深圳、顺德等地，跟队学习人家先进的训练理念、训练技术等。同时，他还购买了不少篮球方面的资料，拼命学习。自学上网，收集篮球训练视频，揣摩体会，把训练的一招一式都烂熟于心。通过不断努力，陈群掌握了先进的理念、训练方法，并且根据自己的实际情况创新，摸索出一套"陈氏训练模式"，形成独特的风格。

陈群的训练水平提高了，执教成绩也扶摇直上。2010年，他执教的遂溪女篮又和湛江市女篮合作，组队代表湛江市参加广东省第13届省运会女篮比赛。这一次，湛江女篮首次进入前8名，且首次培养了2名国家二级运动员，实现了个人篮球执教的历史突破，夺取省级比赛冠军也成为陈群的近期目标。

2011年，当时还是遂溪县乡村体育教师的陈群，向湛江市体育局提出要独立组队参加省赛。获得批准后，他担任主教练，天天在训练场上和学生摸爬滚打，一次次把排名在后的湛江女篮带进前8名：2011年获广东省青少年女篮比赛甲组第6名；2012年获广东省第12届中学生运动会女篮第5名；2015年获广东省第14届省运会甲组第6名、乙组第3名。

2017年，陈群指导的湛江女篮参加广东省中学生首届三人篮球赛。过五关斩六将，顺利进入前四。决赛前一天，对方的"粉丝"背地里打电话给陈群，叫他在决赛时"放水"，让对方夺冠。如果陈群同意，将会得到一笔可观的补偿费。但陈群心里只有学生，只有篮球比赛。他不为所动，一口回绝对方。第二天决赛，经过异常激烈的比赛，湛江女篮终于拿到省赛冠军。

（5）厚植教育情怀，成就乡村学生

作为乡村体育教师，陈群以满腔的爱乡、爱生、爱教情怀，通过篮球教学和训练，帮助乡村学生实现了人生梦想。不少农家女孩在陈群的教育和影响下，通过篮球改变了命运。如有学生被输送进入2018年亚运会三人篮球赛国家集训队大名单；培养的学生获全国高中联赛冠军并获评国家一级运动员；培养输送学生获全国篮球传统项目篮球赛第二名；输送学生成为广东省体工队正式队员；输送2名学生获全国赛艇比赛第三名并被评为国家一级运动员；另培养8名国家一级运动员，30名国家二级运动员；培养4名吉林大学篮球特招生和5名广州体院篮球特招生，等等。

以对学生李月婵的培养为例，该学生家庭贫困，父母多病。如果弃学，其人生前途势必暗淡，而打球成为改变其命运的途径。李月婵刚上初一时，陈群便发现这个"好苗子"，并开始用心培养她。她身体素质好，悟性不错，进步很快。仅仅练了一年，陈群就把她输送到顺德中国农民女篮（该队当时是全国唯一的农民篮球队，历史悠久，一直代表中国打国际业余篮球赛，获得中国农民运动会"六连冠"）。在顺德训练的强度比遂溪高出不少，训练辛苦，制度严格，加上背井离乡，思乡情浓，李月婵吃不消，思想波动很大，就跑了回来。陈群得知后，去做她的思想工作，给叛逆期的李月婵指明方向，并把她送回顺德继续训练。度过了困难期，李月婵终于稳定下来。后来，她进入了国家队的训练名单。

李月婵的妹妹李咪看到姐姐打篮球出色，也跟陈群练球。她的成长经历跟姐姐差不多，也经历了思想波动、叛逆、抵触、放弃等过程。在陈群开导下，她也度过了迷茫期。后来，李咪被陈群输送到了中国女子篮球名校——深圳市第二实验学校。在名校的环境下迅速成长，多次获得全国高中篮球赛冠军，并

且考取了吉林大学，前途一片光明。

看着乡村学生的成长，陈群很开心。他既为国家输送体育人才，也用知识和技能对这些女孩子精准扶贫。在此过程中，陈群通过不断摸索、不断实践、反思和积累，逐渐提高自己对乡村学生体育教学和训练、竞赛等的认识水平，全面强化了专业素养，坚定了专业信心，实现了自身专业不断进步和精准发展。

案例 6-3：全国优秀教练的情怀

郴州嘉禾县五中体育教师刘锴，常年利用休息时间，辗转全县乡镇，选择、指导有长跑梦想的乡村学生进行训练。刘锴对待队员用心用情，付出满腔关爱。他既是教练又是家长，经常买来猪脚、鱼、排骨、鸡等，在家为队员准备营养餐，换着花样加强学生营养。他家消毒碗柜上，一个大海碗，三个小海碗，整齐地摆放在一起，是他和学生的餐具，这么多年一直未曾变更。从 2015年到 2019 年间，他带过的队员 90% 都考上了二本以上院校，其中绝大多数队员来自农村，通过体育改变了自己的命运。刘锴所带训的学生陈会娟在湖南省第 11 届全运会上获三项冠军，后被北京大学录取；罗梅君被浙江大学录取，李岁鸿被郑州大学录取，黄茹、李苗艳均被北京科技大学录取。由于对乡村体育教育情怀深厚，对乡村学生关爱有加，全心关注，刘锴老师获评"全国优秀教练"光荣称号。[①]

案例 6-4：乡村体育老师用篮球把留守女童送入名校

曾经有一支来自山区的小学女子篮球队，成立第一年的第一场正式比赛，就以 76：0 的大比分胜出，并四战全胜获得当届赛事冠军。2015 年，她们打入第 27 届中国国际青少年篮球联盟全国 U13 "苗苗杯"八强。2017 年，获得第 29 届中国国际青少年篮球联盟全国 U13 "苗苗杯"比赛第五，综合成绩第三。这支女子篮球队来自湖南省怀化市鹤城区凉亭坳小学。帮她们创造奇迹的人叫张琼琼，是凉亭坳小学特岗教师。

2015 年以来，有 20 多个凉亭坳小学篮球队队员被重点中学录取。现在，篮球已经融入凉亭坳小学的日常，课间操以篮球操的形式进行，这是凉亭坳小学的特色，设计者也是张琼琼。2018 年 3 月，凉亭坳学校通过教育部审批入选全国青少年校园篮球特色学校，为山村小学插上了梦想的翅膀。2019 年 9 月，张琼琼获得"全国模范教师"称号，在湖南老家怀化市篮球协会当培训教练。

---

① 曾玺凡，李振华，刘元伟. 嘉禾：体育教育生机蓬勃 [N]. 科教新报，2019-09-11.

　　张琼琼毕业于吉首大学体育教育专业，2013 年，通过湖南省特岗教师考试后，张琼琼被分配到凉亭坳小学任教，试用期三年，期满后转正。凉亭坳小学是鹤城区最偏远的一所农村小学，张琼琼至今仍然记得第一次来学校的情景：篮球场上晒满了谷子。

　　"肯定没有人打球"，他有些失望。但孩子们的淳朴让他慢慢喜欢上了这里，他想为这些留守的孩子组建一支篮球队。

　　男孩子调皮又难管理，他尝试了几次都没能成功。张琼琼偶然发现学校里有一个性格开朗、喜欢运动的女孩子，她叫张丽君。他问她想不想打篮球，张丽君一口答应下来，还找来了几个女同学，凉亭坳小学第一支女子篮球队就这样成立了，张丽君成为球队第一任队长。学生们都没有接触过篮球，张琼琼便从头教起，带着她们学技术、练体能。

　　起初，训练条件很艰苦，学校没有热水，队员们训练结束后，别说洗澡，就连喝上一口热水都很难，张琼琼便给他的小队员们烧水。张琼琼初来乍到，谁都不知道他能不能做好，能不能坚持下去。训练只过了一周，7 名队员中，有 4 名因为运动量加大吃不饱饭和家人反对，提出离队。

　　2017 年之前，凉亭坳乡是湖南省级贫困乡，1.8 万人口中，超过 6000 人常年在外打工。凉亭坳小学的学生中，70% 是留守儿童，爷爷奶奶们害怕孩子打球时出现磕碰，没法跟孩子父母交代。张琼琼挨家挨户家访，希望能够说服他们。有个叫包勤勤的学生，张琼琼几次上门，奶奶都不同意孙女打篮球，直到有一次孩子妈妈回来，张琼琼再次上门，被张老师的诚意打动，妈妈终于同意让女儿加入了篮球队。

　　这些孩子家里大多生活困难，没有办法购买篮球装备。张琼琼便拿出 2000 多元给孩子们置办球衣、球鞋和篮球。那时他的工资只有 1600 元。

　　队员和装备搞定后，他便带着小队员们开始了规范训练：每周 4 天，上午课前 1 小时，下午课后 1.5 小时，寒暑假也从不耽误。水泥地没少让女孩子们吃苦头，冬天更是冻得双手通红皲裂。张琼琼告诉孩子们，成功要靠勤奋和刻苦训练，没有捷径。

　　篮球队组建不到一年，便迎来了第一次考验。2014 年 10 月，怀化市鹤城区举办中小学篮球比赛。凉亭坳小学篮球队是唯一一支来自农村的球队，赛前队员们受到了不少质疑和风言风语，这激发了她们的斗志。尽管张琼琼在场边大声招呼队员注意后场防守，但赛场上的队员们在队长张丽君的带领下，像小老虎一样向对手发起进攻，全场紧逼，势不可当。第一场比赛比分为 76:0。随后的 3 场比赛里，队员们一路过关斩将，以全胜的战绩拿下了这届小学女篮的冠军。

2015 年，第 27 届中国国际青少年篮球联盟全国 U13 "苗苗杯" 篮球赛在武汉举行，凉亭坳小学女篮闯入全国八强。2017 年，第 29 届 "苗苗杯" 在清华大学举行，凉亭坳小学篮球队更进一步，取得了比赛第五名、综合排名第三的好成绩，震惊国内篮坛。在凉亭坳小学女篮队员身上，我们看到了梦想的力量。篮球，就这样点亮了农村孩子的梦想。2015 年以来，凉亭坳小学共有 20 多名篮球队员被省内重点中学录取。

第一任女篮队长张丽君，原本学习成绩并不出色，加入篮球队后，张琼琼教她如何打球，也很关心她的学习和生活。后来被全国篮球名校长沙雅礼中学特招，她同届的队友也都以篮球特长生的身份进入长沙雅礼中学、长沙长郡中学等名校就读。

自从首战成名后，有不少学校和培训机构向张琼琼伸出了橄榄枝，但他心中始终放不下这些孩子。他更希望通过篮球提高乡村学生的身体健康，培养乡村学生的优秀品德，开启乡村学生的心智之门。

案例 6-5：让孩子们爱上少数民族传统体育项目
——记桂林市最美 "四有" 好教师向尧青[1]

【编者按】

每天上午的大课间活动是瓢里小学的孩子们最开心的时刻。竹竿舞、空竹、全班跳连绳、大象拔河……各式各样的少数民族传统体育项目极大地丰富了同学们的校园文化生活。在大课间引进民族运动项目，这是体育老师向尧青的创举，如今全县各校也纷纷效仿，成了校园一道靓丽的风景。

向尧青大学毕业后就在瓢里镇扎根安家，几十年如一日，把自己的青春和热血默默奉献给乡村教育事业，过着家与学校两点一线的朴实无华的生活。课堂上、训练中，她总是精神抖擞、精力充沛。在她生活的日历中没有 "节假日" "双休日"。她把自己大量时间留给了学生，很少有时间去陪陪相距不到十公里的年迈父母。年复一年、日复一日在教育净土上辛勤耕耘。

瓢里小学确定 "两翼齐飞，拉动主体" 的发展方案，就是以体育、艺术的发展，带动文化课教学质量的提升。体育的发展重任自然就落到了向尧青肩

---

① 佚名.让孩子们爱上少数民族传统体育项目——记桂林市最美 "四有" 好教师向尧青 [N].桂林晚报，2018-09-14（11）.

上。确定授课方案、制定训练计划、选定训练苗子，向尧青把全部的心血投入自己热爱的教育事业。校园里，风雨中、烈日下，老师同学们见惯了她忙碌奔波的身影。在向尧青的带领下，学校多次在市县两级的各类体育比赛中脱颖而出，2010—2015 年，瓢里小学连续 6 年被评为桂林市学校体育工作先进单位。她的个人课题《民族运动项目丰富农村小学大课间活动初探》荣获市级优秀课题。

向尧青老师积极思考，为学校开设更多的体育运动项目。如在大课间方面，她改变传统的让学生做操或者跑操的形式，把竹竿舞、空竹等少数民族传统体育项目放在大课间，极大地激发了孩子们对体育的热爱之情。

从教 22 年来，向尧青扎根农村小学，不仅把学校的体育活动开展得有声有色，还挖掘培养了大批体育苗子，为上级体校输送了近八十名优秀运动员。她输送的学生在 2017 年亚洲少年田径锦标赛中获得女子 400 米栏冠军，同时还夺取了异程接力金牌，这两项成绩均打破了赛会纪录。

由于教育情怀身后，体育教学业绩突出，她本人也获得各种不同的荣誉。2008—2016 年连续 9 年均获评桂林市学校体育工作先进个人；连续四届获桂林市体育教师基本功比赛一等奖；2012 年 9 月被评为桂林市优秀教师；2014 年 3 月被评为龙胜各族自治县"巾帼建功"先进个人，同时，评为"龙胜县商业银行优秀教师奖励基金"优秀教师；2015 年评为八桂乡村优秀教师。现在，向尧青老师的最大心愿，是把学生培养成更出色的体育人才，成为省冠军乃至全国冠军甚至奥运冠军。她将以更大的热情在教书育人、创新管理的征途上继续奋斗。

案例 6-6：广州花都乡村小学体育老师调教出跳绳"梦之队"①

2019 年 7 月，在挪威举办的跳绳世界杯上，他带领的广州花都跳绳队 17 名中小学生，在 26 个国家近千名参赛者的角逐中，斩获 85 金 23 银 15 铜，刷新了七项世界纪录。被称为"光速小子"的岑小林用三分钟 1141 次的成绩刷新了自己去年创造的世界纪录。从马来西亚世锦赛的"横空出世"，到在迪拜首届世界学生跳绳锦标赛、瑞典世锦赛等各项世界跳绳赛中连创佳绩……不到五年时间，花都七星小学体育老师赖宣治，用一根刹车线，带出了 30 多名世界跳绳冠军。

---

① 李国辉，赵乐群.广州花都乡村小学体育老师调教出跳绳"梦之队"[EB/OL].（2019-08-05）[2022-01-13].https://news.ycwb.com/2019-08/05/content_30310709.htm.

（1）七星小学首位体育老师

赖宣治，出生并成长于广东信宜，2010 年，武汉体育学院本科毕业之后，他考入了广州市花都区，到七星小学任小学体育教师，也是该校历史上的首位专业体育老师。

初到七星小学，赖宣治被眼前所见吓了一跳——这是一所名副其实的小建制的乡村小学，全校只有一栋没刷漆的教学楼，没有教师宿舍，运动场地狭小。全校学生仅有 150 人左右，40% 是外来务工子女，其余大部分是本地农村孩子。见到新来的赖宣治，学生们的眼里有些惊慌、胆怯，有的甚至躲开。

由于长年缺少系统的体育训练，上课时，孩子们排队的样子也显得"手足无措"，见到这些，赖宣治暗自发誓，一定要把学校的体育搞起来。

赖宣治的专业是篮球，想以篮球作为突破点。他从学生中挑选了几十人，组建了一支篮球队。然而，不少家长极力反对自己的孩子加入篮球队，甚至要求学生退队。有的甚至打电话跟校长张有连投诉，搞篮球队会影响孩子学习成绩。原本选了五六十人，很快就剩不到十人。篮球队只能面临解散的命运，这让赖宣治有种无力感。随后两年，他又尝试发展足球、田径，但都因为各种原因，均已解散告终。2013 年，赖宣治决定把跳绳作为突破口。

（2）七星小学的跳绳"梦之队"

在全校选拔了五十多人，赖宣治组建了跳绳队。然而，最大的阻碍是，赖宣治从来就不会跳绳。他每天下班到宿舍上网看视频、找资料，铆足了劲去研究怎样可以跳得更快。近乎"疯狂"地研究国内外跳绳运动的跳法后，赖宣治发现，弓着腰比直着腰跳得快，正抬腿比后踢腿跳得快。基于自己的研究，他改良了半蹲式跳法，并将这一跳法教给自己的队员。

传统的绳子体积大、阻力也大，赖宣治一直在寻找一种可以让学生跳得更快的绳子。有一次，他的摩托车刹车线断了，送修时，他握着这根直径约 1.5 毫米的银灰色钢丝线，突然醒悟：这条柔软而又不失韧性的刹车线，不正是自己苦苦寻找的最佳的跳绳吗？

赖宣治要求队员们从早上六点半训练到八点，下午四点半训练到五点半，雷打不动。这再次引来了家长的反对，被投诉严重影响孩子学习，甚至将赖宣治围堵在校门口责骂。很快，原本 50 多人的跳绳队只剩下不到 20 人，剩下来的大多数是外来务工人员子女，父母没太多空闲管。赖宣治意识到，他只能用成绩来回应。

（3）"荣誉"与"毁谤"

赖宣治和他的跳绳队每天都在坚持训练。很快，经历了苦训的七星小学跳绳队优势渐显，在区里的比赛拿下了冠军。2014年，赖宣治第一次把跳绳队带出了花都，参加在安徽举行的全国跳绳比赛分站赛。30秒单摇、连续三摇跳、3分钟单摇跳、个人花样……七星小学的18名队员，就如横空杀出的一匹匹黑马，在比赛中斩获30多枚金牌。在2015年的大连全国总决赛中，七星小学跳绳队毫无悬念地狂揽了30枚金牌。

拿到全国冠军后，赖宣治又将跳绳队带到了马来西亚参加跳绳世锦赛，他们一举夺得34块金牌，刷新两项世界纪录；2015年11月，在阿联酋迪拜举行的首届世界学生跳绳锦标赛上，整个赛事只有28枚金牌，七星小学独揽27枚，刷新两项世界纪录。

在参加2016年瑞典世界跳绳锦标赛时，跳绳队获得了中国在这项赛事中的首个团体冠军。在升旗仪式上，赖宣治和所有的孩子一边因激动而哭泣着，一边大声地唱完了国歌。中国冒出的这支队伍，教练只是一个普通的体育老师，运动员也只是一群普通的农村孩子，但他们却为国争了光。

（4）"小绳子，大世界"

"小小的绳子，大大的世界"，这几乎已经成了赖宣治的口头禅。这一根绳子，不仅将七星小学拉向了世界，也让一个个跳绳队员发现了自己的无限可能性。

2014年，参加中国跳绳大赛安徽站的比赛时，颁奖礼刚结束，跳绳队准备合影，队里平常最胆怯的女生张茂雪突然走到赖宣治面前，一股脑地把自己在比赛中获得的十多个金牌全挂在了赖宣治的脖子上，并对他说："老师，我很开心，我拿了好多金牌。"那一瞬间，赖宣治的眼泪掉了下来。他没有想到，一个平常说话就低头、说话大点声就流泪的女孩子，会如此表达对老师的谢意。那一刻的赖宣治也猛然醒悟，这根绳子不仅仅能让他们争金夺银，也能让他们成为更好的自己。

因为跳绳，七星小学不仅收获了外界的关注，校风校貌也在无形中发生变化，学生都以校为荣。

（5）千锤百炼获得专业精准发展，换得荣誉等身

赖宣治对待教育教学认真细致，胆大心细，善于抓住儿童的心理生理特征因材施教，根据不同年龄学生身心发展规律设计不同的课型与教法。他积极谋

划，主动改善学校体育场地设施。学校办学条件差，体育场地、运动器材非常缺乏。赖宣治就自己动手，用锄头平整田径场，制作维修体育器材。他坚信通过体育教育可以改变学校现状、改变孩子命运。他关心学生成长，用爱心照亮了一个个学生幼小的心灵，深得学生的信赖和尊敬。他用跳绳改变了一群农村孩子的命运，反复钻研，发明"半蹲式"跳绳法，在全球范围内赢得技术优势。在他的精心训练和用心培养下，先后培养出"光速少年"岑小林，"世界跳绳大师"张崇扬和韦杏亲等 33 名世界跳绳冠军，打破 11 项世界跳绳纪录，荣获奖牌 800 多枚，金牌 400 枚，缔造了"世界跳绳梦之队"的神话，成功探索出山区体育教学异军突起的路子，被媒体誉为"中国速度，七星奇迹"。

赖宣治还带领七星跳绳队先后受邀参加了 G20 峰会、香港回归 20 周年系列庆典活动、博鳌亚洲经济论坛等活动演出。他和学生们的感人故事，先后被中央电视台新闻直播间、东方时空等重要栏目追踪报道，还被拍摄为纪录片和儿童励志电影《点点星光》，在中国国际儿童电影展上被评为"小学生最喜爱的儿童片"，获评第 33 届金鸡奖"最佳儿童片"。此外，赖宣治和他的学生们作为特别出演，参加了电影《我的体育老师》的拍摄。目前，片方正在全国各地进行路演。随着这部电影在各地路演的口碑相传，相信在电影全国公映后，更多的观众可以看到赖宣治和他带领的跳绳队的风采。①

赖宣治荣获全国优秀教师、全国青年岗位能手、全国群众体育先进个人等称号，被授予全国五一劳动奖章，荣登"中国好人榜"。2021 年 11 月 6 日，被授予"全国道德模范"。②在一系列荣誉的背后，既有赖宣治老师高尚的教育情怀，也有他宽广多维的专业视野、锲而不舍的专业执着、如切如磋的专业探索，最终获得专业的精准发展。

---

① 李丽.创造"七星奇迹"的赖宣治获评第八届全国道德模范，参演电影《我的体育老师》即将上映 [EB/OL].（2021-11-08）[2022-01-13].https://new.qq.com/rain/a/20211108a0aah800.
② 何道岚，穗文明.他们是灯塔照亮全城！广州共 6 人入选历届"全国道德模范"[EB/OL].（2021-11-05）[2022-01-13].https://baijiahao.baidu.com/s?id=1715600339075645705&wfr=spider&for=pc.

第二节　精准提升体育教学能力的策略

教学能力是教师选择教学内容、进行教学设计、实施教学过程、进行教学评价等各种能力的综合反映，也是教师专业能力发展的重要指标，当然，也是农村体育教师专业发展的关键因素。目前，由于南岭走廊乡村体育教师专业发展环境不够宽松、专业发展动力较为一般，专业发展意识不够强烈、教师教学能力提升路径不够畅通、教师教学能力提升内容不够全面等原因，使得南岭走廊乡村体育教师整体教学能力存在较大的提升空间。要有效提升南岭走廊乡村体育教师的教学能力，可从政府层面和教师自身两方面共同努力。

一、政府层面的措略

（一）促成南岭走廊乡村体育教师提高教学能力的内生动力

南岭走廊乡村体育教师专业发展的所有问题，归根到底是自身问题。来源于外的一切专业发展帮扶，其最成功的标志应当是被帮扶的教师生成了强烈的专业发展内在动力。如果政府仅仅停留在有"帮扶"行为，或者有"帮扶"的过程，仅仅满足于"去了人""给了钱""上了示范课""做了科研辅导"等层面，而不从根本上激发乡村体育教师强烈的自我提高动机，则任何帮扶都难以可持续发展，难以起到真正的帮扶作用。而对于"精准"而言，更是奢谈。所以，政府主管部门要追求基于实践需求，解决主要矛盾，促成乡村教师专业发展的可持续发展动力，此种帮扶才真正有意义。

（二）形成提升教学能力的自我造血机制

长期的教育帮扶和乡村学校支教工作表明，"过客式""运动式"的教育帮扶，来得快、去得快，表面热闹喧嚣，实质却比较空洞。对乡村学校体育教师专业精准发展的帮扶，必须重点做好"人"的工作。既打造一个"铁打的营盘"，也造就一支"铁打的兵"，培养出一支带不走的乡村体育教师队伍，从根本上解决乡村学校体育教师专业发展的自我造血功能，此举方为抓住了帮扶工作的"牛鼻子"。所谓"带不走",即在建立一种能从根本上解决乡村体育教师队伍成长发展、恒定持久的体制机制（包括来自教育行政部门和乡村学校的规划及有力的执行方案）①基础上，从根本上全面提高乡村体育教师的自我发展意识和能力，让乡村体育教师能够对乡村教育有深厚的教育情怀，对体育教育工作产生强烈的事业心，付出积极主动的专业发展行为，聚焦体育课堂教学、专心开展教研、认真从事课外体育活动和课余训练竞赛，提高自己的专业"真本事"，获得实实在在的专业发展效果。

（三）颁布相对贫困地区、革命老区、民族地区教师发展特殊政策，激发南岭走廊乡村体育教师提升教学能力的动机

身处民族地区、革命老区、相对贫困地区的南岭走廊，其乡村体育教师囿于自然条件、人文素养与历史积累，专业起点不高、发展困难较多、发展机会较少。基于此，国家和地方政府在制定乡村教师发展政策和规划时，应对"三区"地区有所照顾和倾斜，体现政府对"三区"的关心和教育事业的重视。通过照顾性、激励性政策，可有效强化南岭走廊乡村体育教师的民族教育情怀，促生其不断提升教学能力的内在动机。另外，国家和地方政府要制定政策，鼓励属于"三区"范围的南岭走廊乡村体育教师加强对外交流，通过"走出去""请进来"相结合的方式，缓解乡村体育教师工作教学能力提升的矛盾，促使乡村体育教师教学能力得到有效提高。

（四）结合南岭走廊乡村体育教师的需要，发展教学能力

南岭走廊属于集民族地区、革命老区和相对贫困地区于一体的"三区"地区，体育教育具有较强的民族特色和相对落后性。而且，由于社会经济发展水平相对落后，部分乡村学校专职体育教师数量严重不足，只能由其他科任教师兼职上体育课。而对于部分乡镇中心小学而言，虽然其体育教师数量充足，但其他学科教师又较为短缺，体育教师要兼职跨学科教授语文、数学、英语等课程，或者兼任学校德育、团委、财务等工作。而部分乡村学校校领导由体育教师担任，其行政工作业务繁忙，体育教学的时间和精力均受到影响，专业发展也难以有效提高。总之，南岭走廊乡村体育教师专业发展的现状既有共性，也有个性。其职业提升要求也既有共同点，也有不同点，共同演绎了一幅南岭走

---

① 严华银.教育精准帮扶：定位须"准"施策唯"精"[J].中国民族教育，2021（5）：17-20.

廊乡村体育教师专业发展的复杂性、多样性和特殊性的图景。

　　针对以上情况，上级主管部门和培训机构在制订乡村体育教师培训计划时，既需要充分考虑民族性等特征，也要全面了解走廊内乡村体育教师最需提升的专业能力，提高培训的实效性。培训部门在安排培训内容时，应事先对南岭走廊乡村体育教师进行实地调研和深入了解，根据乡村体育教师所处的地方环境和其工作内容，设计本土性体育教学培训内容，实现体育教师培训模式的多样化。此外，还可以根据乡村体育教师实际需求实施分段分层培养，让教师根据自身实际情况和需要，个性化选择培训内容，提高培训的针对性、精准性和实效性。当然，要做好这些环节，需要培训单位精准采集南岭走廊乡村体育教师培训需求信息，分类型、分性质确定乡村体育教师的培训主题、内容、进度和方式。

（五）根据南岭走廊乡村体育教师的不同职业发展阶段，区别对待，科学引导，提高专业发展方式手段的适切性

　　要针对南岭走廊乡村体育教师的不同职业发展阶段，实施相应的教学能力发展策略，尤其是对于事业刚处于起步时期的青年教师而言，这一点更加有意义。

　　对青年体育教师而言，其专业发展黄金时期为参加工作后 5 ～ 8 年内（首次成长期），此时期，体育教师的专业信念、素养、能力等都会有明显的发展效果且相对稳定。此阶段后，多数会经历一次专业发展的平台期。之后，又将经历一个快速成长时期（第二次成长期），逐渐发展为卓越型教师、专家型教师。针对教师专业成长的这种规律，学校和指导教师要进行区别性引导，准确把握不同发展阶段的特征和需要，提供专业发展的支持力量。

　　首先，对于刚入职的体育教师来说，来自工作、生活、学习等各方面的压力较大，渴望得到来自领导、同事、学生、家长等方面的肯定和认同，工作中难免产生困惑迷茫，焦虑困顿，延误专业发展时机，所以，学校领导和同行要加强引导，扶正青年教师的专业发展初心。

　　其次，入职 1 ～ 2 年的青年教师，正处于教育理论与教学实践融合的转换期，有时会产生理论应用价值不大的困惑，只有在教育实践中才能活学活用的教育理论，实现理论知识和实践操作的相互促进。入职 3 年左右，乡村青年体育教师会初步了解体育学科的价值和体育专业意义，形成相对明确的专业发展方向。各种专业发展行为也开始积极涌现，如愿意付出艰辛劳动，有志成为教学名师或专家型教师，特别关注教学课例、教学研究等新兴现象，有了一定的问题意识，学会在体育教学实践中发现研究问题和验证假说。

再次，由于入职 5 年内的青年教师正处在人生的上升时期，成家立业、结婚生子等问题都会相继来到，需要学校的人文关怀。青年教师（尤其是籍贯为外地的教师）初来乍到，对规章制度、人文风物了解不多，学校要塑造支持其专业成长的"软环境"，为其创造平台，引导青年教师自我发展，帮助青年教师用爱心筑牢为师从业的道德根基，立足学生筑牢课堂教学根基。所以，教育主管部门、教研员、学校领导、体育科组长等要学会精准识别不同阶段乡村青年体育教师身心特点，尽量满足其身心需要，为其成长提供合适的帮扶。

最后，在青年乡村体育教师的发展过程中，要以夯实其体育教学、课余训练、课外体育、体育教研等四大能力为主要抓手，促进其专业发展。具体来说，体育教学能力包括教学内容选择能力、教学设计能力、课堂实施能力、教学评价能力以及教学反思能力。夯实青年体育教师的教学能力，就是要提高教师上述各种教学能力，形成个人的体育教学风格；课余训练能力指青年教师组织学生在课余时间参加体能、技能、战术等训练，提高学生的体育运动表现，提高学生竞技水平的能力；课外体育能力指体育教师组织全体师生，积极参加课后体育活动，如大课间、每天锻炼一小时、体育节等方面的能力；教研能力主要是体育教师发现问题、提出问题、解决问题的能力。可培养青年体育教师的问题意识，培养实践反思能力。如果加以教师研讨、专家指导等过程，能够使解决问题的思路清晰，方法明确，效率提高。

当然，在指导青年体育教师教研发展的过程中，不能仅仅"提要求""压任务"，还要尽量通过具体研究项目（初期以微项目为主，后期发展为有一定难度的项目。选题可包括体育教学实践与理论的应用、体育教学实践中认识模糊的问题、体育教学中的具体操作问题，等等）作为媒介，让其积极参与，全程浸润，在完成研究项目的过程中获得专业成长。教育局、乡村学校在青年体育教师培养过程中，可按照专业发展的能力组成，逐步实施和过关。[①]

（六）创新南岭走廊乡村体育教师教育模式，主动构建乡村体育教师专业发展平台

1. 教育局和教研员组织乡村学校体育专项教学督导，提高乡村体育教学规范性

出于工作便利性的考虑，传统的教学督导多以城区学校或城镇学校为主要

---

① 唐玉辉. 把握发展阶段，精准助力教师专业成长 [J]. 江苏教育，2018（6）：13-15.

对象，乡村学校几乎是教学督导的"真空地带"，导致乡村体育教师失去了向教学督导专家学习的机会。应创新教学督导形式，将督导的重心向乡村学校倾斜，结合教学督导结果实施专业培训，组织听课观摩的乡村体育教师"解剖"具体课例，对课例进行研讨和评价，在评价过程中提高乡村体育教师的教学能力。另外，也通过教学督导加强对乡村学校的体育教学管理，规范和优化乡村体育教师体育教学行为，提高乡村体育教师各项教学能力，包括教学内容的选择能力、教学设计能力、分析和处理教材的能力、教学组织能力、教学评价能力、运动伤病防治能力、突发事件处理能力等，提高乡村体育教师专业发展水平。

2.构建师范院校教师与乡村教师形成学习共同体、研究共同体和发展共同体，构建南岭走廊乡村体育教师专业发展体系

师范院校有师范教育的专业传统、积淀和优势，对乡村教师的培训和提高具有重要的引领作用。其与乡村体育教师形成学习、研究和发展共同体，能够让乡村教师耳濡目染、亲身感受高校教师的教学行为、研究行为和发展轨迹，不断获得专业精准发展。也是基于这种原因，2020 年，教育部等六部门在《关于加强新时代乡村教师队伍建设的意见》（教师〔2020〕5 号）中专门要求"鼓励师范院校采取多种方式，长期跟踪、终身支持乡村教师专业成长，引导师范院校教师与乡村教师形成学习共同体、研究共同体和发展共同体"[①]。

基于以上要求，省级、地市级政府应鼓励省级、各地师范院校和高等学校师范类学院（专业）采取多种方式，长期定向服务跟踪、终身支持南岭走廊乡村体育教师专业成长。政府可引导省级、地方师范院校教师与乡村体育教师共同构建学习共同体、研究共同体和发展共同体。在学习、发展和研究过程中，从实际出发，按照乡村体育教师的实际专业发展需求，动态调整、改进培训内容与方式方法，提高乡村教师自觉推广中华传统体育文化、地方特色体育文化的自觉性和积极性。另外，政府应主动创造机会，让走廊内更多乡村体育教师有机会前往教育发达地区研修或跟岗学习。

3.开展"教学名师工作室"送教下乡活动，满足乡村体育教师专业发展具体需要

南岭走廊所在教育局应主动联系和组织省内外、市内外体育名师工作室主

[①] 中华人民共和国教育部.教育部等六部门关于加强新时代乡村教师队伍建设的意见[EB/OL].（2020-08-28）[2022-01-13].http://www.moe.gov.cn/srcsite/A10/s3735/202009/t20200903_484941.html?pc_hash=lxhuF3.

持人，组织骨干力量"送教"到乡村学校，提供体育示范课、教学专题讲座和体育器械图书，满足乡村学校体育教师的精准需求。

个案6-2-1：广东省名教师杨建民工作室团队助力广东省乡村体育教师提升行动①

2019年5月，由广东省教育厅指导，广东第二师范学院、韶关市教育局、广东省中小学体育教师发展联盟主办的"广东省乡村体育教师提升行动仪式暨乡村体育教师专业发展研讨会"在韶关乐昌举行。广东省教育厅领导、广东第二师范学院体育学院领导、广东省中小学体育教师发展联盟部分理事、部分地市教育局有关负责同志等代表参加了本次活动。

广东省名教师杨建民工作室一行十余人作为特邀专家及课例展示代表参加活动。杨建民老师亲自进行了教学示范课《往返跑》课例展示，虽然他已58岁，但他对课堂的尊重和对体育教学的热爱让他一直坚守在教学第一线。本次课例，杨建民老师精心准备，为体育教师们在教学设计、课前准备、场地的布置等方面做出了重要的示范。课中学生练习密度非常高，活动场地利用饱满，学生课堂参与热情极高，教师在整堂课中能引导学生围绕教学内容采用不同的练习手段层层递进，为到场的每位老师展现出了一堂精彩的小学水平（二、三年级）《往返跑》示范课，赢得了在场教师的一致好评。

此次送教下乡的过程中，广东第二师范学院体育学院副院长（主持行政工作）兼广东省中小学体育教师发展联盟秘书长张细谦教授，中山市第一中学李涛（兼中山市体育教研员），中山市第一中学周明真老师，也分别从教学设计、课堂组织管理、评价等方面给工作室成员进行了指导、培训和专题授课。

此次送教下乡活动，使在场观摩学习的乐昌市乡村体育教师见到高效的体育教学过程的全貌，感受到高密度的体育课程的组织和实施，领悟到平时司空见惯的"往返跑"教学内容不同的全新演绎方式，拓宽了乡村体育教师的教学视野，丰富了乡村体育教师的教学感悟，有利于他们教学能力的提高。

案例6-7：【郭清泉名师工作室】党员教师送教下乡教育之花蓬勃绽放——记赣州经开区中学体育送教下乡活动②

2018年5月31日下午，赣州经济技术开发区中学体育教研组到三江学校

---

① 刘菲.广东省名教师杨建民工作室团队助力广东省乡村体育教师提升行动[EB/OL].（2019-06-02）[2022-01-13].https://www.meipian.cn/25odewpz.

② 郭清泉名师工作室.党员教师送教下乡教育之花蓬勃绽放——记赣州经开区中学体育送教下乡活动[EB/OL].[2022-01-13].https://www.meipian.cn/1csj4cua.

中学部举行送教下乡活动，送教老师是来自黄金中学的省级骨干教师、中共党员袁激。

　　袁激老师给学生们带来了一节让人终生受益的课程——运动损伤的预防和处理。在上课伊始，袁老师先向同学们展示了运动健儿在运动场上奋力拼搏的身姿，吸引了同学们的注意力，随后让同学们看到运动员受伤不能参赛的图片，让同学们感受到预防和处理运动损伤的重要性。袁老师给学生们讲了一个一个鲜活的案例，从摔伤、脱臼到骨折，从鼻出血、脑震荡讲到运动后抽搐，从自救讲到互救，让同学们在短时间内就学到了许多受用一生的知识。

　　四十五分钟的一堂课随着袁老师的精彩讲授接近尾声，在短短的四十多分钟里，学生们知道了什么情况下运动损伤的频率高，也明白了运动前准备活动的重要性以及出现损伤后正确的处理方式。

　　此次活动给观摩听课的体育教师带来深刻的启迪，无论是在体育理论教学知识的范围、内涵方面，还是体育教师讲授体育理论课程的授课方式、课堂节奏掌握、课堂互动控制、课堂教学效果的取得方面，都对观摩老师大有裨益。

4. 积极贯彻实施体育浸润行动计划，提升乡村体育教师专业发展水平

　　为深入贯彻落实习近平总书记关于教育的重要论述和全国教育大会精神，推进新时代学校体育美育改革发展，促进教育公平，统筹整合资源，建立高校支持中小学体育美育协同发展机制，教育部办公厅印发《关于开展体育美育浸润行动计划的通知》（以下简称《通知》），在部分高校试点开展体育美育浸润行动计划，旨在依托高校体育教师和学生力量，为本地区特别是革命老区、民族地区、边疆地区、贫困地区和广大农村地区提供持续性的定向精准帮扶和志愿服务，切实提高教学水平和教育质量，推动中小学体育日常化、多样化、特色化发展，努力让每一个学生都能享有公平而有质量的体育教育。

　　行动计划坚持育人为本和特色发展；坚持协同推进、统筹区域和城乡发展，探索 U-G-S（政府—高校—中小学校）协同推进的长效机制。高校对口支持 1～2 所尚未开齐开足体育课程的农村中小学校，按照对口学校和学生需求，在体育课程教学、实践活动、校园文化建设、教师队伍建设四个方面提供支持，具体的要求分别为：第一，按照思想性、教育性、科学性、持续性的要求，为中小学校开发和实施体育专项课程；第二，指导中小学校开展具有时代特征、校园特色、学生特点和教育特质的体育实践活动，帮助中小学生基本掌握 1～2 项体育运动技能；第三，帮助中小学校充分利用广播、电视、网络、课间音乐、教室、走廊、宣传栏和新媒体平台等，弘扬社会主义核心价值观，

营造格调高雅、富有美感、充满朝气的校园文化环境；第四，采取多种形式对支持学校所在地区开展教师队伍建设专项帮扶，提高区域内中小学校体育教师专业水平和教育教学能力。[①]

就南岭走廊跨经省份之一的广东省而言，该省教育厅积极贯彻《通知》精神，组织省内高校，包括中山大学、华南理工大学、暨南大学、华南师范大学、广州大学、深圳大学、广州体育学院、韶关学院、嘉应学院、惠州学院、惠州学院、岭南师范学院、广东石油化工学院、广东第二师范学院、韩山师范学院、广州中医药大学、广东海洋大学等，积极开展体育浸润行动试点工作，"通过名师工作室、名师工作坊、培训进修、师徒结对、集体教研等多种形式对支持学校所在地区开展教师队伍建设专项帮扶，提高区域内中小学校体育教师专业水平和教育教学能力。紧密结合教育教学一线实际，与中小学校合作开展体育相关项目、课题的研究与实践，推动体育理论研究成果在中小学校的实践、转化和推广，提高中小学校体育教师的理论研究和教学实践水平"[②]，帮助南岭走廊内体育教师获得专业精准发展的机会。

案例 6-8：广州体育学院推进体育浸润行动计划，精准帮扶清远市中小学体育教育

为贯彻落实广东省教育厅"体育浸润行动计划"，积极探索高校支持中小学体育美育协同发展新机制，2021 年 11 月 10 日，广州体育学院校领导、中层干部、骨干教师和学生一行赴清远市教育局、源潭一中和清城区石角镇中心小学开展"体育浸润行动计划"座谈暨体育器材捐赠活动。

为了完成省教育厅"体育浸润行动计划"项目要求，广州体育学院按照"一校一策"原则制定了适应中小学校需求的精准的体育浸润行动计划实施方案。通过体育师资培训、体育课程教学、体育实践活动等，为乡村中小学体育教师和体育教学提供持续、定向帮扶和志愿服务，推动清远市地区乡村中小学校体育工作日常化、多样化、特色化发展，切实提高体育教学水平和教育质量。活动中，广州体育学院向源潭一中和石角镇中心小学分别捐赠体育器材，

---

① 中华人民共和国教育部.教育部办公厅印发通知开展体育美育浸润行动计划 [EB/OL].（2019-06-25）[2022-01-13].http://www.moe.gov.cn/jyb_xwfb/gzdt_gzdt/s5987/201906/t20190625_387596.html.

② 中华人民共和国教育部.教育部办公厅印发通知开展体育美育浸润行动计划 [EB/OL].（2019-06-25）[2022-01-13].http://www.moe.gov.cn/jyb_xwfb/gzdt_gzdt/s5987/201906/t20190625_387596.html.

并选派一批功底扎实、思想品德优秀的学生驻守清远市源潭一中和清城区石角镇中心小学，根据学校体育教学、体育活动、校园文化建设的需求，充实到体育教师队伍中，持续帮扶。

两所中小学校领导都表达了由衷的感谢，并希望今后进一步加强交流合作，在体育师资力量、体育教学器材等资源方面获得支持，推动"体育浸润行动"向纵深发展，助力学校体育教育工作更上一层楼。广州体育学院领导也表示将充分发挥体育教育人才优势、资源优势，通过师资培训、教研合作、协同育人等全方位多层次深度合作，为清远市提供持续的定向精准帮扶和志愿服务，助力清远市中小学体育教育的发展。清远市教育局领导希望通过"体育浸润行动计划"进一步提升本地中小学体育教师专业水平和教育能力，加强广州体育学院和清远市体育学科发展联系，补充清远市乡村体育教育短板、推动清远乡村体育教育振兴。①

5. 组织乡村体育教师参加课堂教学比赛，拓宽教学视野

由于信息闭塞、交通不便、专业能力欠缺等原因，南岭走廊乡村体育教师鲜有机会参与高级别的体育课堂教学比赛与展示，限制了其教育教学视野的开拓，抑制了其专业教学能力的发展。所以，教育主管部门应专门组织乡镇层级的体育教师参与的教学竞赛，通过竞赛活动，提高他们的教学设计、教师实施、教学评价、说课、磨课等方面的能力。在此基础上，组织优胜者参加市级教学竞赛展示活动并要求所有体育教师观摩，积极开展教学反思和研讨活动，相互交流，取长补短，互学互鉴，共同提高，为南岭走廊乡村体育教师专业发展构建宽广舞台。

6. 创新乡村学校教研帮扶方式，提高乡村体育教师专业发展的精准性

（1）精准帮扶。教研员制定乡村体育教师专业发展计划，组建市级、区级骨干体育教师导师队伍，为南岭走廊乡村学校中青年体育教师"一对一"安排专业导师，构建精准、持久、稳定的结对帮扶关系。专业导师对乡村教师采取循循善诱的方式，通过相互探讨、规划专业生涯、跟岗学习、影子课堂、导师现场驻点指导，在线研讨备课、微信群集中指导、导师上公开示范课、徒弟上汇报课等形式，扩展乡村体育教师专业发展的形式和空间。

---

① 李㴓，邓昕童.我校推进体育浸润行动计划，精准帮扶清远市中小学体育教育 [EB/OL].（2021-11-10）[2022-01-13].http://news.gzsport.edu.cn/news/hotnews/2021-11-17/4861408221.html.

（2）师徒结对。驻点教研员与乡村体育教师师徒结对，形成长期稳定的师徒关系。师傅系统关注徒弟教师的工作状态、学习进展和思想动态，掌握徒弟教师的工作情况，向徒弟传授教学经验理论知识和实践教学经验，传送各种教学信息，帮助指导徒弟教师分析学情、制定体育教学计划、选用体育教学方法和手段、设计教学流程、确定教学评价方式与手段，激励和指导徒弟教师踊跃参加各种教学活动，让徒弟教师在"做中学"，在实践中得到专业发展和提升。①

二、教师自身一般策略

（一）克服心理不足

南岭走廊乡村体育教师在发展教学能力时，首先要克服几种心理不足：第一，体育教学和学校体育工作兴趣低下。这种障碍会大大降低个人工作积极性，从而降低提升教学能力的兴趣和动机；第二，工作压力和专业发展压力过大。乡村体育教师的工作压力较多表现在教学安全问题上。由于体育教学是以身体练习为主的过程，学生在参与体育活动的过程中，安全事故是不能绝对避免的。如果平时课堂纪律要求不严，组织松懈，体育教师对常见运动损伤缺乏预防和处置经验（此问题更多发生在非"科班出身"的兼职体育教师身上），可能在发生安全事故时教师就茫然无措。特别是在严重的安全事故情况下，乡村体育教师将承受较大的心理压力。经常发生此类事情时，体育教师的心理压力将导致自身产生职业倦怠，挫伤其专业发展的积极性和动机。

（二）严格要求自己

南岭走廊乡村体育教师的专业能力要想得到有效发展，首要的因素是教师要对自身有获得专业发展的严格要求。教师必须对自己的教育教学能力有一个合理的认识和定位，知道自己教学能力的长处和短板，对组成体育教学能力的各要素（如体育教学方法和手段的掌握、体育教学目标的确定、学情分析、体育教学内容的选择、体育教学原则的采用、乡土体育教学内容的开发、单元及课时体育教学设计和实施、体育教学组织、运动技能教学、身体素质锻炼和体能发展、运动负荷掌控、体质健康水平提高、体育理论知识传授、体育教学评价、体育课后作业安排等）有清晰的了解。了解自己教学方面的长处和不足，

---

① 丁文平.提升乡村教师教研能力的有效探索[J].基础教育论坛，2020（29）：7-10.

敢于超越自己现有能力状态，对自己的教学能力要求严格并有进一步精准提升能力的动机。

（三）勤奋学习体会

教师的专业发展是一个无止境、"没有最好，只有更好"的不断进步的过程，学习应该伴随教师专业发展的全过程。乡村体育教师只有学习，不断观察、不断体会、不断比较、不断反思，才能发现自身不足，找到自身专业缺陷，从而产生提升专业水平的愿望。有了愿望，就可能找准提升自己的路径和方法，再通过学习，使专业视野越来宽广，教学理解越来越全面，体育教育教学知识结构越来越合理，教学能力的发展也会越有可能。

（四）增加实践体验

"实践出真知"，同样，南岭走廊乡村体育教师的教学能力，也只有通过教学实践才能真正得到提高。而且教学实践越多，总结的经验越丰富，教学反思的成果越丰富，对教学的认识也会越深刻全面。所以，乡村体育教师要在上好自己课程的前提下，多参加公开课、示范课、观摩课、说课、磨课、教学比赛、基本功大赛等教学实践。多参加科组教研、集体备课等活动，必要时观摩优秀的语文、数学、物理、化学、音乐等其他学科教学活动，从其他学科教学实践中迁移出体育教学技巧。随着各种教学实践增多，体育教师的教学能力提高就越多。

（五）参加展示交流

首先，通过教学展示，能够有效检验教学能力和水平，能更好地"鉴定"自身能力状况。乡村体育教师要多参加各级各类教学公开课、示范课、教学技能竞赛，接受专家评委和同行的检验和建议，提高水平。另外，还应该多参加现场或在线的教学观摩展示活动，学习借鉴其他教师的教学方法和手段。其次，乡村体育教师可以发挥自身教学能力，起到示范作用和传帮带的作用，并在示范过程中提高教学能力。[1]

---

[1] 于素梅. 农村体育教师专业素养发展之道 [J]. 体育教学，2018（3）：50-53.

（六）多行教学反思

教学反思是提升乡村体育教师教学能力的必备方式之一，对新手教师而言，其意义更加深刻。根据实地调查结果可知，南岭走廊乡村体育教师多数没有反思习惯，其反思能力也相对薄弱。新时代背景下，要求南岭走廊乡村体育教师做积极科学的教学反思者，就必须具备较好的教学反思能力。而乡村体育教师形成良好的反思习惯，具备较强的反思意识和能力，是教学能力提升的重要依托。

乡村体育教师要提高自身反思能力，可从以下方面着手：

1. 科学把握好反思时机和内容

课前、课中与课后反思是有机整体，乡村体育教师要通过课前反思为即将到来的教学活动进行合理安排，通过课中反思即时调整教学实施，利用课后反思对日后教学活动进行合理规划。长此以往，就能够积累经验，提高专业发展水平。

2. 精准遴选反思内容

南岭走廊乡村体育教师应该将教学反思的主要部分放在教学重点的把控和教学难点的突破等问题上，并兼顾其他细节性教学问题。只有这样，方可以提高教学的精准性和针对性。

3. 及时更新反思方式

南岭走廊乡村体育教师要积极发挥各种反思主体的作用，综合运用自我反思、他人指导反思、师生交往反思等形式。同时，随着新时代大数据、"互联网+"在乡村地区的日益推广，乡村体育教师也可以运用在线反思形式。体育教师在线收集素材，通过即时聊天软件与同行、专家等互动交流，获得专业认识和提高。①

（七）教学过程具体策略

1. 选择教学内容的策略

体育教学具有教学和教育的双重作用。就前者而言，体育教学能让学生了解体育与健康学科知识，丰富体育运动知识素养、掌握运动技能，提高体能水平，发展身体素质。就后者而言，体育教学通过师生互动、生生互动等，能够较好地发展学生人际交往能力、提高社会适应性。同时，体育教学还具有其他

---

① 曾玲.民族地区乡村教师教学能力提升路径探析[J].四川教育，2021（10）：20-22.

学科难以比拟的思想政治教育效果。学生在参与运动和练习的过程中，通过自身努力，克服困难，树立科学的胜负观念、集体合作意识、团队精神等。而后者的达成应是更高层次的追求。

　　基于此，南岭走廊乡村体育教师在教学内容的选择上，应在可能的情况下，尽量体现对《体育（与健康）课程标准》中所明确规定的体育教育成分、教养成分和发展成分的教学。这些方面既包括教材规定应掌握的体育知识、技术和技能、身体素质发展等显性内容，还涉及学习指导、练习方法和人格教育、练习方法论、体育价值和精神、行为规范、道德情操、思想作风以及学生生理、心理、情感、态度、文化等隐性教学内容。

　　要保证南岭走廊乡村学校体育教学的有效性，必须精选科学的教学内容。目前，各种体育运动项目，如篮球、足球、排球等大球项目，短跑、中跑、越野跑、法特莱克跑、实心球、垒球、跳高、跳远等田径项目，队列队形、徒手体操、广播体操、垫上运动、跳山羊、跳马、单双杠等体操项目以及游泳等水上项目，依然应该占据中小学体育课堂的主角位置。

　　另外，部分社会新兴体育运动项目，可以在适当"教材化"设置后，进入农村中小学体育课堂。在引入新兴体育项目进入教学的过程中，拟引入的内容应当具有以下特征：第一，项目的身体练习成分含量多。根据《体育与健康课程标准》（2011年版）要求，体育教学内容必须和身体练习相关，否则，不能认为是教学内容。[①] 第二，项目能带给参与者充足的运动体验感。项目在实施时，必须有让学生充分参与和实践的机会，而不是纯粹的"静坐""休闲"甚至"只是动脑不动手"。第三，实施教学难度较小，容易操作，对体育教师要求较为合理。第四，对体育运动器材和体育场地要求较低，尽量在充分利用现有资源的基础上实施教学。第五，项目被学生喜闻乐见，普及率高。拟引入的内容应该有较好的群众基础，参与的学生较多。如目前流行的花样跳绳项目、软式垒球项目、小网球项目等，都可以尝试。

　　总之，农村中小学体育教学在选择教学内容时，一方面，必须确保有较高的有效教学内容的含量，这是保证有效体育教学的前提之一。而且，全部过程均不能舍弃"运动技术的掌握"这一体育教育的要义。

　　另一方面，在选择体育教学内容时，还要考虑满足三个条件：第一，具备较多的身体锻炼价值，且具有较好的技术性、战术性、集体性、竞赛性、娱乐

---

① 祁文俊，张勇卫，钱充 . 如何将新兴体育项目引入中小学 [J]. 中国学校体育，2014（9）：73-74.

性和趣味性；第二，合适的难度。内容的选择应该让大多数学生通过一定的努力可以完成学习任务并且较好地掌握，即符合学生的"最近发展区"；第三，易于开展。所选择的教学内容应该是便于开展、容易实施的，不是"小众"性项目，而具有广泛的受众和参与者。具体而言，南岭走廊乡村体育教师选择教学内容时，可通过以下策略进行。

（1）选择有利于促成教学目标实现的教学内容。要提高南岭走廊乡村体育学校教学有效性，在选择教学内容方面，应该按照目标统领内容的指导逻辑，加以实施。时下，在"课程思政""立德树人""以生为本""健康第一""体教融合"等理念的共同指导下，体育教学应当将培养学生浓厚的爱国主义、家国情怀、团结精神、集体主义、拼搏进取意识、中华文化自信等目标充分考虑并有效实施。同时，还要能真正有利于提高学生健康水平和体育意识、促进良好习惯的养成。[①]基于此种考虑，体育教学中应尽量将激发学生的兴趣作为教学的逻辑起点，精心设计各种教学环节。

（2）选择能够产生真正实践教学效果的内容。南岭走廊乡村体育教师在选择和安排教学内容时，必须了解该活动的特性，如简便性、易行性、广适性、实效性、终身性，而不是搞花架子，走形式主义。同时，教学内容一定要体现"思政要素""健康第一""终身体育""立德树人"等思想，让体育教学内容成为培养学生体育知识养成、体育运动技能习得和迁移、健康意识、终身体育意识乃至合作交往能力的重要载体。

（3）选择有利于促成学生身心和谐发展的内容。农村中小学生处于身体发展和心理成长的关键时期，必须全面考察和周密分析全体学生，因材施教，确保全体学生学有所获。

如针对短跑教学内容，可在充分考虑学生体能、性别差异基础上，合理地改编成游戏跑、追逐跑、让距跑、追逐跑、接力跑、二人三足跑等不同的形式，以增强练习的趣味性。

再如，对于表现突出、性格奔放、运动水平高、特别是跑跳能力强的学生，可合理地将跳高、跳远等项目变化为有多个高度和远度组合的跳跃内容，使学生在兴趣盎然、情绪高涨的情况下，提高腿部力量，提高整体运动能力。而对于表现低调、性格内向、运动水平中等的学生，则可安排少量深蹲跳、短距离蛙跳等内容，使学生在较小运动量的刺激下，锻炼身体。而针对少量体育

---

① 陈志丹."阳光体育运动"背景下的有效体育教学目标[J].中国教育学刊，2008（9）：58-60.

天赋较高的学生，更应该专门性教学，提出更高要求，了解把握其"最近发展区"的水平，让其能力真正有效提升，提高教学的有效性。

（4）选择时代性强的新兴教学内容。体育项目与体育课程均是开放的体系，其内容会随着社会发展而不断发展变化。无论是竞技性项目还是大众体育、休闲娱乐性运动，都表现出较强的时代性与发展性。因此，南岭走廊乡村体育教师应秉持"与时俱进"的原则遴选教学内容。在综合考虑师资结构和水平、地方特色、场地器材、学生学情等因素的前提下，不失时机地将社会普及度高、锻炼价值大、易于开展的体育项目在进行合理的改造或优化以后引入体育课堂。如街舞、轮滑等，都是可以选择的对象。

尤其要注意的是，在目前校园足球活动火热开展的大环境下，应当将足球安排进农村中小学体育课堂。校园足球的实施，既是推广足球这个运动项目、在全国营造浓厚的足球氛围的问题，同时，更多的是以校园足球为突破口，以足球项目试点项目，逐步将更多的运动项目进一步普及开来，营造浓厚的体育氛围，提高学生的身体素质、运动技能，促进学生的全面发展。当然，各级各类学校在引入足球运动项目作为教学内容的同时，应充分考虑实际情况，做出合理、科学的安排。

（5）选择科学性高的教学内容。体育教学内容具有较强的科学性，有两点表现：第一，教学内容能有效增进学生身体健康和心理健康，也能较好地提高学生的体育意识和身体锻炼能力；第二，科学的体育教学内容在实施中能确保学生安全无虞。①

具有较强科学性的教学内容，是取得较好教学效果的重要前提。体育（与健康）课程有一个主要理念，即关注学生个体差异，确保全部学生都可获得收益。因此，体育教师在遴选教学内容的时候，应全面考虑学生年龄特征、生理特征、心理特点，整体学情、个体差异，为促进学生身心健康发展奠定基础。此外，体育教师还应当结合体育教学内容自身的科学性，注重教学内容的健身价值，确保对学生的身体健康不会产生不良影响。绝不能因为体育教师的不当教学，导致学生对体育课产生消极和抵触情绪。

当然，要想获得良好的有效性，运动负荷安排非常关键。不合理的负荷将导致体育课难以实现对学生体能、素质、身体形态、生理机能等方面形成有效刺激的目的，体育教学的有效性也能达成。当前，对体育教学的运动负荷要求

---

① 易延明.高中体育教学内容的选择[EB/OL].[2022-01-13].http://www.jiaoyu.net.cn/Html/lw2007/jyjxgl/715689.html.

日益严格和明确。上至教育部，下至各县、区教育部门，对体育课的运动负荷都有明文规定。

2020 年 8 月 31 日，体育总局、教育部联合印发了《深化体教融合　促进青少年健康发展意见的通知》，指出要"树立健康第一的教育理念，面向全体学生，开齐开足体育课，帮助学生在体育锻炼中享受乐趣、增强体质、健全人格、锤炼意志，实现文明其精神、野蛮其体魄"[①]。之后，一项针对在政协十三届全国委员会第三次会议中关于出台刚性措施强化青少年体育教育的提案做出的回应称：确保学生每天锻炼 1 小时。在丰富青少年体育锻炼活动形式方面，做出了三个"聚焦"（"教会""勤练""常赛"）的措施规划。表态将认真贯彻落实中共中央、国务院《关于深化教育教学改革　全面提高义务教育质量的意见》提出的"科学安排体育课运动负荷"的精神。

就南岭走廊所在的韶关市乡村学校而言，在国家文件精神指引下，乡村学校的上级单位——广东省教育厅等早在 2014 年颁布了《广东省学校体育三年行动计划（2015—2017 年）》，其中明文规定："中小学每节体育课必须安排 5 ～ 8 分钟身体素质练习内容，课的练习密度达到 50% 以上；小学阶段平均心率达到 130 ± 5 次 / 分；初中、高中和大学阶段达到 135 ± 5 次 / 分（女）和 140 ± 10 次 / 分（男）。"而在 2020 年新冠肺炎疫情期间，广东省教育厅在其颁布的《新冠肺炎疫情防控期间体育与健康教学指导意见》中指出，疫情期间体育课的开展要贯彻实效性原则，明确要求疫情期间体育课教学内容"以有氧运动为主，可适当降低运动强度"。但也规定了"小学、初中和高中平均心率分别达到 130 次 / 分、135 次 / 分、140 次 / 分左右，练习密度应适当提高（建议提高到 60% 左右）"[②]。

以上文件，集中体现了教育主管部门对体育课运动负荷的制度性要求，也说明了体育课教学内容必须保持较好运动负荷的必要性。

另外，科学性高的体育教学内容，应当具有较高的"身体练习"含量或"运动技能"要素，有"体育"特色，否则，就难以促成教学的有效性。如早些年的体育公开课中，有过"扁担南瓜进课堂"的课例，事后受到广泛质疑。

---

① 中华人民共和国国家体育总局，中华人民共和国教育部 . 体育总局教育部关于印发深化体教融合促进青少年健康发展意见的通知 [EB/OL]. （2020-08-31）[2022-01-13].http://www.gov.cn/zhengce/zhengceku/2020-09/21/content_5545112.htm.

② 雷丽娜 . 广东省发布学校体育课指导意见：保持 1.5 米间距不宜佩戴口罩 [EB/OL].（2020-05-18）[2022-01-13].http://www.gov.cn/xinwen/2020-05/18/content_5512577.htm.

因为"挑南瓜"仅为身体活动或体力劳动，并非身体素质项目，亦非运动项目，与"对竞技项目的改造"也难以"挂钩"，不具备运动技能要素，缺乏科学性。

（6）根据农村学校现有的场地器材条件安排教学内容。曾几何时，体育场地器材的短缺，严重影响了农村中小学体育教育教学的有效性，这种状况在全国范围内、南岭走廊范围内均有存在。而部分农村学校，其体育设施硬件条件滞后，甚至依然处在"贫困"状态。①这种窘迫状况阻碍了体育项目的多样化开设，难以达到全面提升体育教学有效性的目的。因此，乡村体育教师必须根据实际情况，因地制宜地选择教学内容。另外，必须将安全问题置于首位。

就南岭走廊乡村体育教学来说，整体上，与城市体育设施条件差异较大。而同样是农村学校之间，走廊内各地的体育场地器材条件也参差不齐，特别是在偏远的农村学校，体育场地和器材设施条件更不理想，严重影响了教学的有效性。所以，这种情况给乡村体育教师带来新的业务挑战。

值得一提的是，体育教学内容的选择，和教师、学生均相关。因为学习主体是学生，体育与健康课程标准也明确规定"以学生为中心"实施教学。而学生如何选择学习内容，体育教师也尽量精心指导。要做好这一点，体育教师必须在充分了解学生运动兴趣、运动基础、运动能力等基础上，结合学校条件、体育教师的指导能力等，科学选择适合的教学内容。

（7）合理优化有关体育教学内容。因为体育教学内容直接和教师、学生产生联系，对学生的体育学习效果影响最为直接。所以教学内容只有被学生认可欢迎，才能引发学生兴趣，才可能促教学目标的实现。目前，南岭走廊乡村中小学体育教学中，教学内容与学生实际情况、生活经验、认识水平等脱离现象较为普遍。竞技性教学内容偏多，成人化要求偏多，中考内容占据主体地位，使体育学习变成学生"难以企及"的事情或应试教育的场所。②为了获得良好的体育教学效果，乡村体育教师应该实现体育教学内容的优化，即通过一定的方法或手段，使选择的某些教学内容在体系上更加完善，在逻辑结构上更加合理、更加有利于教师的教学和学生的学习。具体包括以下方面。

①实现体育教学内容生活化。生活含有丰富多彩的教育因素和意义。学校教育必须有利于学生终身发展。作为国家公民和社会组成，学生或多或少地具

① 胡永红.我国农村学校体育课程改革的困境与出路 [J].北京体育大学学报，2014（7）：91-98.
② 本书编委会.现代高校公共体育管理与体育科学研究（第1卷）[M].北京：中国建材工业出版社，2006：328.

有生活经验，具有"缄默知识"，且城乡学生的生活经验也存在较大差异。时下，课程生活化理念被广泛接受，课程设置思路必须顺应学生愉快学习、快乐成长、积淀经验的需要，从养成教育出发。所以，乡村学校和体育教师必须具有"学校＝社会""课程＝体验""教师＝资源"等管理理念，具备"学校无小事，处处皆教育""学校一切教育活动均课程"的课程思想，高扬"全方位学习"课程理念，树立"关注社会""探究世界"等课程构成思想，拓展学习空间。从传统、单一的教室空间扩展至社会、社区、精神世界等场景。同时，延伸学习内容，从传统的书本内容拓展至生活内容。改变学习方式，从传统的接受学习转为体验学习、发现学习、探究学习等。如此多措并举，使课程效益最大化，让课程成为推动学生发展的真正有效的资源，以满足学生健康可持续成长和终身发展之需。

基于上述要求，农村学校体育教学内容生活化，也成为应然之需。体育教学内容应当贴近学生生活，为生活服务。选择教学内容时，应当考虑学生是否能够在生活中"常练"。所以，条件允许时，乡村体育教师要多选择和安排学生喜闻乐见、耳闻目睹的素材进行改编。另外，尽量符合学生身体发育和心理成长等特点。体育教师应当留心观察，多从学生的游戏、劳作、学习中选择体育教学素材。而在具体的教学过程中，还应尽量创设与学生感性认识联系密切的"生活化情境"，让其能够在"似曾相识"的体育"生活环境"下得到快乐、体验成功／激发兴趣。[①] 如投掷教学时，教学内容从传统的右手投掷扩展到左手投掷，继而延伸至实际生活中较多应用的单手下投、斜投、偏投、抛投，以及双手前、后、上抛投等方式。[②]

案例 6-9：变废为宝，让体育变得"好玩"！昆明这个老师被央视点赞[③]

58 岁的毕首金，十分热爱乡村体育教育事业。为了克服乡村学校体育器材不足的困难，勇于探索和发明。学校的体育设施和自己手中的体育用具，90%都是他通过改造废品做成的。

如他以学校操场旁的一棵枯树为原材料，自制了 60 公斤重量的可换挡的"网红"弹弓。弹弓有 6 个挡，可按学生的身体条件和体能状况进行调整，相

---

① 毕言辉，王志华．"体育教学生活化"与陶行知的生活教育思想 [J]．运动，2011（1）：98-99，111．

② 梁龙旭．论体育教学内容的创生 [J]．中国学校体育，2010（3）：35.

③ 掌上春城．变废为宝，让体育变得"好玩"！昆明这个老师被央视点赞 [EB/OL]．（2020-12-20）[2022-01-13]．https://baijiahao.baidu.com/s?id=1686567056035343800&wfr=spider&for=pc.

应的"子弹"也由小到大，包括从最小的"垒球子弹"到最大的"篮球子弹"。弹弓设计具有很大的创新性。小弹弓锻炼的是手臂力量，大弹弓像拔河一样，锻炼全身的整体力量。克服了平时体能锻炼的单调、乏味、沉闷的教学气氛，让学生在贴近生活、贴近实践的过程中，体验到体育运动的乐趣。

用毕首金的话来说，体育教师就像高明的厨师，体育教学就像厨师做菜，要经常贴近生活，勤于创新，"吊着学生口味"，让学生随时保持体育热情。

②实现体育教学内容乡土化。乡土文化系指发源、传播、盛行于某个区域，富含明显的乡土地方文化特质的文化形态，是物质、制度、精神、行为等文化形态的总称。南岭走廊内乡土体育文化特色鲜明，如广东省粤北地区均有各地特色的体育文化，在本地具有较好的群众基础及参与主体，被当地居民包括学生喜闻乐见，具体如韶关的竹竿舞、顶杠、青蛙舞、舞春牛，清远壮族的抢花炮、长鼓舞以及各地的踢毽子、打陀螺等。所以，南岭走廊乡村体育教师如果以本地的乡土体育文化作为重要教学素材来源，结合新时代文明体育运动特色要素，就能够为农村中小学体育教学内容体系的构建增加更多的可能。

③实现体育教学内容传统化。虽然体育教学内容体系是不断发展变化的，处于不断的动态发展之中。但由前人实践、总结、提炼而成的传统、经典体育教学内容，依然是体育教育教学中的主要组成。因此，南岭走廊乡村体育教师在实施《体育（与健康）》课程过程中，对教学内容的选择依然不能脱离传统教材。在不同学段，基于不同的体育课程目标，应当将传统体育教学内容加以合理选择和优化。具体包括对传统教学内容的沿用、改造、变换等方面，具体含义分别如下。

其中，对体育教学内容的沿用，指的是将某些符合学生身心特征、提高学生发展水平，能突出体育与健康课程标准理念，尤其是适切 2021 年的《〈体育与健康〉教学改革指导纲要（试行）》要求，能较好地实现对学生的"享受乐趣、增强体质、健全人格、锤炼意志"的目标达成的部分传统教学内容，如田径、武术、球类、游泳等项目继承和发展。

另外，对体育教学内容的改造，系指将某些正规的抑或竞技性偏强的教学内容进行合理改编，改变项目技术要求的难度或负荷等，在此基础上再改造为和南岭走廊内各地农村中小学生学情、现有水平相适应，容易被农村中小学生接受、理解和完成的内容。例如，将 50 米、60 米、100 米等短跑项目改造为直线、弯道等奔跑游戏。还可将 1000 米、800 米等耐久跑项目改变成让距跑、追逐跑等游戏。如此，均可以增强学习乐趣，提高学生兴趣，改善教学效果。

此外，还可以对部分竞技性偏强、成人化明显的项目进行适当简化，包括将其技术要求、比赛方法、比赛规则等适当简化，让其符合农村中小学生特点。例如：拓宽足球球门、减少足球场面积，降低排球网高度，简化篮球竞赛规则，按实际距离丈量跳远成绩，等等。

再次，对体育教学内容的变换，系指对正规化的技术动作进行"变形"，或者对简单的游戏加以变换，使其复杂化、趣味化。例如：变换练习队形、变换动作速度、变换投掷距离、变换跳跃高度或远度、变换参与运动人数、变换竞赛规则等，以充分调动学生的主动性和积极性，增加学生的参与面，提高学生受益面，最终提升体育教学的有效性。

2. 提高体育课堂时间管理效益

农村体育课堂的教学效率，系指在某个时间段内以最少的时间和精力投入、取得最好的教学效果。要提高南岭走廊乡村体育教学有效性，体育教师在优化其体育课堂时间管理方面，具有举足轻重的作用。

（1）强化体育课堂时间效益观念，使时间利用效率最大化。足够的体育课堂教学时间是做好体育教学工作的基础性保障，对体育课堂教学时间科学的管理能力，也是评价体育教师课堂教学有效性以及整个体育教学有效性的重要因素。南岭走廊乡村体育教师必须明确和保持时间效益观，认真关注体育课堂教学时间的管理，尽量降低课堂时间的无谓损耗。要关注所有学生的体育学习过程且科学组织，实现师生教、学时间效益最佳化，确保体育课堂教学的效果。总体上，要提高体育课堂的教学时间效益，务必构建合理的教学管理制度与提升体育教师的时间意识，尽量避免导致师生课堂分配时间损耗的主观人为因素，以确保有限时间能切实贯彻落实，从而提升时间利用效果。

要达成这个要求，南岭走廊乡村体育教师首先必须合理规划体育课堂教学相关时间，提高规划的科学性和有效性。主要从以下三个方面下功夫。

第一个"功夫"，主动做好课前预设。一般来说，体育课堂教学过程包括开始部分、准备部分、基本部分和结束部分四个环节，相应的体育课堂教学时间基本也可据此划分为四个部分的时间。所以，农村体育教师做教学设计时，应紧密围绕课堂 45 分钟，制订出一个明晰、准确、翔实、可实施性强的课堂时间分配计划，此为农村体育课堂教学时间管理之先决要素。

第二个"功夫"，认真做好课中调控。在农村体育课堂教学活动中，教学时间主要包括教师"教"的时间、学生"学练"的时间及教师与学生、学生与学生之间的互动时间。基于这种情况，农村体育教师应将体育课堂时间当成课堂的主要变量，加以科学掌控，确保各种教学活动的时间保持在相对合理的状态。

第三个"功夫"，积极做好课后教学时间分配合理性的反思。首先，体育教师要反思自己的课堂教学时间分配的连贯性。农村中小学体育课多数为40～45分钟，教师必须充分利用时间，让课堂"无卡顿"进行。加之体育教师在正式上课前将较多时间分心到其他次要工作中，如点名、队伍整理或调动、队形调整、批评学生、布置器材等，就容易损耗教学时间。所以，体育教师必须根据这些可能出现的情况，积极反思并在上课前周密备课，认真规划，以合理的时间分配完成体育教学。其次，体育教师必须反思课堂教学活动中过渡时间分配的合理性。[①]农村体育教学中，不能完全"杜绝"课堂的过渡时间，但务必控制在可接受的合理范围之内。由于一节体育课中学生要从事的活动较多，学生调动队伍、学生在练习中的等候、学生在练习中的取送器材等过程，都要花费一定时间。但是如果此类时间偏长，就会带来时间的无谓消耗。所以，体育教师课后反思时，必须反思教学中是否做到让各种教学活动能过渡自然、衔接协调。再次，体育教师必须反思课堂教学活动中如何减少和避免偶发事件。毋庸置疑，农村体育教学影响因素很多，教学中难免出现偶发事件。比如，学生恶作剧、扭伤、呕吐、头晕、纠纷、器材损坏、突降大雨、突刮大风等，都会影响到体育教学的效果，所以，农村体育教师课前设计和课后反思中，要仔细考虑、认真反省自己是否对各种可能情况有充足的预计并规划了相应的应对措施。

（2）科学把握体育课堂教学的高效时段。[②]由体育教学实践可知，45分钟的一节体育课内，同一个学生的有效注意能力、体能、身体素质、情绪表现，在不同时段是有差异的。当然，这种差异性也在很大程度上影响着教学效果。有研究成果认为，体育课中学生体力状态、注意力、神经系统兴奋性等，一般在上课开始后的第5分钟至30分钟（即基本部分时段）处于最佳状态。所以，要提高南岭走廊乡村体育课堂的时间效益，切实提高农村体育教学的有效性，体育教师应尽量在课堂的高效时段内将主要的教学任务完成，以解决体育教学的关键问题。

---

① 姚利民.有效教学：理论与策略[M].长沙：湖南大学出版社，2005：220.
② 邵宗杰，裴文敏，卢真金.教育学（修订二版）[M].上海：华东师范大学出版社，2001：316.

（3）保证体育教学信息量的科学有效。①教育心理学知识告诉我们，体育学习是一个持续获得信息、多次加工信息并不断调节和优化认知结构的过程，②体育教学过程的信息学本质即为信息的传递过程，较高的体育教学效果决定于师生教学信息的产生、获得、加工、传递等环节的动态平衡。一般而言，体育教学信息来源于两个方面。

首先，教学内容方面的信息。包括了体育运动知识、技术、技能、品德教育纪律要求等教育性信息以及体育教师释放的指令、评价等管理性信息。

其次，教学状态方面的信息。主要包括教师和学生双方的体育教学活动情况，例如：第一，师生的双向性反馈信息、体现体育教学发出教学指令、学生个体体育学习方式等个体性信息（如教师讲解、示范能力、学生运动完成能力、错误动作、学生技术运用的意识水平和掌握时机）；第二，教学环境方面的信息，如体育教学、运动场地的噪音、雨水、日照、场地器材等的状况以及同时同场上课班级数目等。③

可以说，学生在体育课堂中信息量少，环节不集中，分散随意，则可能浪费时间。但如果教学信息量过多，密度偏高，远远超越学生的承受水平，则极有可能带来低效的教学效果，白白浪费时间。所以，要保持较高的体育课堂教学效益，向学生输送的教学信息量彼时必须合适有度，④否则，可能导致低效、无效甚至负效的学习效果。

（4）提高学生的专注率，增加学生的体育学术学习时间。⑤全部学生保持较高的课堂专注率，是保证南岭走廊乡村中小学体育教学有效性的重要环节。要提高学生课堂专注率，乡村体育教师可综合采取以下措施：第一，在有利时机内及时施教，让学生获得尽可能好的知识接受效果；第二，及时掌控学生的课堂行为，将违反课堂纪律的情况防微杜渐；第三，体育教师采用多样合理的方式、生动形象的途径、与地方乡土体育文化相契合的手段，能较好地激发学生的兴趣与动机，从而提高学生专注率。

---

① 邵宗杰，裴文敏，卢真金.教育学（修订二版）[M].上海：华东师范大学出版社，2001：316.

② 姚利民.有效教学：理论与策略 [M].长沙：湖南大学出版社，2005：226.

③ 孙志新，聂志强，曹广海.体育教学信息观 [J].中国体育科技，1999（12）：15-17.

④ 张向葵，吴晓义.课堂教学监控 [M].北京：人民教育出版社，2004：26.

⑤ 邵宗杰，裴文敏，卢真金.教育学（修订二版）[M].上海：华东师范大学出版社，2001：316.

另外，设法增加体育课堂的在学时间，指体育教师将课中分配时间更多用在教学活动中，包括以下方式：首先，确保教学的中心地位。一节体育课中会安排教学活动、非教学活动等诸多环节和活动，体育教师要尽量将教学时间安排在教学活动上，尽量减少非教学活动上的时间；其次，尽量降低花费在管理课堂、教学组织等环节中的时间。否则，也将使得时间不合理消耗。

3. 科学安排南岭走廊乡村中小学体育教学的运动负荷

合适的生理负荷，能使人体产生相应的机能刺激程度，如呼吸、心率、血压等会发生相应的合理变化。运动负荷是人体在运动锻炼中所接受的生理负荷。具体表现在耗氧量、能量消耗等方面会发生变化。同样，南岭走廊乡村体育教师要实施好体育教学，也必须安排合理的运动负荷。如果运动负荷偏小，则难以达到有效刺激机体、增强体质之目的。而一旦运动负荷偏大，则可能导致过度疲劳甚至产生伤病，影响健康。

包括农村青少年在内的全体青少年身心健康、体魄强健，是中华民族旺盛生命力的重要体现，也是社会文明的重要标志以及国家综合实力的重要体现。中共中央、国务院历来高度重视学校体育和学生体质健康。如十八届三中全会《中共中央关于全面深化改革若干重大问题的决定》（2013）就强调"强化体育课和课外锻炼，促进青少年身心健康、体魄强健"，并明确指出要"开齐开足体育课……科学安排体育课运动负荷"。

之后，中共中央、国务院在《关于深化教育教学改革　全面提高义务教育质量的意见》（2019）也明确提出"科学安排体育课运动负荷"，体现了党中央对通过提高运动负荷，增强学生身体健康水平的用心。

在上述中央文件的指引下，南岭走廊内相关省市也积极落实。再以韶关市所属的广东省而言，2014 年 11 月，广东省教育厅、发展改革委、财政厅以及体育局联合颁布《广东省学校体育三年行动计划（2015—2017 年）》，明确表示"提高体育课实效性……，中小学每节体育课必须安排 5 ～ 8 分钟身体素质练习内容，练习密度达 50% 以上"。还对各学段课堂平均心率做出要求：小学达到130±5 次 / 分；初中、高中和大学分别为 135±5 次 / 分（女）、140±10 次 / 分（男）。①

---

① 广东省教育厅. 关于印发《广东省学校体育三年行动计划（2015—2017 年）》的通知 [EB/OL]. （2015-07-28）[2022-01-13].http://edu.gd.gov.cn/zwgknew/jyzcfg/dfjyzcfg/content/post_3380267.html.

在这种情况下，包括广东省所属的韶关市在内的南岭走廊乡村体育教师，应根据不同的教学实践，主动调节各种因素，合理安排运动负荷。

（1）合理安排每节课的教学内容和确定课的主要任务。体育教学内容是从繁杂的体育素材中挑选出部分适合体育教学目标、符合学生身心发展需要以及适切学校体育教学基本条件的内容。因为体育运动素材相互之间的关系是比较平行的，其上下、先后顺序不是很严格，这种性质导致两种结果：首先，体育课教学内容的选择面宽，备选项多；其次，体育教师在众多的备选素材面前要慎重思考才能做出选择。所以，乡村体育教师在备课前要做好功课，将各种不同性质、不同负荷、不同难度的教材合理配置，科学分配。如将大负荷的练习（如跑、跳等内容）与中等负荷、小负荷的各种教学内容（走、队列等）分别安排。也应将不同性质的内容，如奔跑类和力量类、耐力类和柔韧类等内容合理组合。同时，还要提前做好运动负荷的规划，尤其是根据各种教材，相应地设计合适的运动负荷。如针对中小学体育教学中常见的跑的教材与投掷的教材，通过安排其练习密度（如一节课以 100 米跑为教材，可以安排跑 2 次，间歇 5 分钟。或者以投掷实心球为教材，可以练习 20 次，每次练习间隔 30 秒。而不能投掷 20 次，100 米跑也安排 20 次），从而调整练习强度和负荷。另外，安排教学任务时，新的教学内容、新的运动技能学习内容等，应控制在合理的范围之内。

另外，体育教师选择和准备体育教学内容时，要面向全体学生，以学生为主体，依据不同年龄阶段的学生身心发展的特征，充分考虑学生已有经验，并从学生兴趣、需要和能力出发，用好、用活、用实教材。在充分考虑学生已有运动知识和技能水平的基础上，精选和整合教学内容。如健美操、街舞、角斗士等体育项目，切实调动学生参加体育运动的兴趣和积极性，使学生学得主动、扎实，富有成效，提高课堂教学的有效性。

（2）合理安排运动负荷。体育课的运动负荷有一定的表现特征，如标准型、双峰型、前高后低型、前低后高型等多种模式。乡村体育教师应合理安排，科学谋划，使一节课的运动负荷高低结合、使负荷量和负荷强度这两个因素大致处于"一消一长"的合理交替中。亦即，当负荷量大的时候，负荷强度应适当减少。而当负荷强度增加时，负荷量应该适度降低。

具体体育教学中，体育教师掌握运动负荷较为常用的方法包括心率（脉搏）测量法、交谈法与观察法，等等。通常，学生能获得较好健身效果的心率，其区间一般在 120 ～ 140 次 / 分之间，且维持时间在 10 分钟以上，并以中等强度和中等量结合的运动负荷为主。同时，在具体操作中，还可以采用运动指数评定法来监控运动负荷。具体方法即用一节体育课多次（一般 10～20 次）测量的平均心率除以安静心率。一般，大于 1.8 为最大负荷，1.6～1.8 之间为大负荷，1.4～1.6 为中等负荷，1.2～1.4 为小负荷，低于 1.2 为最小负荷。教师可以根据实际情况加以安排。

4. 减少和预防运动损伤

南岭走廊乡村体育教学中，由于教师方面的原因造成的损伤可以细分为两个方面。第一，教师安全意识不强。部分农村体育教师由于运动经历不足，或是由其他学科转岗而来，对体育教学中可能出现的学生安全事故顾及不足，意识不强。在实际教学实践中，出现备课时忽略安全因素、上课中安全组织不周全等现象，造成学生出现损伤事件；第二，教师专业能力不强。由于南岭走廊较多农村中小学中科班出身的体育教师数量较为匮乏，专业技能、专业运动经历等都有差距。因为教师运动技术不好，教授学生的技术动作很容易产生技术性错误，导致伤害。

具体教学中，体育教师可以采取以下 8 种措施来预防运动损伤。①提高思想认识水平，树立以学生为中心的理念，强化责任心和专业认知。认真对待所有课程，未雨绸缪，预计不同课次中的安全风险并提前做好应对规划。②不断学习，提高专业水平和能力，加强对"互联网+"时代、信息化时代农村学生学情的了解，掌握必要的教育信息化手段和能力。教学中采用与时俱进的教学方法和手段。③树立良好的体育教学行为文化。建章立制，建立体育教学实施程序并严格执行，包括教学常规、场地器材等。天长日久，使各项制度成为学生自觉遵守和主动践行的"软文化"。[①]④有效把控上课进程。体育教师应科学地选用各种不同的教学内容，使其合理组合。如难度大的教学内容，应该安排在学生体能强、情绪高、注意力集中的时间段。⑤确保技能教学的正确性。由运动技能学习规律可知，要纠正学生习得了的某个错误动作，比新学同样的技能动作要花费更多的学习时间。所以，教师应认真对待每一次动作技能教学时机，让学生在某个运动技能的头几次学习中，完全掌握好正确的技术要求。否则，将会事倍功半。当然，要达到"教会"的目标，体育教师必须认真研究教材和教法，并加以有效实施。⑥确保体育教学场地安全。由于条件所限，南岭走廊农村中小学校中，仍然有部分学校的体育运动场地器材不太规范。所

---

① 毛振明，赖天德. 体育教学中的安全和安全教育 [J]. 中国学校体育，2006（6）：24-26.

以，体育教师上课前必须对场地器材、服装进行安全检查，及时发现安全隐患并排除。另外，对体操课中的保护帮助、投掷课中的合理避险，游泳课中防溺水等知识，都必须做好提前了解。[①] ⑦科学的教学组织和课堂管理。体育教师要不断加强学生的纪律教育，让学生牢固树立"安全第一"意识，有效地组织体育教学的进程。同时，教会学生常见的运动损伤自救技能，提高体育教学的安全性；[②] ⑧与时俱进，引入新的预防运动损伤的方法和手段。体育教师要勤于学习，及时更新体育教育教学知识体系，进一步完善体育教学规划能力。如引入当前大众健身领域较为热门和有效的拉伸方法（包括运动前的动态拉伸和运动后的静态拉伸）、筋膜放松方法等，降低学生运动损伤的概率。

5. 合理安排练习密度

体育课的练习密度（Density of P.E. Exercise），实质上是一种时间的比值，即体育课中教师的"教"、学生的"学"和"练"等各项教学活动合理占用的时间占课程总时间的比例，包括综合密度和练习密度两方面。首先，综合密度是一堂体育课中的教师指导（包括讲解、示范、纠错、演示、巡回指导等）、课堂组织（包括整队集合、分配和交换练习项目、调动队伍）、学生练习（包括个体和集体练习）、练习后必要的等待或休息、相互观摩和帮助等各项必须教学活动合理使用的综合时间占总课时的百分比。练习密度系指学生在体育课中参与练习的实际时间与整课中总时间的比值。[③]

一般情况下，练习密度越大，学生参与练习和锻炼的时间越多，锻炼效果就越强。但是，练习密度却不是完全孤立存在的指标，而与体育课的内容、气候、环境、课的性质、学生人数、场地宽裕情况、同时上课班级数量等诸多因素有着直接或者间接的联系。所以，体育教师要多方考虑，合理安排练习密度。

由实践教学经验可知，体育课密度的影响因素是多元丰富的。各种区域、不同季节、不同的教学时段、不同体育课的课型、教学内容、教学条件、学生学情等，都是影响课的密度的条件。所以，要用一个统一、绝对的体育课密度标准的数值，是很难做到的。

近几年，学界有了新的研究成果，要使学生得到有效锻炼，获得身心健康

① 谢建华 . 体育课教学中如何预防伤害事故 [J]. 云南教育，2003（33）：34-35.
② 胡永红 . 有效体育教学的理论与实证研究 [D]. 福州：福建师范大学，2009：120.
③ 黄超文 . 新课程体育课教学要素解析 [J]. 教师，2011（31）：53-55.

的全面发展，体育课的密度应该在 50% ～ 70%。[①]

所以，提升南岭走廊农村中小学体育教学有效性，在体育课的密度方面，必须在遵循相关要求（如《广东省学校体育三年行动计划》）的基础上，紧密结合各地的实际，并充分衡量以下三个问题。

第一，乡村体育教师必须紧密结合体育教学任务练习来安排和确定练习密度。一般而言，新课中的体育教学因素会相对偏多，体育教师花费在讲解、示范、教法采用、手段安排等的时间及学生花费在听教师讲解、观察教师示范、理解动作要领、分析动作等方面的时间会更多，无形中减少了学生的练习时间，这种情况下可以适当降低练习密度。但对于复习课、体能练习课等课型来说，体育教师的教学因素会相对减少，学生练习的时间就会增加，练习密度也可以提高。

第二，乡村体育教师必须紧密结合体育教学内容和练习强度来安排和确定练习密度。一般而言，大强度的课中练习，学生练习间歇时间（即休息）应有所增加，练习密度可以适当降低，以便学生可以进行必要的休息与恢复；而对于小强度练习，学生休息间歇时间可以适当减少，练习密度就应当适当增加。

第三，乡村体育教师必须紧密结合气候情况来安排和确定练习密度。夏天高温炎热，空气潮湿，如果学生在高密度情况下锻炼，可能导致产热与散热调节不及时，心跳加剧、头晕头痛、恶心呕吐甚至晕厥等"中暑"情况，不利于学生健康。冬季低温寒冷，风阻加大，人的神经兴奋性降低，肌肉黏滞性增大，不容易活动开身体，所以，学生要多花时间在身体练习上，亦即，应以较大的练习密度和运动量，才可以充分活动开身体，为增强和提高体育教学效果和质量奠定基础。

通过以上措施的综合运用，一般能保证是体育课的运动密度达到 50% 以上的水平。

6. 增加体育与健康知识掌握

按照《体育（与健康）》课程标准的要求，学生必须掌握一定的体育与健康知识，如体育与营养、常见运动损伤的防治、体育安全知识、常见运动项目的理论认知亦即体育文化的熏陶，等等。

乡村体育教师可以采取以下办法，让体育教学实现体育与健康知识掌握的目标。

[①] 黄超文.新课程体育课教学要素解析[J].教师，2011（31）：53-55.

第一，结合教学内容，以案说理，向学生传输科学的体育价值观，破除"体育就是锻炼身体"的体育生物论，构建德、智、体、美、劳全面发展的体育育人观。[①]

第二，在运动实践中传授和渗透体育理论知识。体育教师可在学生的学习、练习过程中创造条件，使学生的身体运动与相关理论知识合理交互，让学生在全景浸润式环境中习得体育与健康基础知识，丰富知识积累。如对某一个动作进行学习时，先安排学生对教师的示范仔细观察，让学生建立正确的动作表象，再尝试练习。在学生练习中，体育教师讲解分析主要的技术动作。如此，让学生既能够学会运动技能，也能了解技能中内含的理论要素。[②]

第三，通过理论知识与实际运动的密切联系，渗透体育理论知识。体育教师在传授体育与健康理论知识时，必须关注学生的理解和运用情况，让学生能够实现体育和健康理论知识与身体实践、运动技术的密切关联。体育教师所讲授的和要求学生所掌握的基础知识，必须是对学生的身体实践以及终身体育具有积极影响的、可以迁移的主要知识。[③]

此外，在一节体育课的不同阶段和过程中，可以将体育知识的传授和课的进行有机结合起来。具体方法如下：准备活动中的解说。课的准备部分，多以徒手体操形式进行，此时可以边练习边讲解的形式讲授体育知识，内容可以多元丰富，包括技术名称、要领、关节、肌肉名称等；技术教学中的体育知识传授。在学习运动技能的间歇时间内，体育教师可对学生讲授技能学习的规律、体育安全防护知识、体育礼仪知识等，每次以 1～2 个知识点为宜；素质锻炼中的传授。在素质锻炼时间，体育教师可传授运动器官名称、锻炼内容与目的、各种身体练习方法名称与要领、运动练习的搭配、运动休息方法、运动负荷原理、运动安全、运动卫生（服装、锻炼时间、营养、体力恢复等），一次课中有 1～2 个知识点即可。[④]

7. 促进师生有效交往

体育教学过程本质上是师生相互交往、提高和发展的过程。师生关系是教育教学的前提与基础，体育教师要生发良性的师生关系，可从以下方面着手：

① 兰润生.体育与健康教程[M].厦门：厦门大学出版社，2002：53.
② 蔡蜀翘.浅谈大学体育课的理论教学渗透[J].四川体育科学，2002（1）：46-47.
③ 王朝杰.谈体育与健康教学中基础知识的讲授与考查[J].试教通讯，2005（26）：18-19.
④ 毛振明.论在体育课中如何有效地传授体育知识（下）——论体育知识的传授问题与改善方略[J].体育教学，2011（4）：22-25.

首先，体育教师要加强体育教学理念的研究，努力提高教学能力，树立正确的教育观、教学观、师生观、发展观，用心赏识学生，即使对于一时表现不好的学生，也要以积极和宽容的态度去帮助他们改正不足，用鼓励性的语言评价学生行为。另外，体育教师还要维护学生自尊，尊重学生主体地位。一旦学生感受到来自教师的尊重和关爱，就会产生"向师性"。且学生越感受到教师的爱心，其"向师性"可能越明显，体育教师的教学就可能更容易被学生理解接受，从而产生合乎教师预期的学生心理状态和学习行为。所以，只有真正爱护学生，多接触、了解、关心学生，以情感人，真诚相待，学生才会理解和信赖教师，体育教学效果才可能真正得以提高。

其次，体育教师必须以高度的职业道德规范约束自己，不断加强自我认识。爱生才能被尊敬，没有对学生的爱，就不会产生高度的责任感。不过，爱护学生必须采取科学方法。广东省农村体育教师必须放下身段，主动接近学生，换位思考，积极妥善地处理好学生的问题，让学生能实实在在体会到体育教师发自内心的关爱，如此，将产生积极的育人效果，长久以往，必将获得学生尊重。教师的言谈举止均可能成为学生学习的榜样和行动的指南，学生也可能不断提高认真上课、自我锻炼的意识和能力，从而使教学效果得到提升。

第三，就学生而言，教师要积极改变学生的体育观念和学习观念，培养学生意志品质，改善学生的学习行为，培养其优秀的道德品质和意志精神。可多利用游戏、竞赛、合作等形式，培养学生的合作意识、拼搏精神和团队精神。在合作过程中，师生交往、生生交往无形中得到增加，彼此了解的程度也会加深，教学效果也会得到提升。

8. 科学安排心理负荷

按照常识可知，体育教学中，学生应当承受必要的心理负荷，才能有效提高其意志品质和精神境界。一般来说，体育课的心理负荷系指学生在体育学习技能、练习技能、完成体能等诸多过程中，其神经系统维持兴奋和抑制的表现程度以及维持时间的长短、心理能量消耗的数量等应激之和，一般包括注意、情绪、意志三方面的有效刺激量。[①] 一节体育课中，学生心理负荷必须维持在合理水平，才能为获得良好的教学效果奠定基础。心理负荷偏大或过小都不适合。一旦过小，就可能不能达到应有的锻炼目的；一旦心理负荷过大，是学生身心所不能承受的范围，也难以保证教学任务的圆满完成。另外，一节体育课

---

① 潘绍伟.学校体育理论与实践探索 [M].乌鲁木齐：新疆大学出版社，1993：86.

中，学生心理负荷的变化也具有明显的时段性特征。多数情况下，注意力高峰出现在 15 分钟左右的区间，情绪高峰在 4 ～ 15 分钟以及 36 ～ 40 左右两个区间，意志高峰在 20 ～ 30 分钟区间。[①]

一般来说，影响学生心理负荷的重要因素包括 8 个方面：①学生对体育课生理负荷的心理承受能力。②学生对危难动作的心理应对程度。③学生对教师教学方法的心理满意度。④学生对教学环境的心理适应度。⑤学生对人际关系的心理相容度。⑥学生对评价机制的心理激励度。⑦学生的注意集中度。⑧学生情绪的活跃度以及意志的努力度。所以，判断一节体育课心理负荷是否合适，主要决定于学生对教师施教、内外环境以及心理意向的心理度量值的大小。因此，体育教学过程必须高度注意心理因素对教学效果的影响能力。因为心理负荷既受学生的体质状况和个性所制约，也受教师、教学环境、教学内容、学生等众多因素的共同作用。[②]由于这种原因，体育课中，体育教师必须按照学生的心理变化规律、教学内容的特征、学生学情、场地器材设施、自然条件等因素，科学安排心理负荷。一方面，紧密联系教学过程。另一方面，紧密联系学生生理负荷，让心理负荷不断变化并且和生理负荷相互调适和补充。[③]

一般情况下，在体育课基本部分的前半时段，学生注意力比较集中，反应较为迅捷，教师可安排新教材或难度较大的教材，借此提高学生的注意负荷。而在课的后半部分，学生注意力较分散，情绪有所低落，此时教师可安排注意负荷不大的内容。总而言之，体育教师只有有效处理和科学维持学生注意负荷的节奏变化，调节好情绪的涨落和意志的张弛，才能为获得较好的教学有效性打好基础。[④]

9. 合理激发学生动机

（1）了解学生的动机，挖掘学生的内在动力。不同的学生有不同的体育学习意愿。体育教师只有真实把握学生的学习意愿，才能科学调节和把握学生的学习动机。要对学生的体育学习动机有清晰了解，体育教师可采取谈心、调

---

① 沃建中，陈浩莺. 走向心理健康：教学篇 [M]. 北京：华文出版社，2002：153.

② 王晓英. 哈尔滨普通高校公共体育课学生心理负荷的研究 [D]. 哈尔滨：哈尔滨师范大学，2012：7-8.

③ 刘善言. 学校体育学 [M]. 济南：山东大学出版社，2001：53.

④ 何艳. 浅谈幼儿体育课运动负荷与心理负荷的调节策略 [J]. 江苏省教育学会 2006 年年会论文集（综合一专辑），2006：509-512.

查、座谈会、小组讨论等各种形式。[①]在了解了学生的学习动机以后，教师还应针对具体情况，对学生进行学习目的教育，使学生认识到参与体育活动的社会意义，把体育和现实紧密联系，使学生形成长远的价值目标，树立积极的学习态度，提高自主学习的积极性和自觉性，也提高其体育学习兴趣，促成其形成良好的学习动机。[②]

（2）提高学生的参与程度。多数情况下，一个人是否愿意付出精力在某个事件上，和以下因素相关：首先，任务的难易程度。尤其是在全身心投入情况下，圆满完成任务的难易程度；其次，对事件意义或者价值的评价。认为意义或价值越大，学生参与的积极性越强，反之亦然。

体育学习中，一旦学生感觉学习难度过大，获得成功的可能性很小，或者认为完成学习任务无价值，他们则不会在事件中付出。所以，体育教师必须指导学生学会正确评价不同学习内容的价值，并强化学生的"效益"意识，即"付出就有回报"。尤其是针对部分体育学习较为困难或性格不够开朗的学生，体育教师必须更加关注他们，提高其学习的积极性和主动性。具体过程中，乡村体育教师可尝试以下三种方式：①同质分组。注意将性格内向的学生分在同一小组，既可避免外向型学生的"过度控制"，亦可保证全班共同学习时学生都拥有"心理舒适地带"；②提前告知。教师在上课前提前告知性格内向的学生教师对其的课堂期望，让这部分学生有十足的课堂安全感；③创设机会。体育教师在体育课堂中，应设法为性格内向的学生创设机会，让其体验成功，获得快乐，进一步激发内在动机，[③]提高教学的有效性。

（3）提高体育教学吸引力，激发培养学生对体育运动的兴趣。俗话说，兴趣是良师。要让学生能够自觉从事体育学习，激发和维持其体育学习兴趣是一种有效途径。而要有效激发和培养学生的体育运动兴趣，改变课的组织教法也尤其重要，特别是针对某些锻炼价值较高而娱乐性较低、单调、枯燥的内容（如田径、身体素质练习等），必须设法消减学生的心理压力，有效激发学生的运动兴趣，从而在不知不觉中提高教学效果。

10. 发展体能新兴策略：引入身体运动功能训练方法

身体运动功能训练最早源于医学功能康复，能够较好地实现人体功能动作

---

① 曾琦.新课程与教师心理调适[M].北京：教育科学出版社，2004：80.

② 程刚.体育课程改革背景下山东省中学生体育学习动机的研究[D].曲阜：曲阜师范大学，2012：17.

③ 赵小刚，牛晓.中学体育研究性学习的实践探索[M].重庆：重庆出版社，2006：103-104.

的筛查、人体肌肉系统和神经系统的功能激活、人体肌肉和韧带的动态拉伸、人体关节肌肉的快速伸缩复合性训练、人体加速和多维度位移、人体肌肉力量、恢复和再生等各种训练内容的完美结合。整个训练模式强调以运动能力的提高为主要目标，训练的核心理念从传统的注重肌肉力量发展的低端目标转向以动作质量提高与控制加强的高端目标升华。身体运动功能训练目前已经转化为大众健身领域和学校体育领域中的训练和锻炼方法，当然，也可以转化为增强青少年体质的实用方法。目前，在我国北京、深圳、青岛等许多城市，身体运动功能性训练方法已经引入体育课堂并蔚然成风。

（1）身体运动功能训练的理念。功能训练是基于某种运动负荷和速度条件下完成的融多关节、多平面和本体感受于一体的训练方法。其内容包括功能测试（FMS）、软组织激活、肌肉—神经系统唤醒、动作预备、快速伸缩复合力量、动作整合、专项性动作技能、加速与多向移动、力量与旋转爆发力、能量代谢系统发展、再生与恢复等。其主要逻辑即以功能测试为起点，以人体动作模式训练作为训练主体，以提高人体动力链的效能为根本，以提高运动员竞技表现为最终目标。

学校体育中有大量的动作练习，动作练习的质量和好坏既能决定当前的运动成绩，也在很大程度上影响着未来的运动可持续发展能力，影响着学生在成年走向社会或进入高一级学习阶段深造时从事体育运动的能力，所以，应该在中小学校体育教学中引入身体功能训练。就南岭走廊乡村体育教师而言，部分农村学校，尤其是处于城乡接合部的学校有较好的条件，可以在适当情况下引入功能训练的方法，提高学生的体质增强效果。

一般而言，身体运动功能性训练方法多种多样，丰富多彩，可以采用徒手或简单器械的方式来完成。南岭走廊乡村体育教师可以适当采用以下方法来增强学生体质。

（2）有效提升学生体能策略——身体功能训练基本方法。

第一，激活肌肉策略。肌肉激活主要以提高肩、腰和骨盆周围肌肉的参与度为目标，通过对工作肌肉的有效激活，逐渐升高核心部位肌肉温度，提高人体的整体控制能力，降低运动损伤。同时，提高多关节运动效率，保证能量利用。可采用徒手体操、开合跳、高抬腿跑、动态拉伸、宫廷式后蹲等形式以及迷你带、飞力士棒、瑜伽球等小工具。

第二，软组织唤醒策略。软组织系指包裹于肌肉之外的结缔组织。按照身体的不同部位划分，软组织的唤醒主要包括足底激活、跟腱激活、小腿肌肉激活、大腿肌肉激活、臀部肌肉激活、腰背肌肉激活、下腰骶激活、胸部肌肉激活、头颈部肌肉激活、脊椎激活等内容。可以采用网球、高尔夫球、迷你带、瑞士球等小工具进行，也可以采用平板支撑、蹬腿等徒手形式完成。

第三，激活神经系统策略。激活人体神经系统，既能够提高神经系统的兴奋性，提升机体的快速伸缩复合能力，提高机体动态稳定性，也可以让习练者迅速提高神经兴奋性以及神经—肌肉间的传导。

目前，南岭走廊乡村学校体育课中传统的"热身活动"过度重视肌肉的激活或练习，但较少涉及神经系统的激活。这种现状可能和体育教师的认识水平不高、运动经历不足、掌握训练方法手段总量不够等有密切关系。所以，乡村体育教师要提高功能训练意识和能力。

第四，建立学生良好的动作模式策略。要提高广东省农村中小学学生的体育教学效果，必须以良好的运动能力为基础，而提高运动能力的基础则应以正确的动作模式的习得为起点。因为只有较好地掌握一定的动作模式，才可以保证肌肉、神经系统等相互之间建立高效联结，更优质地做好技术动作，减少损伤。具体而言，体育教师可以酌情采用以下几种方法。

①建立上肢推动作模式。包括手掌俯卧撑、手指俯卧撑、前后支撑俯卧撑、重力球俯卧撑、瑞士球俯卧撑、悬吊带俯卧撑，一般采用实心球、瑞士球和悬吊带等锻炼小工具。

②建立上肢拉动作模式。包括水平面的水平拉、垂直面的直体卧拉以及斜面的悬吊带卧拉三类。

③建立下肢推动作模式。包括双腿（如负重深蹲）、单腿（如负重前后分腿蹲、侧向分腿蹲）以及混合等三种形式。

④建立下肢拉动作模式。包括俯姿收腿、俯姿举腿、俯姿收腹、俯姿 V 字卷腹、瑞士球仰卧屈腿等动作。

需要指出的是，由于学校体育界运用身体功能训练的地方目前主要在大中城市，对于农村学校体育中的开展，尚且不够全面，但是由于其优秀的体能提升效果和运动伤病防治以及运动表现提升效果，南岭走廊内各级教育主管部门和业务管理部门应该提高认识，加强推广，让农村中小学体育教师加强学习，提高身体功能训练的能力和水平，科学地和本地本校实际情况相结合，逐渐引入农村中小学体育课堂，提高农村体育教学的过程绩效和总效果。

11. 提升运动技能教学效果策略

运动参与、运动技能、身体健康、心理健康和社会适应能力目标是《体育

（与健康）》课程标准提出的四大目标。在四大目标之间，各个目标均为相互促进和影响的关系。而就运动技能目标而言，其是终身体育习惯养成目标的基础，也是实现身心健康、社会适应能力目标达成的桥梁。

《体育（与健康）》课程标准将本课程界定为"以身体练习为主要手段……的必修课程"。而"身体练习"不同于日常生活生产中的"身体活动"，乃"系列具体的体育动作或动作组合"，具有较强的目的性、指向性和规范性，归根到底落实为规范的动作技能。没有动作技能作为基础，体育教学将失去正确的工作目标。另外，动作技能也是人们探索知识、掌握知识的一种"无形"形态，动作技能教学也是体育学科区别于其他学科的重要特征，没有了技能教学的体育教学，将在很大程度上失去其学科存在的意义。①

需要指出的是，对于南岭走廊农村中小学体育教学来说，《体育（与健康）》课程标准对于运动技能的学习，其内容要求较为丰富多彩。既包括了传统的运动技能教学要求，即单纯的运动技能，也包含了广义的运动技能学习要求，即获得科学运动的相关知识、科学安全地参与体育活动、客观准确地观赏和评价体育比赛等方面的基本技能。在运动技能的具体达成要求上，《体育（与健康）》课程标准对学生运动技能学习达成的目标是最基础、最基本、最初始的，也是全体学生通过学习、通过一定的努力可以达到的。所以，体育教师必须重视学生运动技能的形成与日常生活、劳动的联系性，尤其突出对学生体育实践能力的培养，高度关注学生习得的基本运动技能对日后终身体育的迁移作用和促进意义。体育教师必须在课堂上完成一定的运动技能的教学和训练，具体可以采用如下方法。

第一，制定多元化的技能学习目标。不同于传统的按照竞技运动标准来确定学生体育运动技能学习目标的体育教学范式（该范式忽视学生的体育运动基础和学习能力等实际情况，以所有学生均掌握高规格运动技能为追求，导致部分学生体育学习"掉队"失去学习自信，或未有体育特长的表现机会而兴趣凋敝），乡村体育教师必须从学生实际出发，尊重全体学生学情，差异化教学，让所有学生的体育运动技能水平在达成基础性要求的前提下，可以侧重根据自己的运动特长继续发展。例如，根据自己兴趣，关注项目的竞赛知识、训练学知识、组织比赛知识、欣赏比赛的知识，等等。让所有的学生都能在统一性要求的基础上，获得"百花齐放"的发展效果。

---

① 周修旺. 体育新课程技能教学的理念及实施策略 [J]. 体育与科学，2003（5）：32-35.

第二，选择恰当的教学内容。《体育（与健康）》课程标准未对学生运动技能的教学具体内容做出明确要求，也无明确的教学要求与评价标准。这种设置一方面对体育教师提出了挑战，但在另一方面也为体育教师选择合适的教学内容"预留"了宽广范围。所以，乡村体育教师在教学内容的选择方面，可以做出更多尝试。而要选择恰当的体育教学内容，体育教师适宜将某些迁移性强、有利于终身体育发展的基本运动技能纳入教学内容"必选项"。惟其如此，方可使不同的学生学习受益最大化。如对于农村小学生而言，他们一般具有爱跑、爱跳、爱打闹、爱翻滚等特征，基于此，体育教师可对基本的体能发展类项目，如走、跑、跳、投、滚翻、攀爬、对抗、角力等教学内容重点考虑。同时，也可以依据小学生好奇心强、善于模仿等特征，将基本的体操、舞蹈等动作作为重点考虑的教学内容。

第三，采用灵活的教学方法。《体育（与健康）》课程标准下的体育运动技能教学，可以采用自编、示范等多种教学方法和手段，让学生主动体验、感悟教材，自主选择适合自己的学习内容和方法。通过这些途径，让学生的主动性、独立性和能动性得到充分地张扬和提升，逐渐形成体育锻炼的良好习惯。例如，乡村体育教师在安排小学低年级体育教学时，可将技能教学融入游戏过程中，以游戏的形式提高学生进行运动技能学习的热情。[①]对于高年级学生而言，他们虽然具有了一定的体育自学能力，但是其运动能力和水平也存在较大差异，针对这种情况，体育教师在教学中可以用适当的方式导入运动技能知识，再根据学生实际情况，合理安排分层教学，让学生有足够的合作学习、自我反馈的机会，从而提高运动技能的教学效果。

第四，关注兴趣，提高学生学习主动性。首先，体育教师要尽量激发学生运动兴趣，满足其内在需要。兴趣是最好的老师，也是学生投入体育学习的内在动力。因此，南岭走廊乡村体育教师在运动技能教学过程中，应设法提高所教运动技能的趣味性，激发乡村学生生性好动的品质，调动和维护其运动兴趣，让全部学生都可以主动、自觉地参与学习，使运动技能教学从"要我学"转换为"我要学"，如此，运动技能教学效果就有了充分的动机保障。如在乡村初中篮球教学中，投篮的组合动作可能较容易激发学生的学习兴趣，学生参与也比较热情。但是在多数教师的教学实践中，他们可能首先会很规范、认真地向学生教授投篮基本动作，但学习投篮时却总会有部分学生情不自禁地去

---

① 郁华. 浅谈体育教学中运动技能教学的重要性 [EB/OL]. [2022-01-13]. https://www.xzbu.com/9/view-62257.htm.

运球，而有时运球动作又不够规范。在这种情况下，教师可以试图改变教学顺序，先教会学生常见的运球和传接球技术，再教投篮技能。通过动作组合，让学生知道篮球的集体性、合作性和规则性的重要作用。在这种氛围下，学生能够积极主动地学习篮球技能，从而为提高教学效果提供保障。其次，体育教师要尽量维护学生的运动兴趣，促进学生技能的提高。学生对某项运动技术的学习有了兴趣以后，教师还要进一步维护和保持其兴趣，不要让学生出现"三分钟热度""浅尝辄止"等消极现象。如乡村初中的排球教学，由于排球球体轻盈，似乎对技术门槛要求不高，所以学生刚开始时兴趣会比较浓厚，参与人数多。但是当部分学生打过几次以后，觉得排球的技术性要求太高，练习时或用手掌传球，或用弯曲的手臂垫球，或利用"砸拳式"发球，很难将动作做得规范。比赛时球一不小心就会出界、不过网甚至莫名其妙地被打飞，难以落在想要的落点，甚至同伴之间相互干扰死球。如此一来，经过几次失败，学生对排球的兴趣会逐渐降低。所以，学习运动技能，仅仅凭兴趣是不够的，还要合理安排学习方法、练习方法和比赛方法，不断地去激发和保持学习兴趣，真正贯彻好"教会""勤练"和"常赛"要求，让学生的运动技能学习取得合理、有效、有趣的实效。

第五，关注差异，对学生因材施教。首先，乡村体育教师要了解学生不同的学习需求并分别满足。南岭走廊乡村教师在教授运动技能时，必须在重视不同水平段的学习目标的基础上，密切关注同一水平段、同一年龄层甚至同一班级学生的共性和个性，针对不同体育基础和技能层次的学生，提出相应的技能学习要求，使全部学生在"最近发展区"学习，在原有基础上均获得不同程度的发展和进步。此外，体育教师要通过多元的师生评价方法和手段去评价、激励和引导学生，促进学生更好地获得技能学习效果。如在初中常见的跨越式跳高教学中，如果体育教师不清楚学生跳高的具体要求，可首先让全班学生参加较低高度的"测试性"练习，再依据学生能力进行分组，让不同水平的学生在相应的高度练习之后再"挑战"新的高度，学生可自主选择不同的高度进行。凡是跳过最低高度的学生，可挑战次高高度。如跳不过次高高度，就再回到最低高度。而跳过了次高高度的学生，可以参加最高高度的挑战。同时可将最低高度、次高高度和最高高度等3个组别分别予以"最具潜力组""最具人气组""最具挑战组"等应景性的冠名，以充分激发学生热情，积极练习。通过此举，让全部学生都能"跳一跳摘到桃子"，通过自己的一定努力跳过一定高度，有效地发展跳高技能。其次，调适规则，促进学生运动发展。为了学生更好地发展，我们有时还需要改变一些规则来鼓励学生，激发学生的学习欲望，发挥个人潜能，以求有更长远的发展。例如，在篮球教学中，教师把篮球运球和传球传授给学生后，学生都希望能进行篮球比赛来展示一下自己，而根据目前学生的掌握水平来看，还不具备投篮的能力。因此，教师根据学生的需求改变篮球比赛的投篮规则来激发学生的兴趣。利用"移动篮架"进行体验练习，激发学生兴趣，提高学生学习的积极性和挑战性，以满足学生的需求。通过"移动篮框"比赛来提高学生的临场应变能力，为正式的篮球比赛奠定发展基础。

第六，立足长远，为学生日后从事终身体育奠定基础。南岭走廊乡村教师应当破除"运动技能教学等于单纯技术传授"的形而上式的片面认识，树立整体技能教学观，主动将对学生的技能教学与发展学生的运动技术、运动技能、合作意识、拼搏精神等方面充分融合，树立全面育人理念，注重发挥运动技能教学的发展性意义，实现技术掌握对能力培养的综合作用。如篮球教学中，乡村体育教师必须对学生应掌握何种水平的篮球技能了然于心，才可合理安排阳光体育、体育课外作业，帮助学生有目的地自我锻炼，培养其良好的篮球运动素养和习惯。[1] 再如，耐久跑教学时，乡村体育教师既要教会学生掌握好耐久跑的起跑、途中跑、冲刺跑等不同阶段的基本动作、全程节奏与体力分配、摆臂方法、呼吸方法等基本技能，还应适时向学生介绍耐久跑的锻炼意义，引导学生形成用耐久跑自觉进行身体锻炼的意识，并通过运用课堂所学耐久跑技能促使自己终身锻炼。惟其如此，技能教学才能超越"为技能而技能"的窠臼，达到全面育人的综合效果。

第三节　精准发展乡村体育教师教研能力的策略

一、政府层面的策略

（一）制定引导教师教研能力提升的政策制度

身处新时代，促进南岭走廊乡村体育教师专业精准发展，必须以党的十九

---

[1] 唐佳锦.新课程理念下体育运动技能有效教学策略的探究 [J].运动，2017（22）：111-112.

大精神为指导，认真贯彻落实《中共中央国务院关于全面深化新时代教师队伍建设改革的意见》（2018）和《中共中央国务院关于深化教育教学改革　全面提高义务教育质量的意见》（2019）等重要文件精神，全面建设高素质专业化创新型乡村体育教师队伍，落实立德树人根本任务，助力南岭走廊乡村学校教育高质量发展。

首先，国家层面出台文件，进行制度规定。

第一，《中共中央国务院关于全面深化新时代教师队伍建设改革的意见》（以下简称《意见》）开宗明义指出要"深入贯彻落实党的十九大精神，造就党和人民满意的高素质专业化创新型教师队伍"[①]。该《意见》是新中国历史上首个以党中央国务院名义印发的关于教师队伍建设的文件，开启了我国新时代教师队伍建设的新征程，更标志着中国教师队伍建设朝着高标准高质量方向迈进，意义深远。

第二，《中共中央国务院关于深化教育教学改革　全面提高义务教育质量的意见》，明文规定"强化体育锻炼。坚持健康第一，实施学校体育固本行动。严格执行学生体质健康合格标准……开齐开足体育课……科学安排体育课运动负荷，开展好学校特色体育项目，大力发展校园足球，让每位学生掌握1至2项运动技能。广泛开展校园普及性体育运动，定期举办学生运动会或体育节……精准实施农村义务教育学生营养改善计划。健全学生视力健康综合干预体系，保障学生充足睡眠时间"[②]。

其次，南岭走廊相关省区也相继颁布了有关促进教师队伍建设的文件。

如广东省于2018年8月颁布了《中共广东省委广东省人民政府关于全面深化新时代教师队伍建设改革的实施意见》，明确指出必须"坚持和加强党对教师队伍建设的全面领导……全面贯彻党的教育方针……培养高素质教师队伍""加大乡村教师培训力度，着力提高粤东粤西粤北地区乡村教师队伍整体水平""深入实施乡村教师支持计划……在业务培训、职称评聘、表彰奖励等方面向乡村教师倾斜……优化教师发展环境。加快青年教师成长步伐，巩固乡

[①] 中国共产党中央委员会，中华人民共和国国务院.中共中央国务院关于全面深化新时代教师队伍建设改革的意见[J].西藏教育，2018（4）：3-8.

[②] 中华人民共和国中央人民政府网.中共中央　国务院关于深化教育教学改革全面提高义务教育质量的意见[EB/OL].（2019-07-08）[2022-01-14].http://www.gov.cn/zhengce/2019-07/08/content_5407361.htm.

村青年教师队伍"，① 为做好新时代广东省教师队伍建设工作指明了方向。

再如，江西省教育厅等五部门于 2019 年 6 月共同印发了《江西省教师教育振兴行动计划（2018—2022 年）》，规定"继续实施乡村教师定向培养计划""抓实乡村教师培养培训……着力建设一支在数量上和质量上满足乡村教育需求的乡村教师队伍。加大'定向培养乡村教师计划'实施力度……继续开展高校音体美专业师范生实习支教工作，逐步缓解农村小学音体美专职教师紧缺状况。健全乡村教师成长发展的支持服务体系……建立城市学校教师与乡村学校教师专业发展共同体，支持县级教育行政部门和县级教师发展机构在乡村教师培训方面发挥积极作用"。②

以上国家、省区政策文件，对包括南岭走廊乡村体育教师在内的教师职业属性赋予更高的定位，对教师的专业综合素质提出更高更多要求，也把提高教师地位和福利待遇等作为增强教师职业吸引力的重要措施，保障了教师的基本权益，为培养"四有"好老师奠定了坚实的物质基础，为新时代南岭走廊乡村体育教师的专业发展明确了方向。

（二）实行乡村学校教研员蹲点驻校帮扶制度

南岭走廊各市、区级教育主管部门可为乡村学校片区派驻蹲点驻校教研员，作为市、区教科院（所）乡村体育教研项目的片区对接人，负责对驻点片区所有乡村体育教师的教育教学管理和指导、体育课程建设与资源、体育课堂教学、大课间开发与组织、体育教研论文撰写、体育教研课题申报等活动的全面指导和帮扶。另外，也负责帮助解决乡村学校面临的（体育）教育教学及教研改革中的实际困难。

（三）实施高校教师帮扶制度

乡村学校要充分利用高校教师的力量，利用高校教师教科研能力强的优势，帮扶乡村学校体育教师发展。当地教育部门要加强和高校合作，争取获得

---

① 中华人民共和国教育部.中共广东省委 广东省人民政府关于全面深化新时代教师队伍建设改革的实施意见 [EB/OL]. (2018-08-26) [2022-01-14].http://www.moe.gov.cn/jyb_xwfb/xw_zt/moe_357/jyzt_2018n/2018_zt03/zt1803_ls/201810/t20181018_351997.html.
② 江西省教育厅.江西省教育厅等五部门关于印发《江西省教师教育振兴行动计划（2018—2022 年）》 的 通 知 [EB/OL]. (2020-02-25) [2022-01-14].http://www.jiangxi.gov.cn/art/2020/2/25/art_5022_1509752.html.

高校支持，通过高校教师实习驻点指导实习生工作、挂职教育局副局长、挂职乡村学校副校长、担任体育教师名师工作室等途径，指导乡村体育教师教研工作，提高教研能力和水平。

案例 6-10：韶关学院体育学院艾安丽博士，挂职担任始兴南城中学副校长，指导教师获得韶关市教学成果一等奖

艾安丽，韶关学院体育学院副教授，博士，长期从事学校体育的研究和教学实践。2020 年 10 月到 2021 年 7 月，在始兴县教育局的一所乡村学校——城南中学挂职科研副校长，指导该校的体育教育教学改革及体育教师专业发展。

首先，立足学校指导教研。艾安丽老师积极参与城南中学每周的体育教研活动并主动担任七年级一个班的体育教学工作。她亲自为教师们上体育示范课，助其更新体育课堂教师模式。以"立德树人"为根本和"健康第一"为指导思想，将"学会、勤练、常赛"融入七年级体育课堂之中，主张体育课堂教学结构化、无卡顿，且围绕学生核心素养选择有利于发展学生多维素质与运动能力的教材。教学中善于变化体育教学组织形式，改变传统的以体育中学为核心的单调模式，教学深受学生喜爱，也为体育教师提供了更新教学模式的思路。此外，参与全校教师公开课。艾安丽博士认真看课、积极评课，与全体教师共同成长。

除了服务挂职学校，艾安丽老师还积极将教研指导辐射到周边学校。她充分利用时间，多次在周边的墨江中学、始兴九龄中学、风度中学、高峰小学以及顿岗中学、沈所中学等学校进行走访调研，参与各个学校教研活动，为广大体育教师进行体育教学指导，为始兴县中小学体育教师上体育示范课，为始兴县体育教师专业发展提供谋略。

其次，基于校情指导教研。为改善乡村体育教师教科研能力相对薄弱、科研素养不够深厚、科研成果不够丰富等现实，艾安丽老师专门为城南中学开设《如何撰写教学案例》《如何上好一节体育课》等专题讲座，深受教师好评，有效提升了教学的教科研能力。同时，她充分利用挂职机会，深入思考，带领教师对城南中学教学改革成果进行凝练，对"一体六环"课堂教学模式改革进行指导，带动教师们充分利用教学实践经验撰写教学科研论文。组织教师团队，凝练出成果《基于核心素养理念的乡镇初中"一体六环"教学模式的新探索》并获得 2021 年韶关市中小学教育教学成果一等奖，有效地提高了乡村体育教师的教学能力、教研能力等专业能力。

图 6-1　艾安丽博士为城南中学教师做教研指导

图 6-2　艾安丽博士指导城南中学教师申报并获得韶关市教学成果一等奖

案例 6-11：白土中学体育教师杨彦锋，获得广东省教育科学院研究院校园足球专项课题立项，在高校专家的指导下，圆满完成研究工作

韶关市曲江区白土镇白土中学体育教师杨彦锋，个人专业发展愿望强烈，课余时间坚持学习和科研，于 2019 年 11 月牵头申报了广东省校园足球专项研究课题《农村学校女子足球运动普及策略探索》并成功获得立项，创造了韶关市乡村学校体育教师获得省级教研课题立项的先例。立项后，主动寻求韶关学院专家的帮助和指导，圆满完成了研究课题，体验了教研课题的全过程。具体过程性材料见图 6-3 至图 6-7。

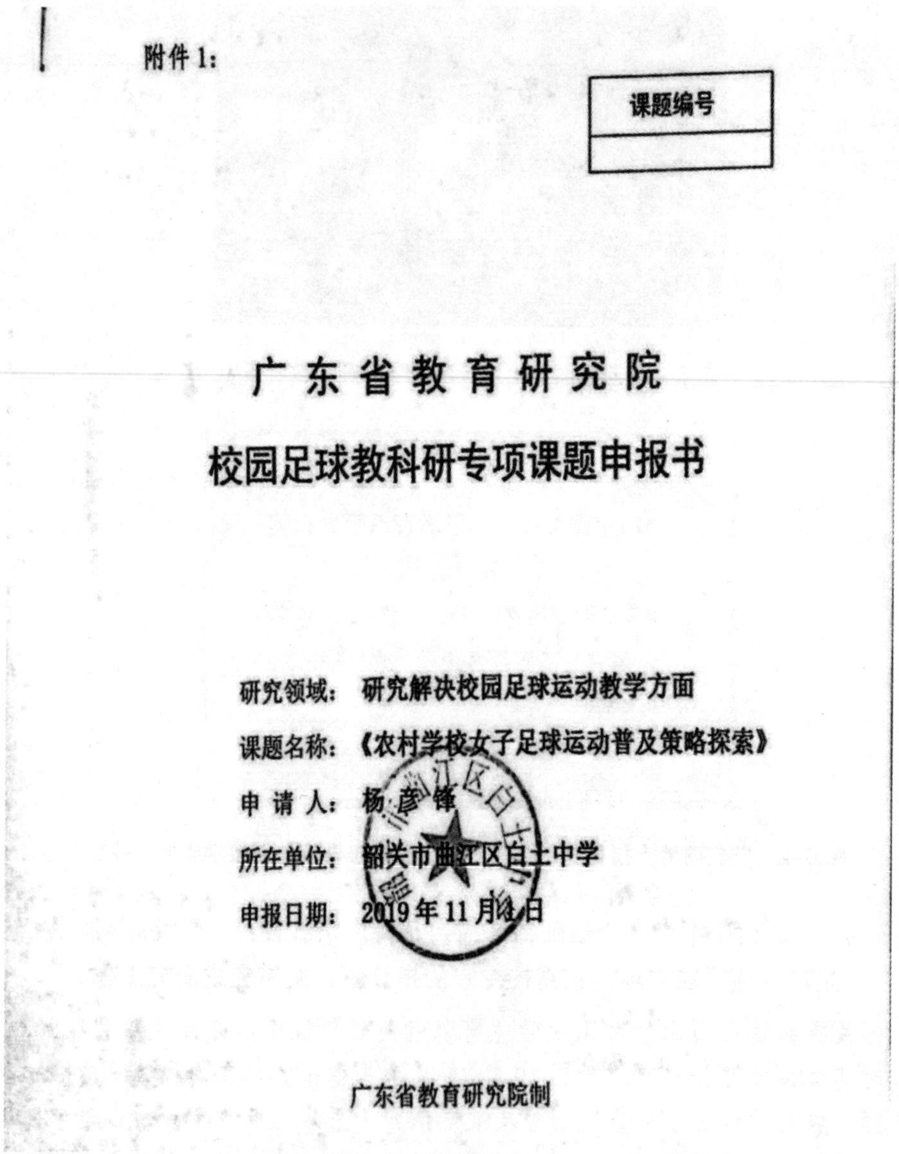

附件1:

课题编号

广 东 省 教 育 研 究 院

校园足球教科研专项课题申报书

研究领域： 研究解决校园足球运动教学方面

课题名称： 《农村学校女子足球运动普及策略探索》

申 请 人： 杨彦锋

所在单位： 韶关市曲江区白土中学

申报日期： 2019 年 11 月 4 日

广东省教育研究院制

图 6-3 曲江区白土中学杨彦锋老师主持申报的广东省教育研究院校园足球教科研专项课题
申报书封面

课题编号
19SXZPT018

广 东 省 教 育 研 究 院

教 育 研 究 课 题 开 题 报 告 书

课题名称：《农村学校女子足球运动普及策略探索》

课题主持人：　杨 彦 锋

所在单位：　韶关市曲江区白土中学

填报日期：　2020 年 5 月

广东省教育研究院制

图 6-4　曲江区白土中学杨彦锋老师主持申报的广东省教育研究院校园足球教科研专项课题
开题报告封面

一、开题活动简况[开题时间、地点、评议专家、参与人员等]

1. 开题时间：2020 年 5 月 28 日上午 10:00

2. 开题地点：韶关市曲江区白土中学

3. 评议专家：黄春神、胡永红、骆广安、朱沛华、高志恒

4. 参与人员：黄友俊（课题组成员）、肖宇杰校长、邓汉修副校长、谢国剑、陈伙新教研员、肖富文主任、邓允安科组长、廖益松、王育东、龚志行老师等

二、开题报告要点（题目、内容、方法、组织、分工、进度、经费分配、预期成果等）

（一）课题名称

《农村学校女子足球运动普及策略探索》主要研究的内容有以下几点：

（1）农村学校展开和普及女子足球运动教学面临的问题研究

采取教师座谈、家长座谈、问卷调查、案例分析等方式，对于农村学校展开和普及女子足球运动教学面临的问题进行深入的研究与分析。课题组初步认为，目前限制农村学校女子足球运动展开和普及的问题主要有这几个方面：一是农村社会、家庭对于女子足球运动的观念不正确；二是校园女生对于足球运动认知不足、兴趣缺乏；三是农村学校展开女子足球运动的硬件设施不齐全；四是农村学校缺乏相应女子足球教师；五是农村学校缺乏有效的、针对性的女子足球训练方案；六是农村缺乏女子足球提升的赛事环境、文化环境。从学校外、学校内、女学生三个角度进行考量，则可以对于问题进行总体分析。

（2）农村学校展开和普及女子足球运动教学优化策略研究

针对目前存在的相应问题，课题组假设，农村学校展开和普及女子足球运动教学优化策略应当包括有以下方面：

①优化农村体育文化环境,提升社会、家庭对于女子足球运动的理解与支持。通过组织家校运动会、家长进校园等活动的机会,或通过家长、学生共同完成作业的方式,将女子足球作为一项体育文化培养内容融入到校园环境当中,向农村家长传递女子足球运动活动的积极性,从而使得农村社会、家庭对于女子足球训练形成理解与支持的思想,从大环境上营造女足训练的良好氛围。

15

②激发女学生对于足球运动的内在兴趣。针对农村女学生自身的性格特点与价值取向,将女子足球比赛、女足优秀运动员引入到体育课程的文化教学范畴当中,引导女学生对于女足运动产生正确的理解,进而激发女学生对于足球训练与学习活动的内在动能,培养其参与训练的热情与良好的运动习惯。

③团队建设、激发兴趣、男女合练,优化农村学校女子足球运动教学。首先是要从团队建设入手,从团队运动的角度为女学生寻找教学与训练的团队,以打破年级、班级的方式展开训练与教学,保证团队的完整性,增强教学与训练的实战性;其次是从女学生自身的能力与兴趣出发,从跳绳、踢毽子等农村女生喜爱的游戏入手,融入足球训练中的体能训练、技巧训练等,使得整体训练符合农村女生的自身能力和期待,又充满乐趣;再次,要将女子训练放在与男子训练等同的水平上,安排一些具有挑战性的、与男学生共同训练的教学活动,从而激发女生坚韧不拔的性格与求胜的欲望。

④优化师资队伍，创设比赛环境，拔高农村女子足球训练教学水平。农村学校、体育教师等也应当不断加强和友校之间的联系，通过地方学校的联合、合作等方式，为女子足球的训练营造合练和比赛的环境，让农村女子足球教学和训练有一定的竞技目标。同时，要通过地方性的农村女子足球教学教研活动、研究活动等，实现地区内部训练经验的有效交流，促使农村地区整体校园女足水平的提升。

（3）农村学校展开和普及女子足球运动教学优化成效研究

采取座谈、访谈、量化研究、案例追踪分析的方式，对于农村学校展开和普及女子足球运动教学优化策略的效果进行研究。

（二）研究方法

为了达到既定的课题研究目标，课题所采用的研究方法主要包括以下：文献研究法、对比分析法、问卷调查法、访谈法、归纳演绎。拟解决的问题：课题解决的是农村地区校园女子足球在开展过程中遭遇的教学障碍。这些障碍包括农村社会、家庭对于女子从事足球训练活动方面思想上的桎梏、农村学校展开女子足球运动教学硬件方面的问题、农村学校展开女子足球教学活动在教学内容和形式上的不足三方面。

图6-5　曲江区白土中学杨彦锋老师主持的广东省教育研究院校园足球教科研专项课题开题报告部分正文

课题获得立项和成功开题以后，韶关日报、韶关市教育信息网等媒体进行了专门报道，对乡村体育教师从事教研工作给予充分肯定，详细报道如下。

省级课题"农村学校女子足球运动普及策略探究"开题

探索农村校园足球发展新模式

韶关日报记者　李佳

本报讯　近日，曲江区白土中学教育科研省级课题"农村学校女子足球运动普及策略探究"开题。这是我市唯一入选的2019年广东省校园足球教科研专项课题。

据悉，白土中学是广东省校园足球特色学校。2019年9月，该校开始组建女子足球队，致力于校园足球推广。课题主持人杨彦锋表示，我国在对校园足球展开活动关注程度提升、研究内容深入的过程中，很少有学者将关注点投向农村女子足球的开展。该课题将采取教师座谈、家长座谈、问卷调查、案例分析等方式，深入研究分析农村学校展开和普及女子足球运动教学面临的问题，研究农村学校展开和普及女子足球运动教学优化策略，提升社会、家庭对女子足球运动的理解与支持，激发女学生对于足球运动的兴趣，提升女子足球的参与度和水平。同时，通过推广女子足球运动，探索农村校园足球发展新模式，提升学生参加体育锻炼的意识。

市教育科学研究院体育教研员黄春神表示，通过5年多的推广，我市校园足球发展取得了初步成效。但校园足球发展存在城乡差距，乡村学校因场地、师资等较为薄弱，校园足球发展水平相对落后。该课题研究的实际成果将对我市乡村学校推广校园足球有十分重要的借鉴意义。

图6-6　韶关日报报道曲江区白土中学杨彦锋老师课题开题情况（2020年6月9日A5版）

图6-7　韶关教育信息网对曲江区白土中学杨彦锋老师课题立项和开题的报道

　　获得立项以后，课题组教师所在学校、区教育局、市教育局都高度重视，专门组织专业人士指导课题开展。课题组人员也十分珍惜机会，认真对待各环节。在开题、研究、结项等课题研究的全过程中，积极学习、虚心请教、学习课题研究的各种方法，如通过各种途径获取研究信息的方法，通过比较、分析、甄别等方式不断积累研究素材的方法，学习不断调整、修正和完善研究路线和思路的方法。通过课题研究，课题组老师获得了科研能力的大幅提升，对课题研究的选题、文献收集和整理、文献综述、提出研究假说、制定研究计划、收集并整理和分析研究资料、研究成果的表达等过程，有了较为清晰的了解。虽然在申报、开题、具体研究、结项等环节中（如申报书中"研究领域"的表述不够科学规范、开题报告中"主要研究的内容"中缺乏关于"女子足球开展现状"等部分、"研究方法"中内容的表述不够切题、具体研究中对实验研究样本的选取和数据的分析把握不太科学、结项报告部分表述有待进一步完善）尚存在某些不足，但毕竟迈出了卓有成效的教研能力提升和专业发展的步伐。

总之，该课题能够获得立项和成功结项，说明广东省教育研究院领导、有关评审专家、同行对本研究项目的充分肯定，更是对乡村体育教师致力于教研工作潜力的认可和现实成绩的认可。当然，更加说明一个事在人为的事实：只要乡村体育教师有专业发展的坚强信念，有教学研究的强烈动机，就会积极主动地谋求发展，想方设法克服困难，最终获得成功。

（四）支持乡村学校体育教师开展课题研究，以研究实践带动体育教师教研能力的提升

一般来说，多数乡村体育教师觉得课题研究是"阳春白雪"的"高大上"工作，"可望不可及"，内心对课题研究敬而远之，这种认识水平严重阻碍了学校的内涵发展以及乡村体育教师自身的专业发展。部分乡村学校领导和体育教师虽然内心渴望主持课题、参与课题研究，但由于课题研究基础薄弱，难以开展实质性研究工作，加之缺乏外来指导，导致教研工作长期难有实效。基于此，教育主管部门应提高认识，以"兼爱"心态，加强对乡村学校体育教师的教研支持力度，包括课题立项、论文评奖、教学案例评奖等方面，都向乡村学校和乡村一线体育教师倾斜。另外，教育主管部门和组织专家学者、教研标兵教师等，深入乡村学校对体育教师进行专门的教研培训讲座和学术研究沙龙，现场解答乡村体育教师教研的实际困难和具体问题。让教师通过专家引领、榜样示范、实践感受等途径，提高教研能力，获得专业发展的机会。

（五）树立典型，以点带面

蹲点教研员为驻点乡村学校体育教师专业成长提供多种服务，关注和扶持乡村体育教师成长。一般来说，入职5年内的年轻体育教师，其职业热情相对较高，专业发展动机较强。教研员应细心观察，发现"苗子"。发掘那些个人专业发展动机强、专业发展潜力大的"新秀"，加强引导，鼓励其积极进行教学反思和参加教学竞赛，积极进行教研活动等。而一旦这些"新秀"有了成绩、有了进步，就要及时表扬和宣传，树立好"典型"，推荐其参加更高层次的学习，从而进一步发挥其在乡村体育教师专业发展中的示范作用。[①]

---

① 丁文平.提升乡村教师教研能力的有效探索[J].基础教育论坛，2020（29）：7-10.

（六）建立城乡体育教师联动发展机制

积极开展教研活动是当前促进南岭走廊乡村体育教师专业发展的重要途径。乡村体育教师通过参与体育教研，城乡联动，与城区体育教师积极交流学习，获得新的体育教学理念、方法和手段，获得解决体育教学实践问题的能力，丰富体育教学理论与实践知识，实现专业成长。

目前，城乡体育教师联动教研在全国较多地区，尤其是经济文化发达地区，已经成为促进乡村教师专业发展的重要手段。而对乡村教师而言，其获益是较多的，既拓展了自身专业发展空间，也提升了自身专业素养。

不过，值得注意的是，在城乡体育教师教研联动的过程中，由于我国城市化水平的不断提高，乡村教育"城市化"发展的倾向，使得城乡联动教研过程中也在一定程度上表现出以城市中心的导向，体育教研比较脱离乡村体育教学实际，乡村体育教师难以深度参与到体育教研互动过程中，从而影响了体育教研效果，这种倾向要注意预防和克服。①

（七）发挥大数据时代技术优势，发展南岭走廊乡村体育教师体育教研能力

"大数据"（big data）一词，日益被人们认可，深入人心。大数据时代是以信息爆炸、海量数据为主要特征的技术发展与创新改革时代。大数据技术涉及的领域几乎无所不在，政府管理、电子商务、物流配送、医疗健康、教育教学等，都有大数据的强势存在和积极影响。大数据对提高人类活动的精准性有着积极的意义。同样，在南岭走廊乡村体育教师教研能力提升方面，大数据也大有用武之地。

大数据具有的精准化和情境化特征，能够赋予南岭走廊乡村体育教师专业发展更多的路径选择空间。乡村体育教师既可以接受传统的线下面对面直接培训方式，也可选择在大数据技术支持下的互联网＋平台上自主机动的学习模式。可以在"在线课堂"中接受培训，实况模拟教研过程，在泛在性的新型学习环境中不断提高教研水平和能力。大数据技术还可以为南岭走廊乡村体育教师教研能力提升提供精准"画像"，可以支持对乡村体育教师基本的教研能力特征和前期成果、整体科研能力的评估，对乡村体育教师在教研发展中的心理动机、整体认知、生理变化、现有水平、行为付出、有待努力方向等进行"诊

---

① 王爽.县域内城乡教师联动教研实践策略研究 [D].重庆：西南大学，2020：1.

断"，为乡村体育教师制定适切性强的针对性培训计划，利用乡村体育教师自适应的学习推送来完成供需配对，精准有效地促进教研能力的发展。[①]

大数据时代为南岭走廊乡村体育教师专业发展提供了充足的资源支持，打破了乡村体育教师专业发展的时空限制，为其提供了多元化的交流机会，有效促成了城乡体育教师发展共同体的构建。不过，也面临某些实践困难，如乡村体育教师短期内难以完全消化吸收体育教研新知识、新理念、新方法，难以完全认同信息技术带来的教学教育变革。所以，管理部门和乡村学校应摒弃直线思维模式，建立复杂性思维，充分考虑事情发展的方方面面，构建运行有序的信息管理制度，激励和引导乡村体育教师转变认识，积极主动地投入基于大数据技术的教研能力提升实践中来。[②]

当然，由于南岭走廊乡村体育教师长期以来的现代教育信息技术能力相对滞后的现状，要实现其通过大数据技术达到即刻将教研能力提升至很高水平的状态并不现实。但是，大数据时代具有不可逆转性，大数据技术的发展趋势说明人不能游离于时代之外，所以，乡村体育教师必须认清形势，主动适应，以获得专业发展。乡村体育教师可以在以下几个方面做出努力。

1. 创新教研能力发展理念

大数据时代南岭走廊乡村体育教师创新教研能力发展方式首要的表现即为建立正确的教研能力发展自我认识，包括行动理念和预见性的发展策略定位。要做到这一点，身处新时代的南岭走廊乡村体育教师，必须突破传统的教研认知和发展模式，树立开展教研工作的能力自信，确信自己可以通过努力达到较好的教研效果，以"别人能行，我也能行"的自信态度投身教研工作中。

首先，要提高对教育信息化的认识。教育信息化是国家实现对农村教育精准扶贫的重要手段，能够为教育扶贫培育创新人才、提供技术支持、缩小城乡教育差距。目前，在我国农村教育精准扶贫过程中，教育信息化发展不足，直接体现为传统教育思想"惯性"巨大、信息化建设资金投入少、基础设施匮乏、人才不足、管理落后，等等。这种状况不利于现代教育信息化理念在乡村学校的全面落实，不利于形成城乡教育信息化一体化发展格局，不利于强化乡村文化和教育信息化的深度融合。所以，只有切实完善乡村学校教育信息化管理体

---

① 柳立言，张会庆，闫寒冰. 智能时代乡村教师专业发展的困境、机遇和实践路径 [J]. 中国电化教育，2021（10）：105-112.

② 马静."互联网+"背景下乡村教师专业发展的理性思考 [J]. 教育观察，2021（11）：22-24.

制，方可促进乡村教育信息化的顺利发展、教育精准扶贫战略目标的实现和乡村体育教师的专业精准发展目标的达成。[1] 乡村体育教师首先要突破传统认识，高度认识科学技术发展为教育带来的伟大变革，高度认识教育信息化的划时代意义，主动了解和学习教育信息化技术，提高教育信息化素养，在平时的教学中积极运用和实践，传播信息化教育的魅力。[2] 其次，认识到大数据时代的乡村教师专业发展特征以及对乡村体育教师教研发展的影响及机制。在教研能力提升体系中，积极结合大数据时代教师专业能力发展创新理念与技术手段，变乡村体育教师教研能力提升的外在驱动为教师自身自主发展的内在动机，形成人机协同、助推乡村体育教师教研能力发展的体系。

2. 创新教研能力发展评价

长期以来，教育主管部门和学校领导对乡村教师的教学能力、教研能力的评价侧重于纸笔记录、听课评课、说课磨课、教研工作参与、教研产出成果等情况。多是通过直观感受、经验评估等手段，取得了较好的效果，对乡村体育教师专业发展有积极的促进作用。但是这种传统手段与大数据时代背景有些不相适应。基于大数据时代的技术能力，对乡村体育教师的教研、教学等专业能力的评价也应该"升级换代"，实行新的教研能力评价手段。

2020 年 11 月，华南师范大学与中讯邮电咨询设计院联合举行"人工智能 + 教师能力发展联合实验室"产学研成果发布会，推出国内第一个运用大数据、人工智能技术辅助教师能力水平提升的产品——教师能力 AI 测评系统。系统能够通过对教师教学过程进行全面系统的数据收集和分析，运用指标评价体系对教师的教学过程、教学行为和教学效果等指标进行分析、判断，形成测评报告，帮助教师精准了解自身专业发展能力结构情况，分析教师专业能力发展状况并提出建议，有利于科学精准地促进教师专业能力发展。

对教师个人而言，该系统针对教师专业能力发展的难点，着力破解教师专业能力测评实施困难、教研突破过程复杂、发展过程记录不多等"技术难点"，运用 AI 技术为教师课堂教学能力精准扫描，帮助教师通过系统分析数据精准实施教学反思，从而获得专业精准发展；对教育主管部门和学校领导而言，该系统能助其准确了解体育教师专业能力现状、长处和短处，为体育教育教学、

---

① 沈费伟. 教育信息化：实现农村教育精准扶贫的战略选择 [J]. 中国电化教育，2018（12）：54-60.

② 俞景成. "互联网 +"背景下农村中小学教师信息化素养提升策略探讨 [J]. 教育信息技术，2019（9）：75-77.

体育教师专业能力提升提供决策依据，也有助于实现乡村教育服务供给侧改革与乡村教师职后发展效果增强；对社会而言，该系统有助于实现教育公平和教育高质量发展，也有助于匡正教育导向、平衡教育生态、实现城乡教育资源和服务均等化。[①]

3. 创新教研能力发展模式

大数据时代南岭走廊乡村体育教育要和国家的乡村振兴战略紧密结合，结合和谐社会构建、新农村建设、绿水青山就是金山银山、共同富裕等理念共同指导下，结合大数据时代的社会背景和国家发展愿景，根据乡村体育教师教研能力、教学能力等专业发展的内涵与要求，构建大数据时代乡村体育教师专业发展新模式。基于教育技术创新、互联网技术创新的科技前沿，建立整体发展的动态体系。目前，乡村教师的"在线培训"已经成为潮流，"在线教研"也逐渐发展为新常态。所以，大数据时代应突出乡村教师和 AI 技术分工与协作能力的提升，构建乡村体育教师教研能力提升的"智慧方案"，实现新时代乡村教师专业协同促进的新路径。总的来说，大数据时代乡村体育教师教研能力提升的路径会更加多元开放，更多既有的教师专业发展理论研究成果和实践发展样本将成为乡村体育教师教研提升的重要参考依据。地方教育主管部门和乡村学校应该顺势而为，积极谋划，借助大数据技术手段，探索乡村体育教师教研发展新思路。

4. 创新实践操作路径

随着大数据技术的飞速发展及其对教育行业影响的日益深远，大数据技术支持南岭走廊乡村体育教师教研能力提升的路径也逐渐清晰明朗。基于大数据技术在教育行业影响的提高，借助大数据技术手段为南岭走廊乡村体育教师专业发展构建教师教育智能平台，越来越具有可能性。在大数据教研平台搭建乡村（体育）教师教研共同体，吸引尽可能多的志同道合的乡村体育教师加入，通过相互交流、相互提醒、资源共享、信息共享，可以有效促进其教研能力提升。此外，还可以大力开展乡村体育教师的行动研究、叙事研究、质性研究，让其从教学教育实践中找到研究问题，这些问题可能更需要得以研究和解决，更容易达成"以案说理"的效果，促进乡村体育教师教研能力的提高和发展。[②]

[①] 白宏太.精准助力教师专业发展[N].中国教师报，2020-11-11（13）.

[②] 柳立言，张会庆，闫寒冰.智能时代乡村教师专业发展的困境、机遇和实践路径[J].中国电化教育，2021（10）：105-112.

需要说明的是，以上策略虽然是针对南岭走廊乡村体育教师教研能力发展而言的，其实对其教学能力的提升，也同样具有应用价值。原因有二：第一，乡村教师教学能力和教研能力的发展，其本质是一致的，均需要以教师自身的内在动机作为主要的动力。教师有了发展内驱力，即使暂时面临的挑战较大、困难较多，但都会想方设法克服困难，谋求自身能力的发展。第二，教学能力的提升和教研能力的提升在发展路径上是相似的。两者的发展，均需要教师自身的修为，需要教师的不断学习、交流、请教、反思、总结、提炼、凝练。尤其是在大数据时代，都可以充分利用网络平台学习资源的海量性、学习内容的多样性、学习环境的泛在性、学习方式的混合性、学习反馈的即时性等特征，不断获取新知，获得专业的发展。

案例 6-12："互联网 + 乡村教育"让八桂乡村孩子享受优质教育资源[①]

为适应新时代基础教育改革发展和中小学教师队伍建设需要，着力破解乡村教师整体素质偏低等难点问题，广西壮族自治区教育厅从 2015 年起，在区内 148 所农村中小学校启动实施"双师教学"模式改革试点项目（以下简称"双师"项目）。通过改革，基本形成了"互联网 + 乡村教师"支持服务体系，破解了乡村学校教师和优质教学资源不足的难题，提升了乡村教师包括教育教学能力在内的各项专业能力，主要做法如下。

第一，推进教学改革。

自治区组织人员制定"双师"项目课例视频资源质量标准与技术标准，遴选城市优质学校的优秀教师作为录课教师，进行常态课录制。上传达标课例视频及相关教学资源，形成义务教育阶段国家规定课程的系统化、信息化、全程式的资源体系，为乡村教师备课、教学、研修等提供重要支撑。全区乡村教师只要登录"双师"项目资源平台，就能够足不出户地获得来自城市优秀教师的教学资源。

通过几年的实践，"双师"项目实施效果明显，形成了"资源引领，按需调整，灵活应用"的精准教学帮扶模式。优秀教师教学视频和辅助资源为乡村教师提供了"直接呈现""简单模仿""加工改造"三种基本应用方式，提供了可观阅、可模仿、可复制、可传播的教学和研究范式，提高了乡村学校的教学效率。

---

① 李桂良，韦昌勇，周东宁."互联网 + 乡村教育"让八桂乡村孩子享受优质教育资源[J].广西教育，2021（8）：20-21.

第二，构建培训新模式。

"双师"项目推进中，自治区以在线学习支持系统为依托，综合运用集中培训、送教下乡、工作坊研修、巡回指导、驻校指导等多种方式，精准编制乡村教师培训指南，建立"政府＋高校＋市县培训机构＋中小学"的"G－U－C－S四级"联动培训机制，构建"区级团队指导—市县级教育政府部门管理—乡村教师工作坊研修"一体化的乡村教师专业发展支持服务体系，构建了乡村教师"在岗、在校、在班"的"互联网＋"培训新模式，让乡村教师得到了多方协同指导、长期陪伴帮扶的业务指导，助推乡村教师专业发展。

同时，"双师"项目依托同步课程资源库，做好"微"文章，精心选择"微课例""微课程"等教学资源，搭建优质在线课程资源与乡村教师在线研修平台。乡村教师可便捷地通过手机或电脑下载截取资源，开展泛在学习。同时，也可以实行"拿来主义"，将优质教学资源直接拿来教学。此举一方面提高了乡村教师对优质教学资源的综合运用能力，另一方面发展了乡村教师教育信息化应用能力和水平。

第三，推动科研应用整体发展。

通过项目实施，自治区持续强化乡村教师的科研引导意识。依托课题研究，构建多元化教研支持系统，推进包括"在线教研支持""常态化送教下乡＋同课异构＋视频教研支持"两个子系统的教研支持系统建设。自治区内部分区县在高校专家指导下步入"整县区（成建制）推进"状态，将项目资源应用于县（区）教师培训项目并进行整体设计，形成"项目引领—对接内需—植根本土—巧借外力"的区域教师培训新格局。

经过几年实践，自治区"双师"项目试点县（市、区）遵循"互联网＋双师教学"理念，籍由手机终端远程在线观摩、微信交流线上活动和深入乡村学校找问题、进入课堂寻落脚点的"科研共同体"方式，为乡村教师提供"陪伴式"专业成长平台。由于成绩突出，效果明显，"双师"项目教学模式被列为"全国中小学教师信息技术应用能力提升工程2.0"重点举措，实施案例入选教育部首批"精准扶贫精准脱贫"典型案例、"国培十周年"优秀实践案例并成功申报为教育部示范性项目"国培计划"综合改革项目。

（八）构建网状联动模式，整体推进教研工作

新时代背景下，基于人的全面发展新要求和构建发展共同体的新趋势，南岭走廊各省区的区县一级教育主管部门，可构建区域联片教研新模式。这种区

县域内邻近乡村学校联合共研的新模式，是促进乡村体育教师专业精准发展的新路径。通过转变传统的教研方式，变教研员"自上而下"的单向教研指导为与"自下而上"相结合的双向教研路径，能有效改进体育教研内容，提升乡村体育教师教研实际效果，从而助推乡村体育教师专业发展与成长。具体可采用以下方式。

1. 划片联合，整体推进

南岭走廊乡村体育教师在所在区（县）体育教研员的组织下，按照"地域相近、强弱为组"的原则，将全县（区）乡村中小学分为若干片区，每个片区遴选出教研水平相对较好的 1 ～ 2 所中小学为标杆，下辖若干所教研水平较为薄弱的学校。同时，推选出 3 ～ 5 名业务能力突出、责任意识强烈的骨干体育教师作为核心成员，并让其分别担任不同片区的正副负责人，构建片区体育联合教研共同体。

2. 制订计划，明确主题

联片教研管理可制定稳定的教研制度，如期召开全体核心组成员会议，由区县体育教研员提出学期教研整体计划，各片区负责人制订分区教研具体方案，组织实践教研活动。各片区体育教研内容和主题可以根据实践情况进行确定，各片区围绕主题进行问题化学习、微课课例、同课异构、体育中考、体质健康测试、阳光体育、信息化手段等实施分主题教研。教研员还可对体育教师进行专题讲座，如"如何贯彻落实教会勤练常赛""怎样保持体育课的合理运动负荷"，等等。

3. 严密组织，确保实效

为真正落实每一次教研活动，区县教研室可在召开片区正副组长会议的基础上，建章立制，规范学校之间、片区之间的体育教研协同创新、融合发展工作机制，各学校分别担任轮值校，组织区域体育教研教学工作现场会、开展体育教研活动、展示体育教学示范课和研讨课，利用说课、磨课等形式，吸引更多体育教师参与。

4. 分片指导，精准施策

第一，实施南岭走廊乡村体育教师联片教研制度，区县体育教研员通过听课、研究课型、巡课、督导课，坚持对常规体育教学的实践引领。

第二，坚持对乡村体育教师的专业培训，以优质的教研活动引领乡村体育教师专业发展。

第三，组织区县体育教师年度优质课比赛，认真评审参赛课程并择优报送参加上一级课程竞赛。

第四，立足体育与健康课程改革新实践，认真研究体育中考、体质健康测试等新问题，带动全体体育教师深入研讨。通过多维并举，形成有效的、可持续的教研文化。首先，可让片区体育教研共同体实现资源共享、全体参与、分层引领。每个体育教师基于自身成长主动参与，提高教研活动的真实性和实效性，实实在在地促进体育教师在体育教学的理念和指导思想、教学方法和手段等方面的研究与交流，提升教研的广度和深度。其次，可打破校际藩篱，为同一区县范围内校与校之间、片区与片区之间的交流提供平台，并充分发挥骨干教师的示范引领作用和新入职教师的骨干效应，开拓了乡村体育教师的视野，拓宽了乡村体育教师提升的路径，形成乡村体育教师梯队发展新模式。再次，可强化基于体育教学现场、走进真实体育课堂的联动教研，促进乡村体育教师在学习中实践，在应用中提升，为其专业成长搭建展示、学习、交流互动的平台，助推其专业精准发展。

值得注意的是，联片教研模式必须充分体现以"教师发展"为中心的理念，以"专业能力提升"为目标的宗旨，确保教研活动的可持续性。当然，要做到这一点，充分激发和小心呵护体育教师的内在动机乃该模式可持续发展的关键问题。所以，教研员和片区负责人在指导体育教师时应充分调动体育教师的积极性，给其展示平台，让更多乡村体育教师体验到专业发展的成功感和职业发展的幸福感。同时，这种制度的持续健康发展必须得到学校的支持。要设法提高学校领导的重视程度，为乡村体育教师专业发展提供机会和平台。如此，通过一系列鲜活的体育教研活动，助推南岭走廊乡村体育教师专业发展与成长，并让其成为真正的体育学习、研究、发展共同体。[①]

二、教师层面的策略

（一）主动参加教研活动

南岭走廊乡村体育教师要正确认识教研的意义和作用，树立正确的教研动机，真正将教研工作看成提高自身专业能力的有效手段，主动将自己向"研究

[①] 魏晓黎.区域联片教研提高教师专业能力[J].河南教育（教师教育版），2021（10）：33-34.

型""专家型"教师转变。虽然乡村体育教师多数理论研究基础较为薄弱，但他们却具有高校研究人员所不具备的条件。身处体育教学一线，乡村体育教师能够在大量鲜活的体育教学实践中发现真问题，为开展校本教研活动提供大量选题来源。遗憾的是，当前许多乡村体育教师未能超越自身，未能突破"体育知识技能搬运工"的传统角色意识，缺乏问题意识。所以，在校本性体育教研浪潮到来之际，乡村体育教师的惯性思维只是让其从以往的依赖高校专家转为依赖体育教研员、骨干人员等，依旧将自己游离于校本教研以外。其实，校本体育教研的真正主体乃乡村体育教师自身，在校本教研的专业引领功能逐渐成为学校常规发展机制的情况下，南岭走廊乡村体育教师必须自觉从事校本研究。

要有效地达到这个境界，乡村体育教师务必实现三个转变。

第一，在意识形态方面发生转变。首先，必须提高自身参与教研获得的主体意识。教育主管部门或学校领导一方面要组织体育教师学习、了解校本教研的主要目的、重要意义、基本方法和常规要求等，引导乡村体育教师积极参与，在实践中学习和提高，慢慢树立、强化和巩固研究意识。另一方面，教育主管部门或学校领导必须让乡村体育教师有正确的自我定位和自我认识，知晓自身研究长处，敢于肩负教研任务。

第二，在培养、树立和提高问题意识方面发生转变。研究始于问题，乡村体育教师只有产生了问题意识，方可激发从事教研的内在动机。具体研究中，乡村体育教师要从实际出发，基于学情、校情等，关注课堂，关注学生，将自己在教学、训练、阳光体育等活动中遇到的具体小问题作为研究选题，如投入和提高学生的体育中考成绩、如何贯彻"教会"要求、如何安排体育课后作业等。提出这些问题以后，积极探讨有效的处理办法和对策，假以时日，就可以逐渐加强自身的问题意识并提高解决问题的能力。

第三，在合作交往方面发生改变。体育教研大多数通过体育教师之间以及体育教师与专家、教研员之间的有效合作来实现。其中，专家与教研员的指导是教研活动的重要支撑。南岭走廊乡村教师必须掌握时机，经常和同事交流合作，相互学习，共同研讨，共同构建和谐良好的教研氛围，达到共同提高的目的。

此外，要有效达成这个境界，乡村体育教师还必须处理好某些关系。

第一，处理好"教"与"研"的关系。教学和研究两者之间关系密切，互相影响，教师研究的素材和问题源于教学，好的研究能够促进教学。乡村体育教师从事校本研究的内容主要是其在教学中发生的具体而微的问题，且和教学密切相连。当乡村体育教师遇到问题和困惑时，更多要靠自身思考和研究来解决，所以，研究就不可避免地成为教师的本分工作而不是额外负担。所以，乡村体育教师从事教研室应以校本问题为主，针对教学实践中的"真"问题，积极进行研究探讨。

第二，处理好教师自为和外在帮助的关系。乡村体育教师的教研虽然以校本问题为主，但本质上依然是"研究"，需要借助专家或教研员的力量，进行研究选题、研究方法、研究手段等方面的指导和帮助，而不能一味地"自力更生"。在这种情况下，势必离不开专家学者的外在帮助。所以，教研过程中，乡村体育教师实行"拿来主义"，虚心求教专家学者，也要保持相对独立，独立思考，独立研究。①

（二）参加学历提升，提高教研能力

南岭走廊乡村体育教师要积极贯彻终身学习理念，努力提高自己的学历水平。在提升学历的过程中，可丰富专业理论，拓宽专业视野，提升专业认识，形成新的专业意识。这些因素的共同作用，可有效提升教师的专业发展水平。

目前情况是，近十年新入职的乡村体育教师，多数具有本科学历，能较好地适应中小学体育教学工作和教研工作，但是与"专家型教师""科研型教师"的标准和要求尚有不小的距离。所以，应秉持终身学习理念，向获得高一级学历的目标努力。

自 2004 年起，教育部开始实施"农村学校教育硕士师资培养计划"（简称"硕师计划"），旨在为农村学校培养优秀骨干教师。2010 年以后，教育部开始进一步扩大"硕师计划"规模，并与"农村义务教育阶段学校教师特设岗位计划"结合实施，为县镇及以下农村学校培养具有教育硕士专业学位的骨干教师，提高农村教师的学历水平和整体素质。改善农村教育体系，提高农村教育发展进度。而在 2020 年颁布的《教育部等六部门关于加强新时代乡村教师队伍建设的意见》中，更有"鼓励支持师范院校为乡村高中培养教育硕士""实施好'农村学校教育硕士师资培养计划'……让更多符合条件的乡村教师有学

---

① 张义峰.如何提高中小学体育教师校本教研能力 [J].体育教学，2018（2）：65-66.

习深造的机会"的明文规定。[①] 所以，新时代南岭走廊乡村体育教师要主动作为，充分利用国家政策红利，积极参加教育硕士培养计划，攻读硕士学位，拓展乡村体育教师的专业视野，丰富专业技能，提高专业水平和能力，这是提升自身专业能力、达成自身专业精准发展的重要路径之一。

（三）加强学习，提高体育理论修养

当今时代是学习型社会，乡村体育教师要与时俱进，做新时代"学习型"体育教师。平时注意对经典教育理论的阅读和积累，包括教育学、心理学、教学论、体育教学论、社会学、教育心理学、教育社会学等学科的专著和论文，掌握经典的（体育）教育教学理论。同时，通过对《体育教学》《中国学校体育》《田径》《中国体育报》等杂志、报纸中论文的阅读和吸收，通过对"体育教师网""中国学校体育""体育学术网"等专业网站知识的浏览和积累，了解体育界和体育教学业内最新的学术和实践发展动态，使自己的体育学术体验与时代同步。此外，在阅读的同时要勤记笔记，将重要的名词术语、观点提示等记录下来，经常翻阅记忆，假以时日，这些知识就会牢固地内化为自己的理论认知，内化的知识越多，在做教研课题或撰写论文时，就越能够胸有成竹，举重若轻地加以运用，游刃有余地加以理论组合。

（四）及时总结，积累体育教研经验

处处留心皆学问，乡村体育教师要学会做生活的有心人。将平时从书刊杂志、报纸专栏网站上看到的体育教学小窍门、小技巧加以收集整理，总结归纳。将平时自己的教学闪光点、教学失败处、教学偶得、教学反思、教学总结、教研感悟、听课心得、评课所获等做成卡片，分门别类加以整理，经常翻阅。将同类的问题加以归纳整理，供自己在申报、完成教研课题，或者教学设计时查询备用。

（五）勤于练笔，厚积薄发

乡村体育教师要养成勤于练笔的好习惯。平时积极撰写教学设计、教学案例、叙事论文、经验总结论文、读书报告等各种题材的小文章。写就后自己先

① 中华人民共和国教育部.教育部等六部门关于加强新时代乡村教师队伍建设的意见[EB/OL].（2020-08-28）[2022-01-13].http://www.moe.gov.cn/srcsite/A10/s3735/202009/t20200903_484941.html?pc_hash=lxhuF3.

阅读修改，再交由学科组长、师傅甚至语文、数学等其他学科教师评阅指导。乡村体育教师写课题或论文的过程，就是自我总结和提升的过程。在体育教学时将点滴经验、心得体会记录下来，把阅读所获所感记录下来。一旦个人的教育教学思想和观念得到梳理归纳、提炼升华后，新的见解和认识就可能得以产生，新的研究问题也可能出现。通过此过程，促使自己认真学习和积极思考问题，促使"教""研"工作的深度和广度，在博观约取的过程中，提高自己的专业能力。

（六）勇于展示成果，获得进步

乡村体育教师有了自己的教研成果，要勇于及时加以展示，包括投稿、会议交流、论文评奖等过程。

通过投稿，乡村体育教师能够获得编辑人员和审稿专家的修改意见和建议，既能感受到不同人员的学术观点和认知，也在根据专家意见进行修改的过程中获得对自己研究问题的新认识，和对自己原来研究不足的体验，以便在今后的论文撰写中加以改进和完善。

通过学术会议交流，能够将自己的研究成果在公开场合展示，接受来自不同学术积累、不同学术眼光的与会者评价，包括肯定意见和否定意见及修改完善意见。在此过程中，获得对研究问题的新认识，获得对完善研究设计的新感悟。长久以往，教研能力势必会得到提升。

（七）积极主动参加课题研究

参与课题研究，既有利于提高南岭走廊乡村体育教师的科研素养，也有助于体育教师形成相对稳定的研究方向。因为乡村体育教师一旦参与课题，就必须加强学习、加强理论知识积累和实践研究工作体验。在乡村教师收集整理和课题相关的研究资料时，可能需要回顾教育教学经历，需要认真观察和积极思索体育教育教学的现实问题以及对相关问题的有效解决方式。同时，在课题研究过程中，乡村体育教师要使自己快出成果，就必须明确 1～2 个专门的方向，长期坚持，构建自己的知识体系，促进专业素养的提升和专业的发展。

小结

新时代南岭走廊乡村体育教师专业精准发展策略包括提升教育情怀策略和提升体育教学能力策略、教研能力等三个维度。

其中，精准提升教育情怀策略包括强化南岭走廊乡村体育教师教育信念、强化南岭走廊乡村体育教师专业精神、探索南岭走廊乡村体育教师在地培养机制、创新南岭走廊乡村体育教师培养模式、构建 U—G—S 协同培养模式、营造良好环境，让乡村体育教师乐业善教。

精准提升体育教学能力的策略又包括政府层面策略与教师层面策略两方面。其中，政府层面策略包括促成南岭走廊乡村体育教师提高教学能力的内生动力、形成提升教学能力的自我造血机制、颁布政策激发南岭走廊乡村体育教师提升教学能力的动机、结合南岭走廊乡村体育教师需要发展教学能力、根据南岭走廊乡村体育教师不同职业发展阶段科学引导来提高专业发展方式手段的适切性、创新南岭走廊乡村体育教师教育模式等方面；教师层面的策略包括克服心理不足、严格要求自己、勤奋学习体会、增加实践体验、提高展示交流、多行教学反思等宏观性策略以及教学过程中的具体实施策略等 7 个方面。

精准提升教研能力的策略也包括政府层面和教师层面的策略两方面。其中，政府层面的策略包括制定引导教师教研能力提升的政策制度、实行乡村学校教研员蹲点驻校帮扶制度、实施高校教师帮扶制度、支持乡村学校体育教师开展课题研究带动体育教师教研能力提升、树立典型以点带面、建立城乡体育教师联动发展机制、发挥大数据时代技术优势、构建网状联动模式整体推进教研工作；教师层面的策略包括主动参加教研活动、通过学历提升提高教研能力、加强学习提高体育理论修养、及时总结积累体育教研经验、勤于练笔厚积薄发、展示成果获得进步、积极主动参加课题研究等。

附录：教育部人文社会科学研究项目《新时代南岭走廊乡村体育教师专业精准发展》访谈提纲

第一部分　学校概况

1. 校名、行政区域、校史、规模、体育场地设施、地方体育文化。

2. 校领导对体育的重视了解程度。

3. 上级单位把学校体育工作纳入领导干部培训计划情况。

4. 体育教师人数、科班率、年龄教龄职称结构、入编数、缺编数等。

第二部分　体育教师

一、教育情怀

1. 对工作的喜欢程度。

2. 当体育老师的原因。

3. 对学生成长和发展的态度。对学生体育学业成长是否有发自内心的自豪感？对留守儿童或特殊困难学生的关爱程度？

4.体育教师工作的价值意义。

5.待遇情况、与当地公务员收入差异、生活补助情况及对工作的影响。

6.在校地位及满意度、慰问或荣誉表彰情况、住房医疗救助等保障、在城镇购房是否有政府优惠？对工作的影响。

7.职称评审难度。是否与城镇教师按不同标准评审？对工作的影响。

8.家长评价及满意度、对工作的影响。与家长联系情况。

9.领导、同事的关系。对自己工作和专业发展的影响。

10.参与脱贫攻坚、乡村治理或乡村振兴情况。原因、内容及效果。

11.参与政府研究中小学重大事项情况。

12.是否将乡村体育教师工作和家国情怀、地方发展等相联系？

13.与乡村社会的沟通联系情况、融入程度。对乡情民意的了解情况。

14.是否将乡村体育教师工作同学生全面发展相联系？

15.是否考虑改行或转岗？

二、教学研究

1.各级领导对教研的重视程度。

2.领导和教师对《关于全面加强和改进新时代学校体育工作的意见》中"提升体育教师科研能力"精神的了解情况及应对措施。

3.学校、全镇和县域教师的教研氛围。

4.是否接受过教研培训？哪些类型的？针对性如何？有效性如何？

5.是否有去发达地区研修或跟岗学习的机会？

6.教研中是否有高校、上级、学校或同行的帮助？是否有城镇体育教师支教或送教下乡？效果如何？

7.是否参与教师学习、研究或发展共同体？

8.是否有信息化、智能化教学研究能力提升过程？是否有自主选学培训课程？是否有为教师提供同步化、定制化、精准化的培训研修服务？

9.主持或参与课题的数目和级别、收获、不足等。学校其他学科情况？

10.撰写论文篇数。发表级别、会议交流、宣读、获奖情况，学校其他学科情况？

11.教研项目（论文）和教学的结合密切程度？是否促进教学工作？

12.做研究过程中，辅导帮助来自哪些途径？

13.如果有教研经历，复印或拍摄过程、结果性材料。

14. 做研究的动机？是否真正想提升教研水平能力？

15. 怎么看待教研工作？

三、教学情况

1. 翻阅教案、教材、教学设计、反思、学期（单元）教学计划等，了解科学性、规范性和合理性。如允许，对材料拍照、复印或传送。

2. 对近几年体育教学国家政策、行业动态、热点问题等了解情况。对"教会、勤练、常赛"精神的了解和落实情况。

3. 选择教学内容的依据，是否有校本开发？是否有传统体育教学内容？

4. 是否有外出观摩学习的机会？频度？

5. 是否有轮岗交流去县城（以上）提高机会？

6. 是否有带头人或首席教师岗位制度？

7. 是否参加过教育硕士师资培养计划？

8. 是否有教学培训？频度？教学指导来自：上级？高校？专家？同行？

9. 教学研讨形式、频度、内容、效果。

10. （区县）上级单位、学校领导、其他科任教师、家长、学生等对体育教学的重视程度？是否有教育资源公共服务平台？

11. 观摩体育教学：

（1）体育场地设施。

（2）同场上课班级数。

（3）教学常规。

（4）教学组织：队列队形、课的结构和时间分配、运动负荷、心理负荷、运动密度、师生互动、学生情意表现和参与情况等。

（5）发展体能：时段时长、动作方法的新颖、信息化程度与效果。

（6）学习技能：技能名称、时间、时长、教学方法手段的新颖性和信息化程度、练习方法、学习难度、掌握情况。

（7）体育与健康知识传授。

（8）课程思想政治教育。

（9）运动损伤防治。

（10）整体教学效果。

（11）课后作业内容、形式和要求。

四、阳光体育活动

1. 学校领导对阳光体育活动的重视程度。

2. 阳光体育活动的内容和组织形式。

3. 学生参与情况、阳光体育学生的效果。

4. 阳光体育活动对自身专业发展的影响。

5. 观摩阳光体育。

6. 阳光体育材料（方案、内容、培训学生等）。如可，拍照或传送。

五、课余体育训练和竞赛

1. 历史：成绩、收获、社会影响等。

2. 校领导重视程度、学生参与情况、家长支持情况。

3. 训练竞赛对专业能力的影响。

4. 训练、获奖的过程材料（如计划、方案）、获奖证书奖杯等。

5. 观摩训练。

参考文献

1. 专著类

[1] 马克思恩格斯全集：第 23 卷 [M]. 北京：人民出版社 ,1972:534.

[2] 马克思恩格斯全集：第 42 卷 [M]. 北京：人民出版社 ,1972:120.

[3] 王守恒，姚运标 . 课程改革与教师专业发展 [M]. 合肥：安徽教育出版社，2007:3–4.

[4] 马克思恩格斯选集（第 1 卷）[M]. 北京：人民出版社，1972：217.

[5] 马克思 . 1844 年经济学哲学手稿 [M]. 北京：人民出版社，2000：80.

[6] 马克思恩格斯全集：第 30 卷 [M]. 北京：人民出版社，1979：487.

[7] 叶澜，白益民，王不丹，等 . 教师角色与教师发展新探 [M]. 北京：教育科学出版社，2008：222.

[8] 孙凌毅 . 杨爱民，杨素萍，等 . 幼儿教师的专业化成长 [M]. 北京：首都师范大学出版社 ,2008：8.

[9] 武书敬 . 虚拟英语学习社区互动研究 [M]. 徐州：中国矿业大学出版社 ,2016：1.

[10] 张子石 . 未来教育空间站的设计与应用研究 [M]. 武汉：华中科技大学出版社 ,2016：45.

[11] 张翼 . 教育发展与制度选择——我国二十五年来教育制度变迁分析 [M]. 广州：暨南大学出版社 ,2012.

[12] 郭平，卢雄，李小融 . 高中校长论教育教学与管理 [M]. 成都：西南交通大学出版社，2016.

[13] 刘书瑜 . 身边的心理故事：大学生心理健康教育读本 (第 2 版)[M]. 重庆：重庆大学出版社 ,2018：84.

[14] 杨秀龙，崔立新 . 中国服务理论体系 [M]. 北京：北京理工大学出版社，2017：

31–32.

[15] 刘倬 . 人力资源管理 [M]. 沈阳：辽宁大学出版社 ,2018：122.

[16] 本书编委会编 . 现代高校公共体育管理与体育科学研究 (第 1 卷)[M]. 北京：中国建材工业出版社，2006：328.

[17] 姚利民 . 有效教学：理论与策略 [M]. 长沙：湖南大学出版社，2005：220–226.

[18] 邵宗杰 . 教育学（修订第二版）[M]. 上海：华东师范大学出版社，2001：316.

[19] 张向葵，吴晓义 . 课堂教学监控 [M]. 北京：人民教育出版社，2004：26.

[20] 兰润生 . 体育与健康教程 [M]. 厦门：厦门大学出版社 ,2002:53.

[21] 潘绍伟 . 学校体育理论与实践探索 [M]. 乌鲁木齐：新疆大学出版社，1993:86.

[22] 沃建中，陈浩莺 . 走向心理健康：教学篇 [M]. 北京：华文出版社，2002：153.

[23] 刘善言 . 学校体育学 [M]. 济南：山东大学出版社，2001：53.

[24] 曾琦 . 新课程与教师心理调适 [M]. 北京：教育科学出版社，2004：80.

[25] 赵小刚，牛晓 . 中学体育研究性学习的实践探索 [M]. 重庆：重庆出版社，2006：103–104.

2. 期刊论文类

[1] 朱飞 . 浅析马克思主义关于人的全面发展学说 [J]. 长江丛刊，2018(11)：182.

[2] 欧阳康，熊治东 . 马克思人的全面发展学说的情感意蕴及其当代意义 [J]. 世界哲学，2018（4）：5–14.

[3] 叶小文 . 深刻理解中国特色社会主义进入新时代 [J]. 前线，2018（03）：22–25.

[4] 金志峰，阳科峰，杨小敏 . 乡村教师如何才能下得去、留得住？——基于离职倾向影响因素的实证分析 [J]. 教育科学研究，2021(08)：41–48.

[5] 闵永祥，张鹏 . 新生代乡村教师职业吸引力提升的困境与突围——基于社会互构论视角的阐释 [J]. 现代中小学教育，2021,37(01)：61–67.

[6] 张莉莉，林玲 . 城市化进程中乡村教师的境遇：倦怠与坚守——对 97 位村小、教学点骨干教师的调查 [J]. 河北师范大学学报 (教育科学版)，2014,16(01)：16–20.

[7] 樊改霞 . 乡村教师职业发展及其前景分析——兼议乡村教师队伍建设的路径 [J]. 中小学教师培训，2019(08)：15–20.

[8] 王会娟 . 新时代背景下乡村教师队伍建设的困境与解决路径探究 [J]. 考试与评价，2019,(04)：123–124.

[9] 赵慧 . 影响乡村小学新教师职业发展因素的调查研究——以殷家堡小学为例 [J].

教育观察 (下半月)，2016,5(05)：42–44.

[10] 赵钟玲 . 借助信息发展教研——谈西部农村高中语文教师教研水平提升的新路径 [J]. 新课程，2021(36)：13.

[11] 杨春娇 . 教育信息化环境下乡村语文教师面临的新挑战 [J]. 教育观察，2021,10(15)：27–29.

[12] 吴富娇 . 乡村小学语文教师课堂教学质量提高对策的研究 [J]. 现代农业研究，2021,27(04)：41–42.

[13] 陈丽敏，景敏，王瑾 . 辽宁省乡村数学教师专业发展影响因素的调查研究 [J]. 辽宁教育行政学院学报，2021,38(01)：94–100.

[14] 王昭宁 . 乡村教育振兴背景下乡村小学英语教师核心素养的研究 [J]. 校园英语，2021(27)：194–195.

[15] 钦媛 .《乡村教师支持计划》背景下乡村音乐教师专业发展路径 [J]. 成都师范学院学报，2021,37(03)：68–69.

[16] 陶玉宇 . 乡村音乐教师的角色定位及其核心素养的提升 [J]. 阜阳职业技术学院学报 . 2021,32(03)：48–50.

[17] 张家振，廖金林，黄永飞 . 乡村振兴战略背景下体育教师专业发展的路径探究 [J]. 当代体育科技，2021,11(13)：243–246.

[18] 刘荟娇，姚相清 . 乡村体育教师职业生态研究 [J]. 当代体育科技，2020,10(33)：230–233，236.

[19] 张福蝶，丁蕊，张英 . 贵州省农村体育教师的职业发展困境与策略 [J]. 文体用品与科技，2021(13):95–96.

[20] 伍雄林，李可兴，于易，等 . 乡村教师支持计划下农村体育教师专业发展研究 [J]. 四川体育科学，2021,40(01)：118–122.

[21] 郭晓琴 . 南昌市乡村体育教师职业生存状态研究 [J]. 体育世界 (学术版)，2019(07)：13–14,12.

[22] 周景坤 . 高校教师专业成长阶段研究 [J]. 教育评论 ,2015(03):80–82.

[23] 黎琼锋，潘婧璇 . 高职院校"双师型"教师专业发展路径探析——基于人的全面发展理论视域 [J]. 职教论坛 ,2018（03）：89–93.

[24] 邓青菁，付达杰 . 精准教学基本理论及其有效性影响要素分析 [J]. 数字教育，2019（2）：30–33.

[25] 南天涯，杨风 . 精准扶贫视阈下农村体育教师专业发展的长效保障机制研究 [J]. 当代教育理论与实践，2021（2）：139–143.

[26] 黄清辉，张贤金，吴新建．新时代乡村教师精准培训的实现路径与保障措施 [J].
中国教师，2021（1）：78-82.

[27] 唐玉．把握发展阶段　精准助力教师专业成长 [J]. 江苏教育，2018（1）：13-
15.

[28] 田帅．精准扶持农村学校体育教师专业素质能力培养路径 [J].体育科技文献通报，
2021,29（10）：171-173.

[29] 谢治菊，夏雍．大数据精准帮扶贫困地区教师的实践逻辑 [J]. 现代远程教育研
究 ,2019,31(5)：85-95.

[30] 张美兰．基于专业发展阶段理论的小学教师分层培训探讨 [J].2018,34(12):25-30.

[31] 龙宝新．卓越教师的独特素质及其养成之道 [J]. 湖南师范大学教育科学学报，
2017（1）：90-96.

[32] 张琳．教师专业发展阶段理论研究述评 [J]. 创新创业理论研究与实践，
2018,1(22)：22-23.

[33] 刘洋，刘伟．建构主义视角下应用型高校教师专业发展探析 [J].江苏社会科
学 ,2011(S1):89-92.

[34] 周成海．基于建构主义学习理论的教师专业发展 [J].大连大学学报，
2015,36(01)：127-130.

[35] 涂传娥，武敬红．建构主义理论教学模式中教师自主性发展的思考 [J]. 内蒙古农
业大学学报（社会科学版），2009，11（2）：129.

[36] 李玉杰．建构主义视阈下的幼儿教师的专业发展 [J].教育探索，2010（4）：93-
94.

[37] 徐晗，张艳菲．建构主义学习理论下新时代高校教师专业发展的策略 [J]. 黑河学
院学报，2021（7）：68-70.

[38] 王艳玲．多元文化背景下的教师文化身份认同——基于民族地区"外来教师"的
案例考察 [J]. 全球教育展望，2017,46（8）:95-109.

[39] 黄嘉莉，叶碧欣，桑国元．场域理论视角下民族地区教师专业发展的影响因素
研究——基于多层线性模型的分析 [J]. 教育研究与实验，2021（1）：75-80.

[40] 杨进红．乡村教师专业发展的文化阻抗及调适——乡村教师发展系列研究之二
[J]. 广西民族师范学院学报，2017，34（3）:20-23.

[41] 赵明仁，黄显华，袁晓峰．场域——习性理论视角下影响教师教学反思的因素
分析 [J]. 课程·教材·教法，2009，29（6）:83-88, 98.

[42] 何国平．"三权分置"的发生与演进——基于交易费用和制度变迁理论的分析 [J].

云南财经大学学报，2019,35(08):3-11.

[43] 尹振涛 . 试论近代中国产生与初步发展——以诺斯的制度变迁理论为分析框架 [J]. 中国社会科学院研究生学院学报，2009（5）：61-66.

[44] 戴逸飞 . 从制度变迁理论视角对淘宝村的研究 [J]. 时代经贸，2019，29（27）：62-63.

[45] 张淼 . 制度变迁理论对我国职业教育变革研究的启示 [J]. 职教论坛，2020（12）：22-28.

[46] 戴猋利 . 体育学科评估与体育学科建设的关系辨析——基于制度变迁理论的分析 [J]. 体育学刊，2021，28（4）：79.

[47] 刘晓萍 . 制度变迁理论与中小学教师专业发展 [J]. 中国教育学刊，2013(S3)：98-99.

[48] 轩静文 . 制度变迁理论下中小学教师专业发展的新路径 [J]. 戏剧之家，2020（6）：119-120.

[49] 张德良，贾秀敏 . 高校教师发展制度变迁与重建——基于新制度经济学的视角 [J]. 现代教育科学，2009（11）：12-15.

[50] 周立萍 . 马斯洛的需求层次理论与高校青年教师"师德"建设 [J]. 法制与社会，2010（2）：224-225.

[51] 周宪文 . 员工激励中需求层次理论的应用 [J]. 企业导报，2010（11）：110-111.

[52] 司丽静 . 利用期望理论构建临床教师激励机制 [J]. 辽宁医学院学报(社会科学版)，2008,6（3）：29-31.

[53] 陈越 . 蓬生麻中，不扶而直——学校环境因素对教师专业化发展影响例谈 [J]. 基础教育论坛（下旬刊），2019（21）：43-45.

[54] 刘炎欣，王向东 . 论教育情怀的生成机制和升华路径：基于文化存在论教育学的视角分析 [J]. 中国人民大学教育学刊，2018（2）：130-142.

[55] 肖凤祥，张明雪 . 教育情怀——现代教师的核心素养 [J]. 河北师范大学学报（教育科学版），2018，20（5）：97-102.

[56] 李赐平，庞晓晓 . 强师铸魂视域下乡村教育情怀的薄弱根源与厚植路径 [J]. 现代中小学教育，2021（11）：51-56.

[57] 辛健 . 农村特岗教师专业发展影响因素调查研究 [J]. 现代农村科技，2019（2）：82-83.

[58] 赵传兵，李仲冬 . 自我效能感与教师专业发展 [J]. 教育探索，2006（2）：121-122.

[59] 安奕，李莉，韦小满. 教师自我效能感的影响因素及启示——基于 TALIS 2018 上海样本的多水平分析 [J]. 教育测量与评价，2021（10）：19-26.

[60] 侯小兵，张学敏. 教师专业发展的模型及其实践价值 [J]. 当代教师教育，2012,5(01)：6-10.

[61] 刘炎欣，罗昱. 教育情怀的哲学思考与内蕴阐释 [J]. 教育探索，2019（1）：5-8.

[62] 沈伟，王娟，孙天慈. 逆境中的坚守：乡村教师身份建构中的情感劳动与教育情怀 [J]. 教育发展研究，2020,40(Z2)：54-62.

[63] 刘文英. 核心素养背景下的师范生农村教育情怀培养策略 [J]. 创新创业理论研究与实践，2018（8）：56-57.

[64] 郑钰雯，陈扬. 乡村定向师范生教育情怀的问题与成因探析 [J]. 科学咨询（教育科研），2021（8）：170-171.

[65] 王萍. 教师的教育情怀及其养成——基于教育现象学的视角 [J]. 当代教育科学，2020（9）：18-22.

[66] 陈太忠，皮武. 教育情怀：基于"需要—满足"框架的阐释与生成 [J]. 教育理论与实践，2021,41（19）：16-20.

[67] 傅琴. 把"乡村教育情怀"立起来 [J]. 人民教育，2021（12）:75-76.

[68] 苏鹏举，王海福. 新时代乡村教师乡情素养的缺失与重塑 [J]. 教育探索，2021（8）：79-85.

[69] 程翠萍，朱小蝶. 何以安心从教：师范生教育情怀的影响因素 [J]. 重庆第二师范学院学报，2021，34（5）：83-86.

[70] 严华银. 教育精准帮扶：定位须"准"施策唯"精" [J]. 中国民族教育，2021（5）：17-20.

[71] 唐玉辉. 把握发展阶段，精准助力教师专业成长 [J]. 江苏教育，2018（6）：13-15.

[72] 丁文平. 提升乡村教师教研能力的有效探索 [J]. 基础教育论坛，2020（10）：7-10.

[73] 于素梅. 农村体育教师专业素养发展之道 [J]. 体育教学，2018（3）：50-53.

[74] 曾玲. 民族地区乡村教师教学能力提升路径探析 [J]. 四川教育（理论），2021：（05B）：20-22.

[75] 祁文俊，张勇卫，钱亢. 如何将新兴体育项目引入中小学 [J]. 中国学校体育，2014（9）：73-74.

[76] 陈志丹. "阳光体育运动"背景下的有效体育教学目标 [J]. 中国教育学刊，2008，（9）：59.

[77] 胡永红.我国农村学校体育课程改革的困境与出路[J].北京体育大学学报,2014,37（7）：93.

[78] 毕言辉,王志华."体育教学生活化"与陶行知的生活教育思想[J].运动,2011（17）：98–100.

[79] 梁龙旭.论体育教学内容的创生[J].中国学校体育,2010（3）：35.

[80] 孙志新,聂志强,曹广海.体育教学信息观[J].中国体育科技,1999,35（12）：14–16.

[81] 毛振明.赖天德.体育教学中的安全和安全教育[J].中国学校体育,2006（6）：24–26.

[82] 谢建华.体育课教学中如何预防伤害事故[J].云南教育,2003（33）：34–35.

[83] 黄超文.新课程体育课教学要素解析[J].教师,2011（31）：53–55.

[84] 蔡蜀翘.浅谈大学体育课的理论教学渗透[J].四川体育科学,2002(1):46–47.

[85] 王朝杰.谈体育与健康教学中基础知识的讲授与考查[J].试教通讯,2005（26–27合刊）：43–44.

[86] 毛振明.论在体育课中如何有效地传授体育知识（下）——论体育知识的传授问题与改善方略[J].体育教学,2011（4）：23–24.

[87] 周修旺.体育新课程技能教学的理念及实施策略[J].体育与科学,2003（5）：32–35.

3. 学位论文类

[1] 王路芳.乡村教师留教意愿研究——基于全国22个省市乡村教师的调查[D].武汉：华中师范大学,2016:1–2.

[2] 许振娟.乡村初中数学教师信息技术使用研究——以水城县Y中学为例[D].贵阳：贵州师范大学,2021:1

[3] 徐伟龙.农村美术特岗教师专业发展质性研究——以湖南省四地区七名农村美术特岗教师为例[D].长沙：湖南师范大学,2021：1.

[4] 杨静凝.农村小学美术教师专业发展研究——基于江西省X市的实证调查[D].武汉：华中师范大学,2018:1.

[5] 王莘.农村小学美术教师专业化发展的现状研究与对策[D].长春：东北师范大学,2011：1.

[6] 刘雨.滨州市农村小学体育教师职业倦怠及影响因素研究[D].大连：辽宁师范大学,2021:1.

[7] 杨梅梅.马克思"人的全面发展"思想的再阐释[D].东北师范大学,2020:10.

[8] 乔日娇.习近平人的全面发展相关论述研究[D].青岛:青岛理工大学,2020:10-13.

[9] 姚佳.基于教师发展阶段理论的苏州市中小学体育教师专业发展研究[D].苏州:苏州大学,2017:5.

[10] 霍秀敏.新课程标准下初中化学课堂有效教学的研究[D].呼和浩特:内蒙古师范大学,2013.

[11] 华彩红.教师自我效能感对中学教师专业发展自主性的影响研究——以肇庆市端州区中学教师为例[D].广州:广州大学,2016:1.

[12] 黄细想.影响乡村中小学教师专业发展的因素调查与分析[D].邯郸:河北工程大学,2019:21.

[13] 谢焕庭.当代乡村教师职业情怀的把脉及提振研究[D].重庆:西南大学,2018:47-63.

[14] 胡永红.有效体育教学的理论与实证研究[D].福州:福建师范大学,2009:120.

[15] 王晓英.哈尔滨普通高校公共体育课学生心理负荷的研究[D].哈尔滨:哈尔滨师范大学,2012:7-8.

[16] 程刚.体育课程改革背景下山东省中学生体育学习动机的研究[D].曲阜:曲阜师范大学,2012:17.

4. 报刊类

[1] 龙晔生.南岭走廊应走民族区域平等发展之路[N].中国民族报,2016-11-28.

[2] 李澈.《中国农村教育发展报告2019》显示:乡村教师队伍建设成效明显[N].中国教育报,2019-01-14(1).

[3] 陈宝生.优先发展教育事业[N].人民日报,2018-01-08(07).

[4] 民盟安徽省委会.发展教育事业拔除"穷根"[N].江淮时报,2019-12-27(003).

[5] 李明.新时代"人的全面发展"的哲学逻辑[N].光明日报,2019-02-11(15).

[6] 郑东风.以精准思维推动高质量发展[N].中国纪检监察报,2019-07-11(5).

[7] 高闰青.如何培养卓越的农村全科教师[N].光明日报,2021-06-29(15).

[8] 曾玺凡,李振华,刘元伟.嘉禾:体育教育生机蓬勃[N].科技新报,2019-9-11(12).

[9] 让孩子们爱上少数民族传统体育项目——记桂林市最美"四有"好教师向尧青[N].桂林晚报,2018-09-14(11).

5. 网络文献类

[1] 探访"南岭走廊": 一条多民族和谐共处的走廊 [DB/OL]. https://www.360kuai.com/pc/9f85a622de4cf9a32?cota=3&kuai_so=1&sign=360_57c3bbd1&refer_scene=so_1.

[2] 中国特色社会主义新时代 [DB/OL]. https://baike.so.com/doc/26978154-28350340.html.

[3] 齐鲁网.教育部: 全国中小学及幼儿乡村教师 290 万只占总数 1/4[DB/OL]. https://baijiahao.baidu.com/s?id=1626506039966865839&wfr=spider&for=pc.

[4] 全国共有乡村教师 290 余万人 [DB/OL]. https://baijiahao.baidu.com/s?id=1626583220725690959&wfr=spider&for=pc.

[5] 国家中长期教育改革和发展规划纲要 (2010—2020 年)[DB/OL]. http://www.gov.cn/jrzg/2010/07/29/content_1667143.htm.

[6] 乡 村 教 师 支 持 计 划（2015—2020 年 ）[DB/OL]. http://www.gov.cn/zhengce/content/2015-06/08/content_9833.htm.

[7] 国务院办公厅国务院办公厅关于印发乡村教师支持计划（2015—2020 年）的通知 [DB/OL]. http://www.gov.cn/zhengce/content/2015-06/08/content_9833.htm.

[8] 新华社.中共中央国务院关于全面深化新时代教师队伍建设改革的意见 [DB/OL]. http://www.gov.cn/xinwen/2018-01/31/content_5262659.htm.

[9] 全 市 各 级 各 类 学 校 教 职 工 数（2020）[DB/OL].http://jyj.czs.gov.cn/zwgk/tjsj/content_3280413.html.

[10] 2019 年韶关市教育事业发展情况 [DB/OL]. http://jy.sg.gov.cn/sgjy/jygk/content/post_1863912.html.

[11] 国务院关于新时代支持革命老区振兴发展的意见 [DB/OL]. https://www.csdp.edu.cn/article/6989.html.

[12] 杨献坤.精准思想是实事求是思想在新时代的新发展 [DB/OL]. http://www.china.com.cn/opinion/theory/2020-02/20/content_75726241.htm.

[13] 商继政.以精准思维引领高校思政课内涵式发展 [DB/OL].https://baijiahao.baidu.com/s?id=1670354873295825294&wfr=spider&for=pc.

[14] 教师专业发展阶段理论 [DB/OL]. https://baike.so.com/doc/9563872-9908805.html.

[15] 伯林纳的教师专业发展五阶段 [DB/OL].https://www.offcn.com/jiaoshi/2020/0617/378367.html.

[16] 建构主义理论 [DB/OL]. https://baike.baidu.com/item/%E5%BB%BA%E6%9E%84%E4%B8%BB%E4%B9%89%E7%90%86%E8%AE%BA/3410128?fr=aladdin.

[17] 场域理论 [DB/OL]. https://baike.so.com/doc/3578923-3763435.html.

[18] 马斯洛需求层次理论 [DB/OL]. https://baike.so.com/doc/2102592-2224471.html.

[19] 期望理论 [DB/OL]. https://baike.so.com/doc/5126588-5355890.html.

[20] 教育部关于发布《小学体育器材设施配备标准》《初中体育器材设施配备标准》的通知 [DB/OL]. http://www.moe.gov.cn/srcsite/A17/s7059/201609/t20160928_282532.html.

[21] 国务院办公厅关于印发乡村教师支持计划（2015—2020 年）的通知 [DB/OL]. http://www.gov.cn/zhengce/content/2015-06/08/content_9833.htm.

[22] 教育部等六部门印发关于加强新时代乡村教师队伍建设的意见 [DB/OL]. http://www.moe.gov.cn/jyb_xwfb/gzdt_gzdt/s5987/202009/t20200904_485110.html.

[23] 广东：八大措施支持乡村教师队伍建设 [DB/OL]. http://www.moe.gov.cn/jyb_xwfb/xw_zt/moe_357/jyzt_2016nztzl/2016_zt03/16zt03_zxlb/201603/t20160316_233885.html.

[24] 江西省乡村教师支持计划（2015—2020 年）实施办法 [DB/OL]. http://www.moe.gov.cn/jyb_xwfb/xw_zt/moe_357/jyzt_2015nztzl/2015_zt17/15zt17_gdssbf/gdssbf_jx/201512/t20151231_226593.html.

[25] 广西日报广西 2020 年"国培计划"乡村紧缺学科（小学体育）教师培训开班 [DB/OL]. （2020-09-22）[2012-11-25]. https://baijiahao.baidu.com/s?id=1678492564403345056&wfr=spider&for=pc.

[26] 100 名江西乡村体育教师"充电"，2021 安踏体育课圆满收官 [DB/OL]. https://m.thepaper.cn/baijiahao_13483447.

[27] 全民"动"身求幸福——定南县"体育+"融合发展纪实 [DB]. https://jxgz.jxnews.com.cn/system/2018/04/02/016836947.shtml.

[28] OCED.Teaching and Learning International Survey (TALIS) 2018 Conceptual Framework[DB/OL]. [2021-11-08]www.oecd-ilibrary.org/education/teaching-and-learning-international-survey-talis-2018-conceptual-framework_799337c2-en.

[29] 周贤斌：乡村如何让教师下得去、留得住、教得好 [DB/OL].https://www.mj.org.cn/mjzt/content/2018-09/04/content_299933.htm.

[30] 教育部等六部门关于加强新时代乡村教师队伍建设的意见 [DB/OL]. http://www.gov.cn/zhengce/zhengceku/2020-09/04/content_5540386.htm.

[31] 乡村教师要有教育情怀——为师当如毕守金 [DB/OL]. https://baijiahao.baidu.com/s?

id=1686588230046431922&wfr=spider&for=pc.

[32] 一个乡村体育教师的梦 [DB/OL]. https://weibo.com/ttarticle/p/show?id=23094044120 30772707536&comment=1.

[33] 外菲. 广东省名教师杨建民工作室. 团队助力广东省乡村体育教师提升行动 [DB/OL].（2019–06–02）[2019–06–02]https://www.meipian.cn/25odewpz.

[34] 郭清泉名师工作室. 党员教师送教下乡教育之花蓬勃绽放——记赣州经开区中学体育送教下乡活动 [DB/OL]. https://www.meipian.cn/1csj4cua.

[35] 教育部办公厅印发通知开展体育美育浸润行动计划 [DB/OL]. http://www.moe.gov.cn/jyb_xwfb/gzdt_gzdt/s5987/201906/t20190625_387596.html.

[36] 教育部办公厅关于开展体育美育浸润行动计划的通知 [DB/OL]. http://www.moe.gov.cn/srcsite/A17/moe_794/moe_624/201906/t20190625_387586.html.

[37] 我校推进体育浸润行动计划，精准帮扶清远市中小学体育教育 [DB/OL]. http://news.gzsport.edu.cn/news/hotnews/2021–11–17/4861408221.html.

[38] 易延明. 高中体育教学内容的选择 [DB/OL]. http://www.jiaoyu.net.cn/Html/lw2007/jyjxgl/2715689.html.

[39] 体育总局教育部关于印发深化体教融合促进青少年健康发展意见的通知 [DB/OL]. http://www.gov.cn/zhengce/zhengceku/2020–09–21/content_5545112.htm.

[40] 广东省发布学校体育课指导意见：保持 1.5 米间距不宜佩戴口罩 [DB/OL] .http://www.gov.cn/xinwen/2020–05/18/content_5512577.htm.

[41] 变废为宝，让体育变得"好玩"！昆明这个老师被央视点赞 [DB/OL]. https://baijiahao.baidu.com/s?id=1686567056035343800&wfr=spider&for=pc.

[42] 关于印发《广东省学校体育三年行动计划（2015—2017 年）》的通知 [DB/OL]. http://www.ptjyw.cn/zw/ShowArticle.asp?ArticleID=18052.

[43] 什么是运动负荷 [DB/OL].http://www.138h.com/shimeshi/yundongtiyu/2007/12/05/64338.html.

6. 外文类

[1] Slingerland Menno, Borghouts Lars, Laurijssens Sara, Eijck Bregje van Dijk van, Remmers Teun; Weeldenburg Gwen .Teachers' perceptions of a lesson study intervention as professional development in physical education Journal [J] .European Physical Education ReviewVolume 27, Issue 4. 2021: 817–836.

[2] Kayi–Aydar Hayriye, Reinhardt Jonathon.Language Teacher Development in Digital Contexts[M]. Amsterdam;Philadelphia：John Benjamins Publishing Company，2022.

[3] Carol Thompson. Reflective Practice for Professional Development:A Guide for Teachers[M]. Taylor and Francis, 2021.

[4] Abraham J. Wallin, Julie M. Amador .Supporting secondary rural teachers' development of noticing and pedagogical design capacity through video clubs[J]. Journal of Mathematics Teacher EducationVolume 22, Issue 5. 2019: 515–540.

[5] Maher, Prescott. Professional development for rural and remote teachers using video conferencing [J]: Asia–Pacific Journal of Teacher EducationVolume 45, Issue 5. 2017: 520–538.

[6] Jamil Md Golam. Technology–enhanced teacher development in rural Bangladesh: A critical realist evaluation of the context[J].Evaluation and Program PlanningVolume 69, 2018: 1–9.

[7] Margaret R. Blanchard, Catherine E. LePrevost, A. Dell Tolin, etc. Investigating Technology–Enhanced Teacher Professional Development in Rural, High–Poverty Middle Schools[J]Educational ResearcherVolume 45, Issue 3. 2016: 207–220.

[8] Ginger G. Collins, Anisa N. Goforth, Laura M. Ambrose. The Effects of Teacher Professional Development on Rural Students' Lexical Inferencing Skills [J]. Rural Special Education QuarterlyVolume 35, Issue 3. 2016: 20–29

[9] Petri H L. Motivation: Theory, R esearch, and Applications[M].Belmont: Wadsworth Publishing Company, 1991.

[10] Davidsson P. Continued entrepreneurship: Ability, need, opportunity as determinants of small firm growth[J].Journal of Business Venturing, 1991(6) : 405–429.

[11] Martineau P. The personality of the retail store[J].Harvard Business R eview, 1958, 36(1) : 47–55.

[12] Holzberger D, Philipp A, Kunter M. How Teachers' Self–Efficacy is Related to Instructional Quality：a Longitudinal Analysis[J]. Journal of Educational Psychology, 2013, 105（3）：774–786.

[13] Chesnut S R,Burley H. Self–Efficacy as a Predictor of Commitment to the Teaching Profession：a Meta –Analysis[J]. Educational Research Review, 2015（15）：1–16.

7. 析出文献类

[1] 何艳 . 浅谈幼儿体育课运动负荷与心理负荷的调节策略 [A]. 江苏省教育学会 2006 年年会论文集（综合一专辑）（C）：509–512.

困厄不忘真善美，纵情去忧愤乐为

—代后记

辛丑岁末，恰逢三九。但南国大地，依然花红叶绿，吹面亦仅微寒。既如心头之焰，经久不息；更似同行挚友之助，绵绵无限。

自《新时代南岭走廊乡村体育教师专业精准发展研究》获批教育部人文社会科学研究项目以来，一直敬畏在心，未敢丝毫怠慢。然工作繁重，案牍费神。故有拖沓延时，诚非本意。时感如芒在身，如鲠在喉。虽流年不利，遇困陷厄，仍扬鞭自蹄，竭尽全力。菊露之月，自驾跋涉。入三湘八桂乡村校，访南粤赣鄱村镇师。东奔西走入课堂，南下北上觅真知。言谈物事逐悟乡村同行道德品，句读文理渐臻学术创作真善美。得幸文思偶有甘泉涌，下笔常如蚕食叶。更得诸君良友齐相助，洋洒万千终乃成。

郴州市宜章县黄中强大叔、宜章县教育局黄新成先生，贺州学院宋会君先生、韦忠建先生，赣州市定南县教育科技局陈美军先生，韶关市教育局黄春神先生，韶关市曲江区教育局陈伙新先生，韶关市行之学校龚周武先生，韶关学院王晓东先生、李沐阳先生、辛勤先生、黄永正先生等为课题调研提供大量帮助。四省区 29 所调研学校的领导、老师为研究提供了大量一手信息。

以上诸君，为研究顺利实施提供了莫大便利。下笔虽有千言，难表谢忱一二。望未来征途，继续携手前行。

近期闲来读经，略解西伯之拘、仲尼之厄，亦粗知巨制《周易》、鸿篇《春秋》。深感圣贤尚且发愤如斯，吾辈岂能偏隅浅水，就安平阳？

拙作历经年余乃就，虽殚心竭虑，精益求精，然囿于学识修为，其质与巨鸿有云泥之别，但境遇何其似也。此书成稿之旅，恰逢困窘之际。但自觉愤而忘困，乐而无窘。只因弥笃"红日东升，其道大光"，恰如南岭走廊乡村体育教师专业发展之"未来如许"！

胡永红

2022 年 1 月 8 日晨韶关